市場の動きを用語で解読!

手にとるように 株・証券用語がわかる本

ちばぎんグループ
ちばぎん
アセットマネジメント 監修
株式フォーラム21 編著

まえがきに代えて

私は年初来、社内レポートや株式講演会で「21世紀最初の4年間は〝戦争と平和〟がキーワードになる」と力説、防衛関連銘柄や観光産業を時代の株式テーマのひとつとして推奨してきた。

それは、米国で共和党のブッシュ氏が民主党のゴア副大統領を僅差とはいえ、大統領選で破ったからである。彼は大統領選の最中から中国を「戦略的競争相手」とライバル視し、また朝鮮民主主義人民共和国を「ならずもの国家」と敵視、一方、わが国に対しては「日米同盟重視」を声高に叫んでいたからである。そこには極東アジアの緊張の高まりが想定された。

また「最初の4年間」と唱えたのは、まさにブッシュ大統領が病気や不慮の事故で亡くならない限り、大統領の任期は4年間は続くと見たからである。したがって、2期目も彼が勝利すれば、次からは「8年目」と言い換えなくてはならないだろう。

次に「平和」をキーワードにしたのは何故か。それは、わが国の長引く不況に加えて、ハイテク企業の工場が次々に低賃金でまじめに働く労働者が多数いる、しかも大きな潜在市場を持つ中国に移転し、遠からずわが国の貿易黒字が縮小に向かうと見たからである。となると、資源を持たないわが国は早晩、風光明媚、四季折々の国土、しかも古い木造文化と雅の歴史遺産に包まれた風土を生かし、国際旅行収支の赤字はもとより、黒字を目指す戦略が採られると見たからである。まさに平和のシンボル「観光」である。

ちなみに、2000年の訪日外国人旅行者数は476万人で、同年の日本人海外旅行者数1782万人の4分の1強にすぎない。観光立国でもあるフランスでは99年の統計で見ると国内人口よりも1割も多い6731万人の方が訪れている。なお、2000年のわが国の国際旅行収支は3兆283億円もの大幅赤字だった。

キーワードは地域こそ違え、当たってしまった。2001年9月11日早朝、テログループにハイジャックされた米国内旅客機4機のうち2機がニューヨーク金融センターの超高層ビル「ワールド・トレードセンター」の2つのビルに体当たり、その後、短時間のうちにそのビルは崩壊した。また別の1機は、国防総省にこちらも乗員乗客もろとも激突した。残り1機は乗員や乗客の必死の抵抗から、ピッツバーグ郊外に墜落した。そして今、米国は国民総意でテロに怒り、イギリスと共同でテログループを指揮したとされるウサマ・ビンラディン氏が隠れ住むアフガニスタンの包囲網を狭め、テロに対する報復攻撃も10月8日未明始まった。

こうした中、わが国の対応もいつになくすばやい。そこには湾岸戦争で総額13

0億ドルを多国籍軍に拠出しながら感謝されず、その後掃海艇部隊の派遣を余儀なくされた経緯があるからだ。今回は、アーミテイジ米国務副長官の「ショウ・ザ・フラッグ」（旗を見せて欲しい）を受け入れ、本来、小泉首相の骨太の改革や景気対策を主題とする臨時国会で、急遽自衛隊が米軍の後方支援を幅広くできるようにする法律を作り、テログループに対する抗戦を鮮明にしている。

株式市場は、米国のＩＴ（情報化技術）バブル崩壊の影響や景気の停滞、企業収益の悪化から不振にあえいでいる。テロ勃発後の12日の日経平均株価終値は１９８４年８月以来約17年ぶりに１万円の大台を割り込んだ。

唯一の救いは、個人の投資家が１万円割れは歴史的な底値圏と理解して、９月は１５７６億円を超える買い越しを示したことである。

今後のテロ報復戦争が比較的短期で終息できればハッピーだが、長期化すると米国も旧ソ連がアフガニスタンから撤退をしたように、第二のベトナム戦争になる可能性も残されている。キーワードのもう１つである平和のシンボル「観光」が復活するような平和の訪れを祈願したい。

２００１年10月

ちばぎんアセットマネジメント専務取締役　安藤富士男

手にとるように株・証券用語がわかる本――目次

まえがきに代えて……3

PART 1
投資を始める前に読んでおきたい用語
株の種類や配当の仕組みなど、まずは基本的な用語を押さえておこう！

1 「株」にはどんな種類があるのか？……22
発行形態や性質によって、いろいろな種類に分けられる
■株式■額面株式／無額面株式■普通株■優先株式■後配株式／劣後株式
■無議決権株式■利潤証券■物的証券

2 株式の発行形態……26
時価で発行するか、それとも額面通りの金額で発行するか？
■額面発行■時価発行■中間発行■株式分割

3 株主の権利と義務……30
たとえ所有する株式が少数でも、株主であるからには様々な権利を有している
■株主権■少数株主権■大株主■株主総会■株主優待制度■名義書き換え

4 株を所有するメリットは？……34
株価が上がることによって得る利益と配当や利子による収入
■キャピタル・ゲイン■インカム・ゲイン■インフレ・ヘッジ

CONTENTS

5 「持ち株会社」と「株式持ち合い」……36
持ち株会社が実際の運営会社を支配下に置き、管理する新しい企業形態
■持ち株会社■金融持ち株会社■株式持ち合い■金庫株■従業員持ち株制度

6 配当の仕組み……40
株主に分配される利益は、どのような方法で決められているのか?
■配当／現金配当／株式配当■中間配当■無配■配当性向■タコ配
■配当落ち■株主優遇策

7 増資の仕組みと形態……44
基本的には企業は新しい事業の運転資金や設備投資の資金を賄うために増資を行う
■増資■株主割り当て■第三者割り当て■エクイティ・ファイナンス■プレミアム
■食い逃げ増資■失権株■新株

8 株価に影響を与えるもの……48
業績、金利、為替、政治……株価は様々な要因で動いていく
■企業の業績■金利■為替■自然災害／気候■新興産業■国際情勢■政治

9 株にまつわる税金……60
市場低迷で大きな転換期を迎えている証券税制の中身は?
■キャピタル・ゲイン課税■配当課税■みなし配当課税■消費税

PART 2

株式市場と証券会社の役割

混迷する株式市場と、金融ビッグバン以後の証券会社の役割

CONTENTS

5 金融ビッグバンと証券会社……82
証券会社と銀行、生保会社の垣根は本当に取り払われたのか？
■金融ビッグバン■証券総合口座■ラップ口座■証券子会社■手数料の自由化

6 証券スキャンダル……86
投資家の市場に対する信頼を大きく揺るがす数々の問題
■インサイダー取引■証券取引等監視委員会■証券取引法■ディスクロージャー
■損失補填■飛ばし

7 投資のプロってどんな人？……90
専門的な知識と高度な分析能力を有する投資のスペシャリスト
■投資顧問業■証券アナリスト■投資クラブ

8 やってはいけない取引とは？……92
証券取引法によって禁じられている売買行為にはどのようなものがあるのか？
■仮装売買■ノミ行為■手張り■風説の流布

PART 3
株式売買の仕組み
通常の取引だけでなく、インターネットを使った取引も覚えておこう！

1 単位株って何だろう？……96
売買単位は1株、100株、1000株と企業によって違っている
■売買単位■単位株制度■単位未満株

2 注文の出し方と手数料 …… 98
値段を指定して売買する「指し値注文」と銘柄と株数だけを指定する「成り行き注文」
■指し値注文■成り行き注文■委託売買手数料■売買一任勘定■名義貸し
■保護預かり■預かり資産

3 受け渡しの4つの方法 …… 102
基本は4日目に決済が行われる普通取引。4日目取引ともいう
■普通取引■当日決済取引■特約日決済取引■発行日決済取引

4 「オンライン・トレード」とは? …… 104
急速にシェアをのばしたネット取引はどのような手順でやるのか?
■インターネット取引■必要なシステムとマシン■インターネット口座の開設
■手数料■口座管理手数料■投資情報サービス■携帯端末の利用■サポート

5 ネット取引に必要なインターネット用語 …… 110
ブラウザー、プロバイダー、電子メールなど基本的な知識を押さえておこう!
■インターネット■WWW(ワールド・ワイド・ウェブ)■ブラウザー
■プロバイダー■アクセスポイント■電子メール■メールアドレス
■eビジネス/eコマース■電子マネー

6 投資家にはどんな人がいるのか? …… 118
個人投資家は相場に厚みを持たせ、法人投資家は大きな商いで市場を活性化させる
■個人投資家■法人投資家■外国人投資家■機関投資家

7 トッキンとファントラ …… 120
純粋に有価証券の運用を行っているが、バブル崩壊後は厳しい状況に!
■ファンド・トラスト(指定金外信託)/特金■営業特金

CONTENTS

8 「仕手戦」って何のこと？……122
売買や取引にまつわる用語もざっと押さえておこう！
■好材料／悪材料■インデックス運用■法人買い／法人売り■クロス取引
■換金売り■金融クロス■需給関係■仕手

9 株式売買のルール……126
同じ銘柄の注文が出たときは、時間や価格によって優先順位が決められている
■価格優先の原則■時間優先の原則■5％ルール

10 「グループ株」って何だろう？……128
M＆Aやデノミなど、ひとつのテーマに沿って同じような動きをする株の一群
■グループ株（セクター）■セクターの種類

11 TOBとM＆A……130
買い占めや買収に関する用語も押さえておこう！
■公開買い付け制度（TOB）■買い占め■M＆A

PART 4

相場の動きに関する用語

状況を表す言葉から、売り、買いのテクニックまで

1 堅調な動きから高値圏へ……134
じわじわと相場が上がっていくときの用語
■動意■しっかり■締まる■上放れ■強含み■上値■つれ高■棒上げ
■抜く■反発■反騰■中間反騰■独歩高・独歩安■大天井■青天井
■頭打ち■新高値■高値引け

2 下げ基調から底値圏へ……140
じわじわ下がることもあれば、一つの事件をきっかけに一気に暴落するケースも！
■甘い／ぼける／ぼんやり／だれる■押し目■暴落■独歩安／全面安／突飛安■反落
■突っ込み警戒■下値■反省安■安寄り■安値引け■安値覚え■大底■底入れ■底固い
■底値たんれん■下支え

3 相場の動きに大きな変化がないときの用語……146
常に動いているように見える相場だが、膠着状態に陥ることもある
■アヤ■一服■仕掛け難■材料難■材料出尽くし■模様眺め■手控え■手詰まり
■軟調・堅調■戻す■戻り足■出直り■もちあい■月曜ぼけ■半値押し■半値戻し
■出合い■もみあい■アク抜け■ジリ高／ジリ貧

4 買い相場……152
相場の雰囲気を表す用語から、買いのテクニックに関する用語まで
■物色買い■選別買い■理想買い／現実買い■連想買い／連想売り■買い場
■買い安心／売り安心■ちょうちん買い／ちょうちん売り■ナンピン
■買い気配／売り気配■戻り高値■埋める

5 売り相場……156
相場の雰囲気を表す用語から、売りのテクニックに関する用語まで
■売り場■売り逃げ■吹き値売り■やれやれの売り■売りあき
■ろうばい売り■いや気売り■戻り売り■利食い

6 相場の予測と状況を表す用語……160
曲がる、地合い、いってこい……といった用語の意味も押さえておこう！
■値ごろ■値つき■日計り商い■強気／弱気■目先■先見性■曲がる
■地合い■気迷い■いってこい■様変わり

CONTENTS

PART 5

信用取引に関する用語

株券やお金を借りて取引を行う信用取引の仕組みとテクニックを押さえよう！

1 信用取引って何のこと？ …… 166
信用取引には「制度信用取引」と「一般信用取引」の2種類がある
■信用取引■一般信用取引■制度信用取引■自己融資

2 貸借取引とは？ …… 168
証券会社が証券金融会社から資金や株券を借り受ける取引
■貸借取引■証券金融会社

3 信用取引には担保が必要？ …… 170
信用取引を行うには、借りる金額の30％を証券会社に預けなければならない
■委託保証金■担保掛け目■貸借担保金■追い証■弁済期限

4 「空売り」「空買い」って何だろう？ …… 172
証券会社から株を借りて売ったり、お金を借りて株を買ったりすること
■空売り／空買い■保険つなぎ■差金決済■融資金利■貸株

5 「規制銘柄」ってどんな銘柄？ …… 174
相場全体が加熱していると判断されたときには、規制が行われる
■信用取引残高■取組み■規制銘柄■日々公表銘柄

6 信用取引の状況を表す用語 …… 176
「手じまい」「シコリ」「ドテン」など、信用取引特有の用語

■手じまい■反対売買■現引き／現提■乗り換え■シコリ■買い方／売り方
■買い乗せ／売り乗せ■ドテン■買い戻し■踏み上げ

PART 6
企業財務に関する用語
経営状態がわかれば、投資のチャンスが見えてくる！

1 会社経営を支えるもの …… 182
会社の経営規模、経営状態を表す数字にはどのようなものがあるのか？
■資本金■経常利益■当期純利益■営業利益

2 決算について考える …… 184
投資家に対するディスクロージャーという意味合いを強く持っている
■決算■中間決算■連結決算

3 増収・増配の仕組み …… 186
売上高、利益の両方が増えれば「増収増益」、逆に減れば「減収減益」
■増収／減収■増配／減配■無配／復配

4 財務諸表にはどんなものがあるのか? …… 188
株主などに会社の経営状況や経理の内容を報告するために作成されるもの
■財務諸表■貸借対照表■損益計算書■営業報告書■利益処分案
■キャッシュフロー計算書■ディスクロージャー■有価証券報告書

5 貸借対照表の中身 …… 192
企業の経営分析を行う際に、重要な手がかりとなる書類

CONTENTS

■流動資産／固定資産■流動負債／固定負債■法定準備金■剰余金■任意積立金■未処分利益■債務超過

6 損益計算書の中身 …… 196
会社の一会計期間における経営成績を表したもの
■収益／費用■売上原価■営業外損益■特別損益

7 株主資本＝自己資本? …… 198
株主資本のことを企業が自分で調達した資金という意味合いで自己資本ともいう
■株主資本比率■株主（自己）資本利益率（ROE）■自己資本規制■損益分岐点

8 「1株当たり利益」「1株当たり配当」とは? …… 202
PERなどを計算するときの基礎となる数値で投資の目安になる
■1株当たり利益■1株当たり配当■1株当たり純資産■年初来高値・安値

9 粉飾決算って何のこと? …… 204
企業が発表している数値は、必ずしも本当の数値ではない?
■監査証明■監査法人■粉飾決算

10 会社の危機を見分けよう! …… 206
「債務超過」や「会社更生法」などの用語も押さえておこう!
■会社更生法■債務超過■減資

11 新しい会計制度を見てみよう! …… 208
改正商法では義務づけられる可能性が高い新しい会計の仕組みとは?
■税効果会計■時価主義会計■退職給付会計

12 年金制度の仕組み …… 212
「確定拠出型年金（401k）」は日本に根付くのか？
■公的年金制度■日本版401k

PART 7

投資指標・分析に関する用語

株価が動く法則を、投資情報の中から見つけよう！

1 「TOPIX」「日経平均」って何だろう？ …… 218
株式市場全体の流れを読む上で最も重要な指標
■東証株価指数（TOPIX）■単純平均株価■日経平均株価■日経500種平均株価
■日経株価指数300■ダウ平均（NYダウ工業株30種）

2 「利回り」って何のこと？ …… 222
配当金が株価に対してどのぐらいの比率になっているのかを示したもの
■利回り■総合利回り

3 相場の厚みを表す指標 …… 224
相場全体の流れをつかめば、投資チャンスも増えてくる！
■時価総額■出来高■売買代金■値つき率■手口

4 企業の収益と株価の関係を表す指標 …… 228
投資の目安にするときはPERとPCFRを併用する
■株価収益率（PER）■株価キャッシュフロー倍率（PCFR）

CONTENTS

5 企業の資産内容と株価の関係を表す指標……230
不況の時はPBRが投資の目安になるといわれてきたが……
■株価純資産倍率（PBR）■Qレシオ

6 チャートを読み解く！……232
チャートには時系列で示されるものと非時系列のものがある
■ケイ線■ローソク足（陰陽足）■新値足

7 「移動平均線」で何がわかるか？……234
中長期的な相場の動向や転換点をとらえるのに適し、出来高などにも応用される
■移動平均線／ゴールデンクロス／デッドクロス■騰落レシオ■逆ウォッチ曲線

8 「EVA」や「格付」って何のこと？……236
投資の目安となる指標には業績や資産内容などのほかにもいろいろある
■EVA■EBITDA■イールド・スプレッド■格付

9 取引の残高も投資の目安になる？……240
信用取引と裁定取引、まだ決済されていない残高をチェックしよう！
■信用取引残高■裁定取引残高

10 国の予測はアテになるか？……242
国が発表する数値や予測は、経営者の積極性に反映される
■GDP■日銀短観

11 国民生活を表す指数……244
景気動向指数の先行系列は、株価と連動する場合が多いので要チェック
■景気動向指数■完全失業率■消費者物価指数■卸売物価指数

12 「プライムレート」「公定歩合」とは？ …… 248
かつては市場に絶大な効果があった公定歩合も今や威力は半減？
■プライムレート■公定歩合■マネーサプライ■市中短期金利
■コール市場■TIBOR（タイボー）■CD■長期金利

PART 8

取引の形態と金融商品

普通取引以外の様々な取引についても押さえておこう！

1 投資信託の仕組み …… 256
多数の投資家から資金を集め、それをまとめて投資の専門家に運用を委託する
■投資信託（投信）■投資信託委託会社■基準価格■分配金■償還／繰り上げ償還

2 投資信託の種類 …… 258
資金の追加ができるかできないかで、「単位型」と「追加型」に分けられる
■オープンエンド型投資信託■クローズドエンド型投資信託
■会社型投資信託／契約型投資信託■株式投資信託■公社債投資信託
■単位型投資信託（ユニット型）■追加型投資信託（オープン型）
■MMF（マネー・マネジメント・ファンド）■中期国債ファンド（中国ファンド）
■長期国債ファンド■インデックスファンド

3 先物取引の仕組み …… 262
前もって決められた日に売買を行うことを決めておく取引の形態
■先物取引■差金決済■限月

CONTENTS

4 裁定取引の仕組み……264
先物取引を利用したリスクなしの取引方法
■裁定取引■裁定解消売り

5 「デリバティブ」と「オプション取引」……266
先物、オプション、スワップ……これらの商品の投資価値は？
■デリバティブ■オプション取引■個別株オプション取引■ストックオプション

6 「転換社債」と「ワラント債」……270
株式に転換できる社債と新株引受権がプラスされている社債のこと
■転換社債（CB）■パリティ価格■乖離率■新株引受権付社債／ワラント債
■分離型／非分離型

7 少額でできる金融商品……274
少ない金額でリスクを分散しながら投資できる2つの方法
■株式累積投資制度（るいとう）■株式ミニ投資

8 まだまだある金融取引……276
利益は大きいがリスクも大きい大口投資家向けの金融商品
■ヘッジファンド■カントリーファンド

数字・アルファベット&50音順索引……287

◉——本文イラスト／木内俊彦

PART 1

投資を始める前に読んでおきたい用語

株の種類や配当の仕組みなど、
まずは基本的な用語を押さえておこう！

★「株」にはどんな種類があるの？
★株主の権利と義務
★株を所有するメリット
★配当の仕組みは？
★増資の仕組みと形態
★株価に影響を与えるもの
★株にまつわる税金

1 「株」にはどんな種類があるのか？

発行形態や性質によって、いろいろな種類に分けられる

■株式
stock/share

株式は、株式会社の株主としての持ち分（権利）を示すもので、法律上では株主権のことを指しますが、一般的には株券そのものを指して〝株式〟と呼んでいます。

株式はアメリカではストック（Stock）、イギリスではシェア（Share）と表現されています。発行するのはもちろん「株式会社」です。

株の起源は１６０2年に設立されたオランダの「東インド会社」にあると言われています。この会社は、投資家を募って運用資金をまかなうという画期的な方式を採用した会社でした。

今日の株式会社の原型ともいえるもので、このとき投資家に「確かに資金を提供していただきましたよ」ということを証明するために発行した証書が、世界で初めての株券になるのです。

■額面株式／無額面株式
par value stock/no-par stock

株式は「額面株式」と「無額面株式」とに大別されます。

額面株式とは1株当たりの金額を株券に表示してあるもの、一方無額面株式は金額ではなく「総発行株数の中の○株」と株数が記載されているものを指します。日本の会社の株式のほとんどは額面ですが、大手のコンビニエンスストアの「セブン－イレブン」は、無額面株を発行しています。

１９８2年10月以降に設立された会社については、その年の商法の改定によって、１株当たりの額面金

用語　株券に書かれていること

額は5万円以上と規定されています。ですから、公開当時話題になったＮＴＴ株やＪＲ東日本株などは、額面が5万円で発行されています。

ただ、現在株式市場に上場している企業のほとんどは、1株当たりの額面金額は50円になっています。というのは、1951年以前に設立した会社は最低20円、それ以降1982年9月までに設立した会社は最低500円という数字が1株あたりの額面金額になっていたからです。

現在上場している会社のほとんどは、戦前か戦後間もなくに設立された会社ですから、額面金額が50円になっているのです。また、1951年以降にそろって上場した電力株は500円株となっています。

ちなみに、額面株と無額面株の両方を発行することもできます。この場合、株主は「額面株式」を「無額面株式」に変更したり、その逆を行うこともできます。

■普通株
common stock

一般的な株式で、日本の企業が発行し取引されているもののほとんどが普通株です。優先株や後配株のように、株主の権利を限定していないものを指します。

■優先株式
preferred stock

利益の配当や、会社が解散する際の残余財産の分配などが優先的に受けられる株式のことです。ただし株主総会に出席するなど、経営に参加する権利は与えられていないのが普通です。

優先株には「参加型優先株」と「非参加型優先株」があり、参加型は配当の際に普通株主配当も受けられる場合があるのに対して、非参加型は優先配当しか支払われないという違いがあります。

また「累積型優先株」と「非累積型優先株」という区分もあります。累積型はある年度の優先配当の金額が定められていた額に達しなかった場合に、次の年度以降不足分が利益の中から支払われるというもので、非累積型ではこのような繰り越しは行われません。

■後配株式／劣後株式
deferred stock

配当を受ける権利、残余財産の分配などの順位が普通株よりも後になる株を指します。主に会社の発起人などに対して発行されるもので、「劣後株式」とも呼ばれます。

■無議決権株式
non-voting stock

株主総会において議決権を持たない株式のこと。つまり企業の経営に参加する権利がない株式です。経営参加にさほど興味がなく投資のみを目的とする株主は議決権をさほど重要とは考えないため、このような発行形態が増えつつあります。

用語　株にはどんな種類があるのか？

普通株

一般の株式。日本の企業が発行しているものはほとんどこの普通株。

特殊株

配当や残余財産の分配を優先的に受けられる。ただし株主総会には出席できない。

配当を受ける権利が普通株よりあとにあるもの。会社の発起人などに発行される。

ただし無議決権の発行は発行済み株式総数の3分の1以内とされており、優先株に限られています。

■利潤証券
profit-sharing securities

企業は利益の一部を配当金として株主へと分配します。厳密に言えば利益が少なかったり赤字の際には無配になる場合もありますが、基本的には株式は配当金という利益を生み出す「利潤証券」であると考えることができるのです。

■物的証券

株式を「物」として見る考え方。太平洋戦争終結後のインフレによって貨幣価値が極端に落ちた際に、お金を物に換えて持っておこうとする換物的な考え方から大量の資金が株式市場に流れ込みました。このときから株は物であるとする考え方が広まったとされています。ただし、株式を物的証券として見ることは疑問視せざるを得ません。

2 株式の発行形態

時価で発行するか、それとも額面通りの金額で発行するか？

■額面発行

par issue

株式を額面金額で発行することです。以前、企業が増資を行う際は額面発行が主流で、これが投資家にとっては大きな魅力でした。

株主は新株を入手する際、たとえ株価が高くとも額面分の金額を支払えば良いため、現在の株価と額面金額との差額（プレミアム）を手にすることができるのです。

■時価発行

issue at market price

増資のために新株を発行する際、発行価格を時価に近い値にすることです。この場合、企業は資本金に組み入れる金額は額面分だけで良いため、残りはプレミアムとして企業側に入ります。

企業はこのお金を資本準備金などの形で積み立てることができ、資金調達も容易に行うことができます。プレミアムが株主に入る「額面発行」が株主サイドに有利な発行形態であるのに対し、時価発行は企業側にとって有利な発行形態と言えます。

80年代後半には多くの企業が増資の際に時価発行を行うようになりましたが、90年代に入ってバブルの崩壊による株価低迷や一般投資家からの反発が相次ぎ、募集割れするものも続出しました。このため、時価発行増資を行う企業は少なくなりました。

しかしその後、株主への利益還元やディスクロージャーなどの企業努力によって、90年代後半から、また増え始めています。

用語　増資方式はどれがトクか？

時価発行

新株を発行するとき現在の価格を参考にして、発行価格を決めるもの。プレミアムが会社側に入るため会社側に有利。

中間発行

現在の株価と額面価格の中間の価格で発行するもの。

額面発行

額面の価格で発行するもの。プレミアムが投資家に入るため投資家に有利。

■中間発行

median price share issue

時価発行の一種で、額面と時価のほぼ中間の価格で新株を発行する方式です。ドイツで広く行なわれていることから「ドイツ方式」とも呼ばれています。額面発行は企業にとってコストが高くつくため現在ではほとんど行われず、時価発行は株価が高くなりすぎて一般投資家は敬遠してしまうという欠点があります。

ただし発行価格には、「時価の2分の1以下で適正な水準」または「1株当たり純資産以下」といったガイドラインがあります。

■株式分割

stock splits

1株をいくつかの株式に分割し、すでに発行されている株式数を増やすことです。

仮に1000株持っていた株が1・2株に分割されたとすると、株主の持ち株は1200株に増えることになります。配当がそのまま据え置かれたとすれば、実質上は増えた200株分だけ増配になるわけです。

一方企業にとっては、新たに資金調達を行わずに新株を発行することができるわけです。

株数が増えることによって市場への供給量が増え、理論上株価は分割の比率に応じて安くなる（二分割なら2分の1）ため、取引が活発になるという効果があります。保有する株の時価総額が増えるわけではありませんが、株式分割を行うと市場での人気も高まりますから、結果的に株主にとっても値上がりや増配を期待できるというメリットがあります。

株式分割は原則として、その会社の取締役会の決議で行うことができます。

かつては、商法による分割条件として、分割後の1単位当たりの株主資本（純資産）が5万円を下回ってはいけないという規制がありましたが、2001年10月施行の改正商法でこの規制が撤廃されました。

また、1株当たりの資本金が額面金額を下回ってしまうような分割はできません。50円額面の会社なら1株当たりの資本金が90円だと2株には分割できない、ということです。

用語　株式分割について考える

株式分割 ＝ すでに発行されている株式を分割して、株式数を増やすこと

分割後、持ち株数は増えるが時価総額は変わらない

｛1株から2株に分割される株式を1000株（時価2000円）持っている場合｝

分割前

1000株×2000円＝200万円

分割後

2000株×1000円＝200万円

（同じ）

分割されて倍になる

分割されたため半額になる

ただし、配当金は1株ごとに支払われるので、配当金がそのままなら、持ち株数が増えた分だけ、増配になるんだ

3 株主の権利と義務

たとえ所有する株式が少数でも、株主であるからには様々な権利を有している

■株主権
stockholder's right

株主には「自益権」と「共益権」の二つの権利があります。「自益権」には、

①配当を請求する権利
②新株を引き受ける権利
③会社解散時に残余財産の分配を受ける権利

などがあります。

①はみなさんご存じの配当に関する権利です。株主である以上、その出資比率に応じて会社の利益の還元を受ける権利を保有しています。

②は株主が新株を取得することができる権利のことです。新株を引き受ける権利が株主にあるものを「株主割り当て」、縁故者（メインバンクや取引先など）にあるものを「第三者割り当て」（⬇P44参照）といい、これらを誰に割り当てるかは、その会社の取締役会で決めることになっています。

③は運悪く出資した会社が解散することになってしまったときなど、残った財産の分配を受ける権利のことです。

一方「共益権」には、会社の経営に参加する権利などがあります。ただし、経営に参加するといっても、もちろん実際に会社を運営していくことを指しているわけではありません。株主総会に出席する権利のことを指しています。つまり、株主総会で会社の方針を認めるかどうかの議決権を持っているということです。

株主の権利にはこのほか、名義書き換えを求める権利などや所有株式数に応じた少数株主権（⬇P32参照）といったものもあります。

用語 株主の権利と責任

株主のおもな権利

株主総会に出席する
（経営に参加する）

配当を
受ける

残余財産の
分配を受ける

新株を
引き受ける

株主の義務と責任

出資する義務 → 株券を買った段階で終了

出資金額の範囲内で責任を持つ → ただし株式会社が倒産しても出資金額が返ってこないだけ

これらの権利はすべての株主に平等に与えられるものとされており、これを「株主平等の原則」と呼んでいます。

■少数株主権
minority stockholder

大株主や役員などの専横を防ぐことを目的として、少数株主に与えられている権利のことです。

発行済株式総数の100分の1以上を保有する株主には株主総会での提案権、100分の3以上を保有する株主には株主総会招集請求権や帳簿閲覧請求権、10分の1以上を保有する株主には会社更生申立権などが認められています。

■大株主
large stockholder

読んで字の如く、多くの株を保有している株主を指す言葉ですが、明確な基準はありません。大株主の中で最も保有する株が多い者を「筆頭株主」と呼びます。

■株主総会
stockholder's meeting

株主総会は会社の意思決定を行う上での最高機関と位置づけられています。すべての株主は株式総会に出席する権利や議決権といった経営に参加する権利を持っています。

とは言え、過去において株主総会はいわゆる「総会屋」によって仕切られる場合が多く、一般の株主には発言のチャンスなどはありませんでした。数度にわたる商法の改正や企業側の努力によって総会屋の締め出しが行われ、近年ようやく日本の株主総会にも変化の兆しが見えて来ました。

株主総会には決算期に開かれる定時株主総会と臨時株主総会があり、6か月前から発行済株式総数の3%以上を保有する株主は臨時株主総会を招集することが可能です。

用語 大株主じゃなくても…

少数株主権

1. 総会で議案を提案できる
（発行済株式総数の1%を保有）
2. 株主総会を招集できる
（同 3%）
3. 帳簿を閲覧できる
（同 3%）
4. 会社の更生を申し立てられる
（同 10%以上）

■株主優待制度

主に個人株主を対象としたサービスです。例えば鉄道や航空会社ならば回数券を配布したり、小売業や外食産業では割引券を贈るといった多様なサービスが見られます。個人投資家を市場に呼び戻す目的から近年これらのサービスを重視する企業が増えています。

■名義書き換え

stock transfer

株主としての権利を行使するためには、株を購入後株券の裏面に記載されている名義を自分のものに書き換える必要があります。

名義の書き換えは証券会社や発行企業が指定する信託銀行、証券代行会社などに依頼しても構いませんし、発行企業に直接持ち込むこともできます。この手続きを終え、株主名簿に自分の名前が記載されることによって初めて「株主」と認められ、配当を始めとする様々な権利が自分のものになるのです。

4 株を所有するメリットは？

株価が上がることによって得る利益と配当や利子による収入

■キャピタル・ゲイン
capital gain

株式の値上がりによる利益のことです。株式はキャピタル・ゲインが得られる反面、株価の変動によってキャピタル・ロス（値下がり損）を被る場合もあります。

株を所有するメリットおよび醍醐味は、このキャピタル・ゲインにあるといっても過言ではないでしょう。時には、買ったときの10倍、20倍になることもあるわけですから、投資家は毎日の株価速報に一喜一憂するのです。

■インカム・ゲイン
income gain

配当や利子による収入のことです。

無配の場合にはインカム・ゲインは入りませんし、キャピタル・ゲインのような大きな収益を期待できない反面、リスクの少ない安定した収入と見ることもできます。

■インフレ・ヘッジ
hedge against inflation

インフレによる貨幣価値の下落による損失を回避するために、株式や不動産、貴金属などに投資することを言います。

株式の場合、名目上の価格は上昇してもインフレによって企業の業績が悪化することも考えられるため、インフレ率以上の価格上昇が期待される資産としては疑問視されることもあります。

用語　株主になるメリット

インカムゲイン

配当金によって得られる収入

↓

企業の業績が上がれば当然
多くの配当金収入が入る

↓

経営状態を厳しくチェック

キャピタルゲイン

株価が値上がりしたことによる設け

↓

バブル経済の要因に

本来はインカムゲインが
株主になるメリットで、
だからこそ買った企業の
経営状態を株主がしっかり
チェックしていたんだね

5 「持ち株会社」と「株式持ち合い」

持ち株会社が実際の運営会社を支配下に置き、管理する新しい企業形態

■持ち株会社
holding company

他の会社のすべての株、あるいは大部分の株式を所有して、その会社を支配・管理下に置くことを目的とする会社のことです。他企業の支配のみを目的とする会社は「純粋持ち株会社」、他に本業を持っている場合は「事業兼営持ち株会社」と呼ばれます。

戦後、独占禁止法によって持ち株会社の設立は禁じられていましたが、１９９７年に独禁法の改正が行われると小売業のダイエーがこれを設立。ＮＴＴも東西分割と同時に持ち株会社を設立しました。

■金融持ち株会社

金融機関の持ち株会社のことで、持ち株会社が信託銀行や証券会社、保険会社などを子会社として持ち、金融サービスを効率的・総合的に提供することを目的としています。

１９９９年に大和証券が第一号の金融持ち株会社を設立しました。

■株式持ち合い

グループ企業間や協力企業間でお互いの株式を保有しあい、経営の安定化をはかることを言います。

戦後財閥は解体されましたが、海外からの乗っ取り的な企業買収に対する懸念が高まるにつれて安定した株主を確保するための持ち合いが増加。またお互いの事業において安定的な取引を期待できるため、１９８０年代までは旧財閥系を中心に活発に行われていました。

しかし90年代に入り景気が後退すると持ち合いが

用語　持ち株会社の特徴

持ち株会社

株式を所有することで、その会社の経営を支配し、グループ全体の経営計画の作成などに携わる会社

1997年12月に解禁

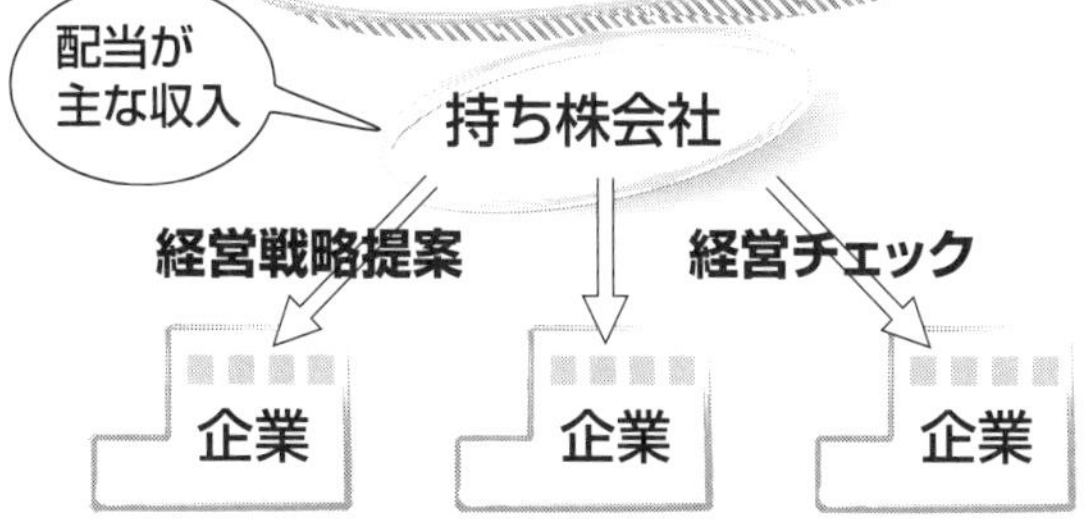

それぞれ独自に活動に専念できる

純粋持ち株会社

事業は行わず、株式を保有するだけ

事業兼営持ち株会社

その会社自身も事業を行う

自由な取引の足かせとなっていることが表面化。持ち合いの中心的存在だった銀行も経営状態が悪化して他社の株を持ち切れなくなって来たため、持ち合いを解消して株式を売却する動きが出てきました。これを「持ち合い解消売り」と呼んでいます。

２０００年の時点では、東証上場企業の株式時価総額約４００兆円に対して、その１割にあたる約40兆円が持ち合い株で占められています。

■金庫株

treasury stock

自社で発行した株式を保有することを金庫株、または「自己株」と言い、インサイダー取引の原因や会社の支配につながるとして商法によって禁じられてきました。

しかし１９９０年代に入ると企業がバブル経済期に増資のために過剰に発行した株の処理が問題化。また持ち合い解消後の株買い占めを防ぐ意味でも自社株の保有を必要とする声が強くなり、１９９４年に一部制限付きではありますが自社株買いが認められ、２００１年10月にはついに解禁されました。

自社株買いによって株式の消却が進み、市場における株式の需給が正常となって株価の価値が安定するため、各企業でこの動きが広まりつつあります。

■従業員持ち株制度

employee stock ownership

会社が従業員に対して自社の株式を保有させる制度のことです。

給与や賞与などから天引きなどで自社株を買い、従業員持ち株会が運用を行い配当は再投資されます。従業員に自社株を保有させることで会社に対する忠誠心を養い、同時に安定した株主を確保する狙いから行われるもので、購入に当たっては会社側で一定の補助をしている場合が多く見られます。

上場企業のほとんどが採用しており、中には持ち株会が大株主というケースもあります。

用語 従業員持ち株制度の仕組み

まずは従業員持ち株会に入会

従業員持ち株会

- 会員の出資金を集めて自社株を買う
- 出資比率に応じて株式を分配
- 配当は通常再投資

他のものへの投資

ミリオン（従業員積立投資プラン）など

6 配当の仕組み

株主に分配される利益は、どのような方法で決められているのか？

■配当／現金配当／株式配当
dividend

株主に分配される利益のこと。すべての株主は出資比率に応じて利益の還元を受ける権利を持っています。企業側は決算期ごとに株主に対して利益の分配を行わなければなりません。配当には「現金配当」と「株式配当」があり、通常「配当」と呼ばれているのは現金配当のことを指します。このうち株式配当とは、配当の全部または一部を新株で行うことで、配当額に相当する金額を資本金に組み入れ新株を発行して株主に渡します。

また、通常の決算期ごとに行う「普通配当」と、利益が出た場合にのみ行う「特別配当」や会社の創立などを記念して行う「記念配当」とに分けられます。

■中間配当
interim dividend

営業年度が1年の会社（年1回決算の会社）が、期末のほかに年度の途中で行う配当のことです。1974年の改正商法により、年1回決算の会社は定款に定めれば配当を2回に分けて行っても良いことになりました。ただし2週間以上前までに証券取引所に届ければ中間配当を見送ることも可能です。

■無配
passed dividend

配当を行わないこと。会社が赤字決算であったり、利益を出すことができなかった場合には、無配となる可能性もあります。

前決算期までは配当をしていた会社が無配になる

用語　配当金はどうやって決めるのか？

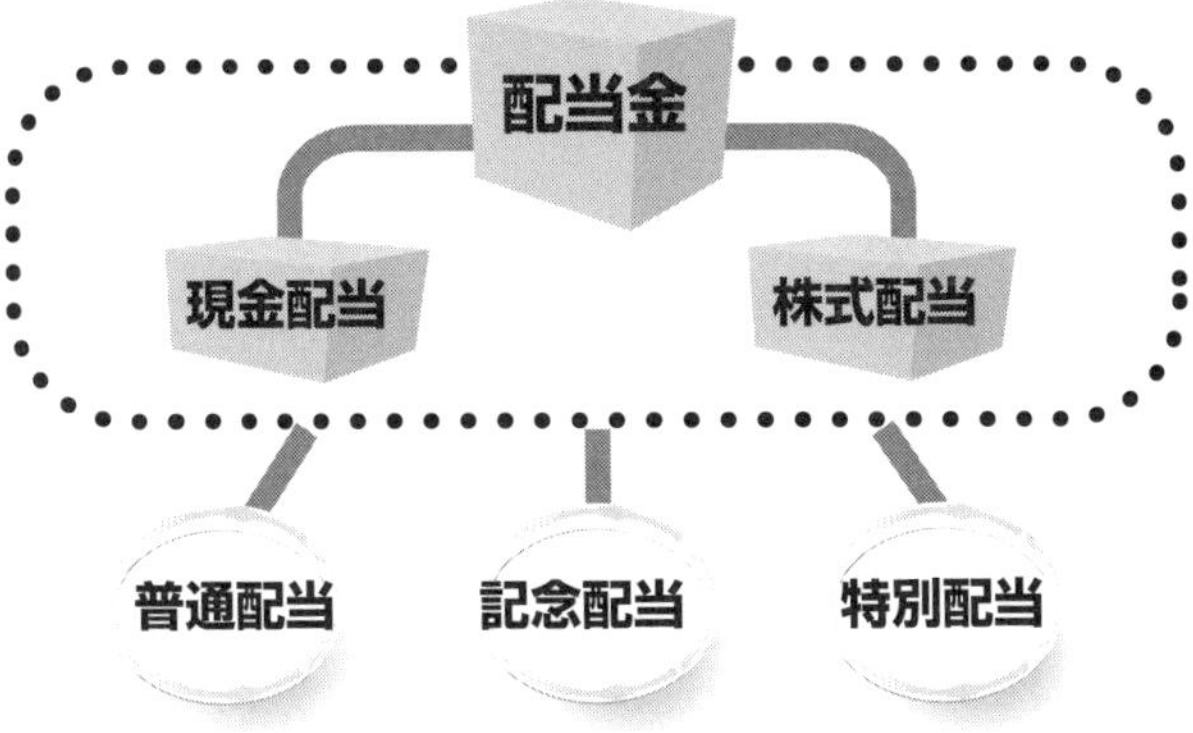

純資産額（株主資本）－｜資本金＋資本準備金＋利益準備金＋決算期に積み立てる利益準備金｜

配当可能限度額

これらを参考に決算役員会で金額を内定し、
株主総会で決定する

ことを「無配転落」と言い、2度続けて無配となった場合は「無配継続」と言います。当然、市場には悪い印象を与えることになります。また無配の会社の株を「無配株」と呼び、これに対して配当を行っている株を「有配株」と呼びます。

■配当性向

payout ratio

企業がその期にあげた税引き利益（純利益）に対する配当金の占める割合を「配当性向」と言います。利益に対してどのぐらい配当する力があるのかを見る指標の1つで、次の計算式で求められます。

$$\frac{\text{配当金}}{\text{税引き利益}} \times 100$$

例えば、発行済株式数1００万株、年10円の配当、純利益1億円の会社の場合、この会社の配当金の総額は、10×1００万株＝1０００万円になります。で、純利益が1億円ですから、配当性向は10％になります。

この配当性向が低ければ、それだけ配当にゆとりがあることになります。つまり、今後増配の可能性もあるわけです。ただ、一概に低いからいいとも言い切れない部分があります。企業が、利益に見合った配当をしていない可能性もあるからです。ただ普通は、配当金を除いた利益は内部資金として、次の事業に投資され、また新たな収益を生むというサイクルで循環していきます。

逆に配当性向が高い場合は、ゆとりがないわけですから、今後減配に転じる可能性があります。

■タコ配

実際は利益が出ていないのに、資産を売却したり、利益剰余金を取り崩して配当を行うことを「タコ配」といいます。

この場合、配当性向は1００％を超えます。会社が今まで蓄えていた利益を食いつぶすことになるわけですから、投資家は注意する必要があります。

用語　配当落ちの仕組み

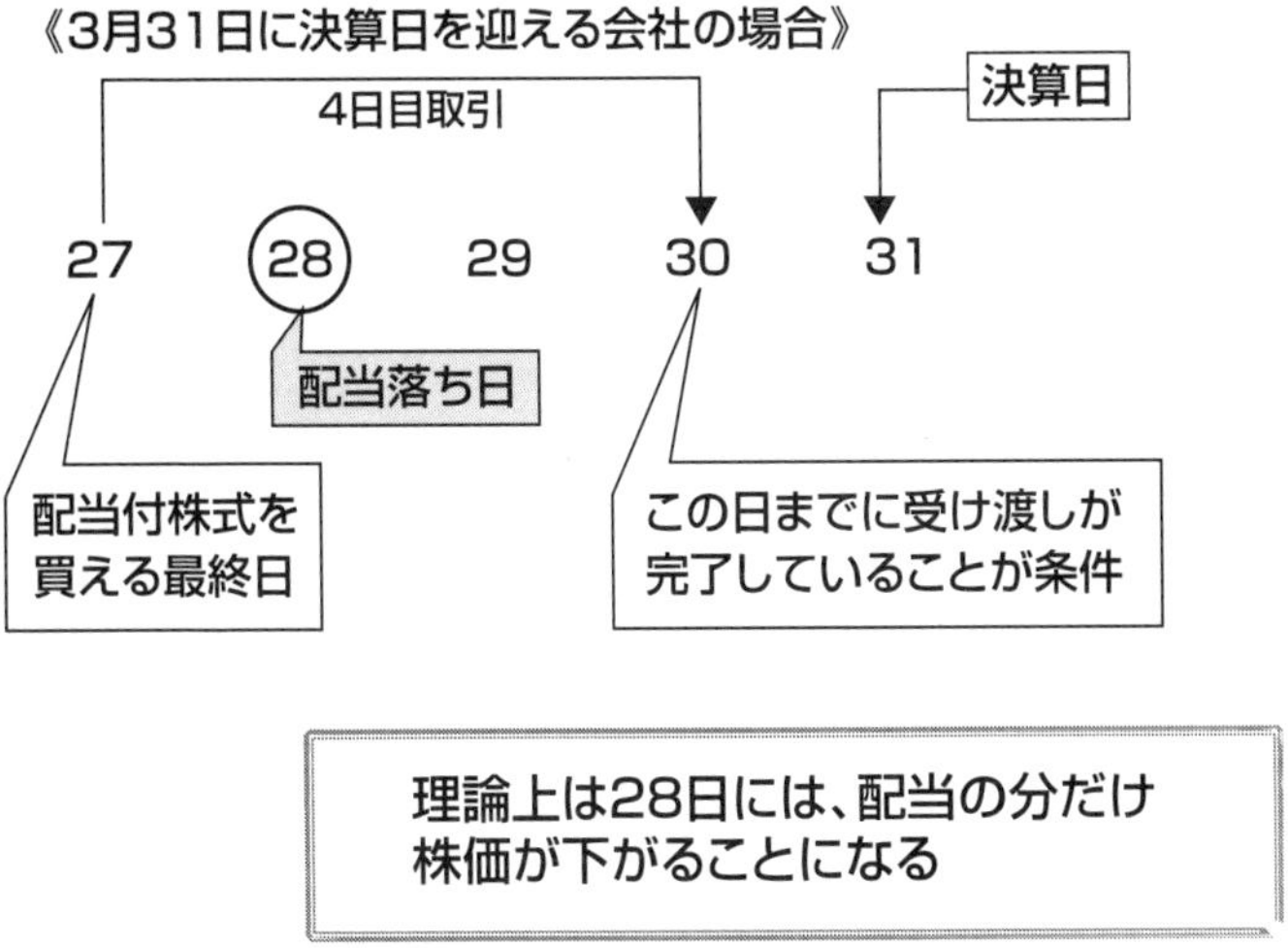

余談ですが、タコが自分の足を食べている（会社が自分の貯蓄を食いつぶしている）行為に似ていることから、「タコ配」と呼ばれています。

■配当落ち
ex-dividend

配当を受ける権利がなくなることを「配当落ち」と言います。配当金は決算期末に支払われ、これを過ぎると配当金を受けることができなくなります。期日を過ぎた翌日からは理論的には配当の分だけ株価が下がったことになります。

■株主優遇策

増配や株式分割を行って、株主に優遇措置を講じることを指します。ただ増配や株式分割は会社にとって状況に応じて当然行うべき措置であり、これらを「優遇策」とすることに関しては、疑問の声もあります。

7 増資の仕組みと形態

基本的には企業は新しい事業の運転資金や設備投資の資金を賄うために増資を行う

■増資
increase of capital

会社が新株を発行して、資本金を増やすことを「増資」と言います。増資の目的は設備投資のための資金や運転資金の確保ですが、中には資金繰りがつかず、苦しまぎれに増資を行うケースもあります。「有償増資」とは、会社が資金を調達するために投資家から払い込みを受けて新株を発行することで、増資と言えば普通は有償増資のことです。ほとんどの場合は時価発行で、一般から広く投資家を募る「公募」形式が取られます。

■株主割り当て
issues to shareholders

新株を発行する際に、既存の株主に持ち株数に応じて新株の引受権を与えること。株主は額面金額を支払うだけで、新株を手にすることができます。

■第三者割り当て
allocation of new share to a third party

取引銀行や主要な取引先、従業員や役員といった会社と関係の深い第三者に、新株の引受け権を与えること。資本提携や相手との関係を深めたいとき、または業績の悪化している会社が再建のために行うことが多く、「縁故募集」「縁故者割り当て」とも言います。

新株の発行価格がその時点での株価よりも有利な場合、既存の株主の利益を損なってしまうこともあります。そのため、有利な発行価格を設定する場合には、株主総会において特別決議を行わなければな

用語 新株の割当方法

割当て方法	内容	株式譲渡制限がある会社
株主割当	株主に新株引受権を与えて新株を割当てる方法	株主全員が新株引受権を有する
	株主の所有株数に比例して新株を割当てる。比例しない割当ては、第三者割当となる	
第三者割当	特定の者を指定し、この者に新株引受権を与えて新株を割当てる方法	第三者割当・公募をするためには、株主総会の特別決議が必要
	会社の役員・取引先など割当者を具体的に特定する。特定の株主に割当てるときは、この方法による。もっとも多く用いられる割当て方法	
公募（縁故募集）	1.広く一般から株主を募集する方法。上場会社に多い 2.募集の範囲を一定の者に定めた場合を縁故募集という	
	縁故募集は募集範囲を会社の役員・従業員など一定の者に限定するが、引受人を個々に特定しない。この点が、引受人を具体的に特定する第三者割当と異なる	

りません。

■エクイティ・ファイナンス
equity finance

転換社債、ワラント債、有償増資などの、新株発行・自己資本の増加をともなう資金調達のことです。これに対し、借り入れなどの負債による資金調達を「デット・ファイナンス」（debt finance）と言います。転換社債が株式に転換されなかったり、ワラント債の新株引受権が行使されなかった場合には自己資本は増加せず、結果的にデット・ファイナンスとなってしまいます。

■プレミアム
premium

現在の株価と額面金額の差額のことです。時価発行増資を行った場合、会社は調達した資金の2分の1を資本金に組み入れ、残ったプレミアムは資本準備金に積み立てることになっています。

■食い逃げ増資

会社が増資を行って投資家から資金を集めておきながら、公約した配当を支払わないことです。増資を決定した時点で、会社側は配当や収益に関する予測を発表し、投資家はこの数字をもとに出資するかどうかを決めます。しかし業績の悪化や予測の読み違いなどによって目標としていた収益を達成できないと、最悪の場合は無配となってしまいます。

株主にとってはまさに「食い逃げ」されたようなもの、というわけです。

■失権株
forfeited shares

新株の引受権を放棄した株のことを指します。会社が有償増資を行って株主に新株引受権を与えても、株主側では払い込みに応じず、権利を放棄する場合があります。失権株が出ると、会社側は公募によって再募集をして資金調達に努めますが、再募集をせずに増資を切り捨てることもあります。
これを「切り捨て増資」と呼んでいます。

■新株
new stock

すでに発行している株を旧株（親株）と言うのに対し、増資や合併によって新しく発行した株を新株（子株）と言います。決算期の途中で発行した新株は、旧株と配当の権利が同一でない場合もあるため区別されていますが、一度決算を迎えれば、新株・旧株とも同じになり、新株は旧株となります。これを「新旧併合」と呼んでいます。

用語 「食い逃げ」と「切り捨て」

増資で投資家から資金を集める
その後、会社の業績が悪化
最悪の場合、配当なしというケースも
配当金をよこせー！
ごめんよ～！
食い逃げ増資
株主に新株引受権を与える
株主が資金を払い込まない
最悪の場合、増資を断念
お～い お金を払ってくれよ～！
………！
切り捨て増資

8 株価に影響を与えるもの

業績、金利、為替、政治……株価は様々な要因で動いていく

■企業の業績
results

金利や為替なども株価に大きな影響を与えるのは事実ですが、銘柄を選ぶという段階で一番重要なポイントになるのは、やはり企業の業績です。これは当然のことで、赤字経営が続いていては株式の配当もままならないわけですから、そんな会社の株をあえて買う人はいないでしょう。

企業の立場から見てみると、株式市場は「事業に必要な資金を提供してくれる場」と考えることができます。企業は常に新しい事業を展開するなどして成長していくわけですから、そのための資金の確保はとても重要になります。

景気が良ければ企業の業績は当然上がります。そうすれば、利益が株主に還元され、配当金も多く支払われることになります。ついで、その会社の株式に人気が集まり株価は上昇します。こうして、株価が動いていく相場を「業績相場」といいます。

ただし、注意しなければならないのは、実際に株式を買う場合に重要になるのは、もちろん過去の業績なのですが、これはあくまでも判断の目安にすぎない点です。いくら去年の業績が良くても、その後の景気の動向や企業の体質などを考えれば、「もうこれでいっぱいかな」というようなケースも結構あるものです。

逆に、「今年の業績はたいしたことないけど、新製品を開発したという情報もあるし、来年は伸びるぞ」というようなケースもあります。

ですから、会社の業績と株価が必ずしも連動するわけではない、というようなことが起こるのです。

用語 企業の業績はこうして見分ける！

株式の投資価値 ＝ 企業の業績

POINT

税引後利益は確実に上がっているか？

PERやPBRはどうか？

財務内容はどうか？
（無借金企業かどうかなど）

一般的には・・・

- バランス・シート（貸借対照表）で企業の安全性を見る
- 損益計算書（P/L）で会社の成長性を見る

■金利
interest on money

企業の業績も重要ですし、為替相場も市場に大きな影響を与えます。その中でも、長い目で見てみると金利の動向が株価に与えてきた影響は見逃せないものがあります。

金利と株価の関係の基本形は、金利が上昇すると株価が下落する、逆に金利が下落すると株価が上昇するというものです。

身近な例で考えてみましょう。たとえば貯蓄に回せるお金が100万円あったとします。このとき、ただ単にこれをタンスに放り込んでおく人はいませんよね。誰だって、銀行とか郵便局とかの金融機関に預けようと考えます。そこで、「普通預金にしようか、それとも定期預金にしようか、いやいっそのことMMCを……」などと考えるわけです。このとき判断の基準になるのは、できるだけ利息のつく、つまり金利の高い商品ということになるのです。

で、株式の話ですが、金利が高ければリスクをおかしてまで株に手を出す必要はないよな、と考えるのが人情でしょう。逆に金利が低ければ、より高い利率の金融商品＝株に目が向くのです。

現在は相変わらず沈滞ムードの株式市場を反映してか、低金利時代です。「借りる分にはいいけど、預けるのはちょっとね」という時代なのです。だから株式市場に活況が戻ってもいいはずなのですが、いまだ一進一退を続けている状態です。

バブル経済のときには、不動産が上昇し、株式市場もそれなりに恩恵にあずかりました。そして今、世の中は長い不況の時代に突入し、上昇の兆しは見えてきたものの、株価の水準は決して高いものではありません。一般の投資家も以前は手が出なかったマイホームという夢を、不動産相場の下落と低金利時代という世の中の状況に後押しされて、もう一度持てるようになりました。そのため株式投資よりも現実に目を向けている、というのが実状のようです。

バブルの残した爪あとが、金利と株価の基本関係を微妙に狂わしてしまったようです。

用語 景気と金利の関係

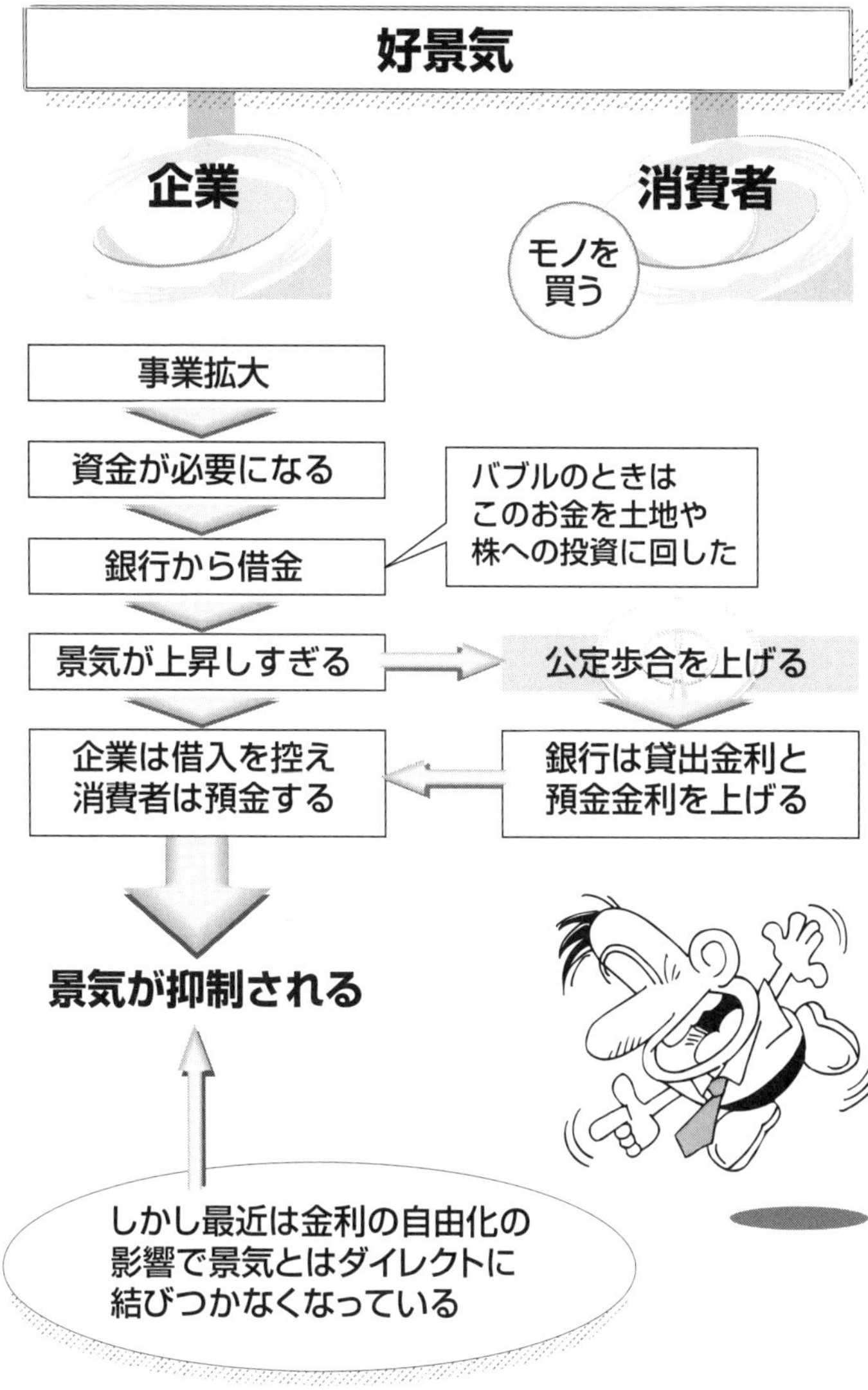
好景気
企業
消費者
モノを買う
事業拡大
資金が必要になる
銀行から借金
バブルのときはこのお金を土地や株への投資に回した
景気が上昇しすぎる
公定歩合を上げる
銀行は貸出金利と預金金利を上げる
企業は借入を控え消費者は預金する
景気が抑制される
しかし最近は金利の自由化の影響で景気とはダイレクトに結びつかなくなっている

為替
foreign exchange

為替の動向も株価と密接な関係にあります。事実、円高は株価にも好影響を与えるらしく、株価は上昇します。

というのは円高になっているということは、日本の通貨が強くなっている、つまり日本の経済力が国際的に見て強くなっていることを意味します。

日本の経済を支えているのは、もちろん日本の企業ですから、このことはとりもなおさず、日本の企業の国際競争力が強まっていることを意味します。

であれば、これだけ強い経済力を持つ日本の企業の株式が買われるのは、当然のことといえますし、株価はもちろん上昇していくことになるのです。

そのほか海外のお金が日本に流れ込んできますので、国内にお金がだぶついてきます。そうするとお金を借りる人が少なくなるため、金利を引き下げてお金をできるだけ貸し出そうとします。

金利もほかの経済の原則と一緒で、供給が過多になれば、下がるのです、野菜がとれすぎた年は野菜の値段が安いのと、なんら変わりはないのです。

円高が進み、日本経済の国際競争力が強まるのはいいことなのですが、その反動でドルが暴落してしまっては何にもなりません。

それは、ドルはマルク、ポンドなどと同じように国際通貨として認められているからです。これを基軸通貨といいますが、ドルはアメリカ国内ではもちろん、国際的な決済にも使用できるのです。

長年アメリカは経済大国として、世界経済を支えてきました。そのアメリカが国際的な信用を失うことにもなりかねないのです。

ですが、実際は国際協力体制がしっかりと確立されていて、ドル防衛に各国とも積極的に動いています。日本でも円高が進みすぎると日銀が市場に介入し、「ドルを買って円を売る」といった政策を実施します。さらに日米の金利差を広げて、ドル投資を促進させるために金利を引き下げるといった政策も実施します。

用語　為替、金利、株価の関係

買いシグナル

- 円高 → 内需産業の成長と国際競争力の上昇
- 金利下降 → 貯蓄性向の低下、株式市場への資金流出

売りシグナル

- 円安 → 輸入産業の停滞、円高へシフトした産業への打撃
- 金利上昇 → 貯蓄性向の高まり

最近では、いくら金利を引き下げても、なかなか株式市場にお金が回ってこないから、この関係もあやしくなってきたなァ

金利が株価に与える影響は先に述べたとおりですが、こういった意味でも、為替は株価に大きな影響を与えているのです。

ただ、いくら円高が株価を押し上げる要因になるとはいっても、限度があります。あまり進みすぎると、逆に生産コストが上がってしまって、企業の業績を圧迫することにもなりかねません。実際に製造業などでは円高が進みすぎると、株価が下落する傾向にあります。

■自然災害／気候

natural disaster/weather

企業の業績を上げる要素があれば、その会社の株は上昇することになります。

ここで見逃せないのが、気候と株価の関係です。たとえば、今年の夏は猛暑だったとします。毎日熱帯夜で、寝苦しい夜が続きます。しかも真夏日が連続20日間！　ということにでもなれば、「今年は暑いなあ。このエアコンちゃんと動いてんのか？　新しいエアコンに買い換えなきゃダメかな？」とか考えませんか？

蒸し暑い日が続けば、「ビールでも飲んで帰ろうか」というサラリーマンも増えることでしょう。そうすれば、ビール業界や家電業界の売り上げは当然のことですが上昇します。

つまり、猛暑という気候の変化が、株価を動かす要因になってくるわけです。

また、大きな災害も株価に影響を与えます。地震で社屋が瓦解したりすれば、その会社の株価は下落することでしょう。

その一方で、社屋の建て直しといった修復作業に関わる土木・建設関係の会社は、仕事の量が増えるわけですから、業績が上がり、株価が上昇する可能性があります。

不幸な事故ではありますが、株価はそういった要素も飲み込んで変動していくのです。このように予測できない事態ではありますが、自然災害も株価に大きな影響を与えます。

用語 猛暑の夏は株価も上がる？

暑いなア そろそろ エアコンでも 買い換えるか なア
やっぱり 暑いときは ビールだよ なア
クイッ
もっと暑くなれ〜っ!!

新興産業

a new industry

株価は企業の実績を評価し、その将来を先読みして変動していくものです。

IT産業がもてはやされている昨今では、「どこそこの会社で新しい技術が開発されたらしいぞ」といっては、見事なぐらい株価に反映し、株価を押し上げていました。これはとにもかくにも、投資家の「これはひょっとしたらいけるんじゃないか」という思惑に見事にはまった結果です。

株価とはそういった投資家の思惑を内在しながら、動いていくのです。

IT技術に限らず、株価は好感が持てる材料が出ると、当然のことながら上昇していきます。

それだけに世間の動向には敏感で、「ある大手の鉄鋼会社が、こんど新規のレジャー産業に進出するらしいぞ」という情報が市場に流れて、この材料を投資家が好感を持って迎えれば、その株は上昇していきます。

またソニーの「ウォークマン」や「プレイステーション」のように、爆発的なヒットを生み出す商品を開発すれば、投資家の将来に対する期待が集中して、株価は上昇していきます。

あくまで予測をもとにして動くこの種の株は、いったんダメだと判断されると、見事に下落します。ですから、「夢を追って買ったのはいいけど、夢からさめたら大損だった」などということもよくあることなのです。

とくに新技術、新製品の開発に関わるニュースが流れると、俗にいう「理想買い」が起こり、一時的に株価は上昇します。このあと「現実買い」まで進めばいいのですが、結局は熱が冷めたように株価が下落していくといったことも多いのです。

とくにここ数年は、新技術・新製品の開発、発表が盛んに行なわれていますから、銘柄選びには十分に注意したいものです。

（企業の業績➡P48参照）
（理想買い／現実買い➡P152参照）

用語 新商品と株価

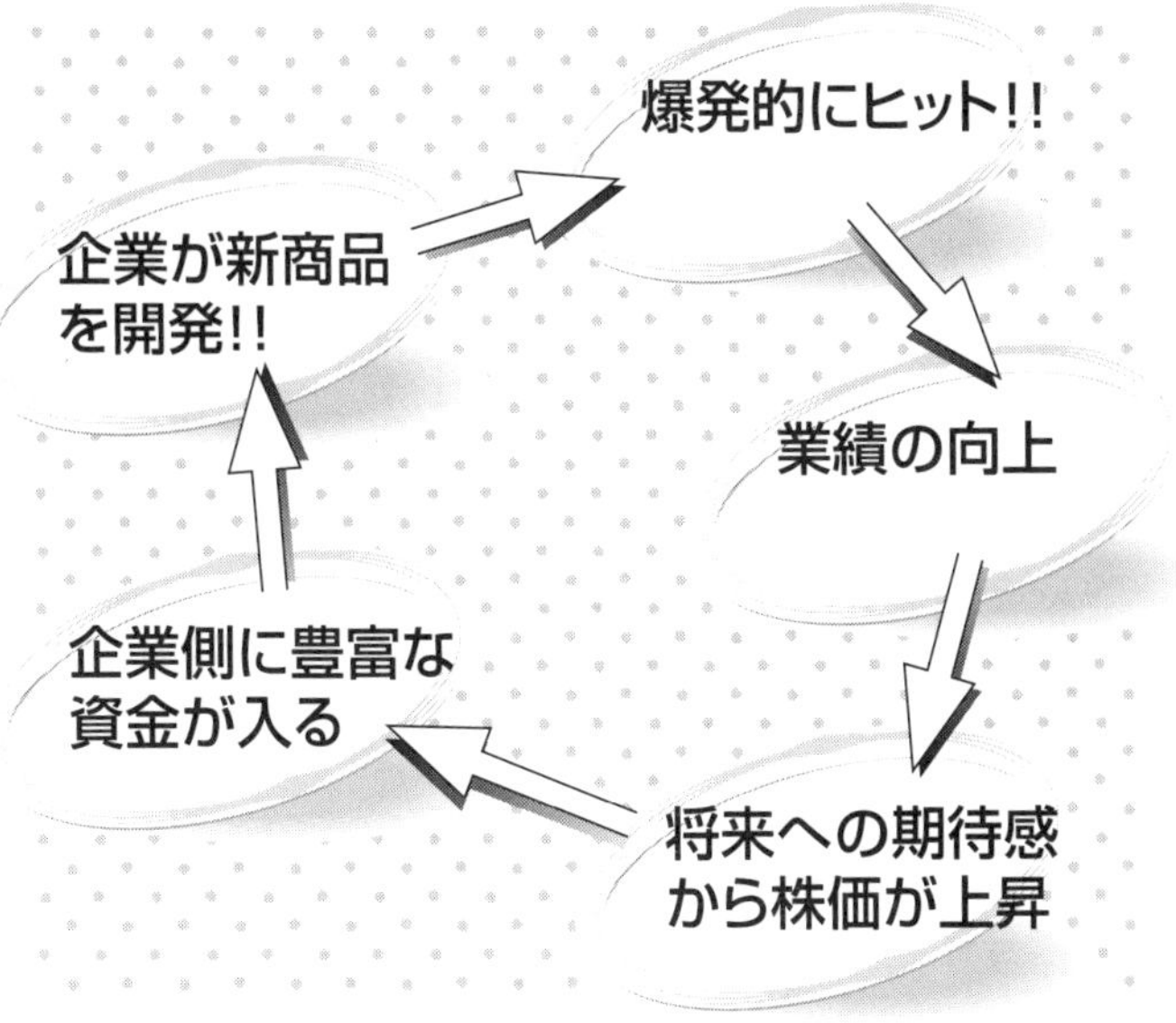
爆発的にヒット!!
業績の向上
将来への期待感
から株価が上昇
企業側に豊富な
資金が入る
企業が新商品
を開発!!

ヒット作を出すと、その企業の株が買われることで資金が集まり、次の新商品の開発資金を生み出すという、好循環のサイクルができる

実際に商品が売れなくても、
開発されたというニュースが
流れるだけで株価は動いて
いくんだ

■国際情勢
the international situation

アメリカ経済が加熱し、それとは対照的に日本経済は相変わらず不況を抜け出せないものの、世界各国が日本の経済力に期待し、注目している事実に変わりはありません。

世界経済の中心に日本が飲み込まれていくにつれて、株式市場ももはや国内の諸問題だけで市場が動くのではなく、世界各国で起こる様々な事件、出来事を敏感に反映するようになりました。

2001年9月にアメリカ国内で起こった同時多発テロは衝撃的な事件でした。この影響で、ニューヨーク株式市場は約1週間にわたって機能を停止し、再開した後は、景気が悪化するとの懸念から全面安となり、ダウ工業平均では史上最大の下げ幅を記録しました。特にハイジャックの影響もあって、航空関連株は軒並み30%〜50%という暴落状態になりました。

日本の株式市場でも、この事件の影響を受け、日経平均で1万円を割っていた株価が、なおも下げ続けました。アメリカ経済が世界経済に与える影響を、改めて知らされた大事件でした。

前にも言いましたように、株式市場は市場自体がある意味で大きな意志を持っています。この市場にどんな材料が流れるかで、株価は大きな影響を受けるのです。

■政治
politics

株価は基本的に、経済的な要因がもとになって動きます。が、様々な経済政策は政治によって決定することを考えれば、政治と株価は切っても切り離せない縁にあると言ってもいいでしょう。

政府が変われば経済政策が変わることもありますし、財務大臣の示す経済政策で金利が変わり、株価が動くということもあるのです。

また、政治は為替にも大きな影響を与えますから、その点を考えても政策ひとつで株価は左右されるの

用語　政治と株価の関係

政府
経済政策や外交政策を決定する機関
新総理への期待
公定歩合など金利の操作
貿易摩擦の解決
最近では、みんなあまり関心がないのか、影響が薄くなってきたような気がするなァ

です。

ここ数年株価は冷え込み気味ですが、バブル経済が崩壊し、政権が変わるという激変の中ではいたしかたない部分があるかもしれません。

以前でしたら、自民党の政権が揺らぎ、保革逆転というような情報が市場に流れると、経済の先行きに不安を抱き、インフレ等を懸念して株価が下落したりしました。

このような政府の方針が株価に影響を及ぼすこととは別に、政治家個人が政治資金を調達するために利用している銘柄を「政治銘柄」といいます。

どちらかというと一般銘柄というよりは仕手系の銘柄に属します。政治資金として利用するわけですから、選挙の前などに動きます。

政治家個人が持っている特定の銘柄について、有力な情報を流し、値を上げて売り抜けるといわれていますが、政治家と発行企業、仕手筋（➡P125参照）などの関係については、噂が先行している部分もあり、真実はヤブの中というのが現状です。

9 株にまつわる税金

市場低迷で大きな転換期を迎えている証券税制の中身は?

■キャピタル・ゲイン課税

キャピタル・ゲインとは、株式の買ったときの値段と売ったときの値段の差額（売買益）のことですが、もちろんこれは純粋に投資家の利益になるので、税金がかかってくるのです。

以前は売買回数や取引株数に制限があっただけで非課税でしたが、不公平税制是正の一貫として89年、原則課税に改められました。

また課税方式も、以前は申告分離課税と源泉分離課税の2種類ありましたが、平成15年度以降からは、申告分離課税に統一されました（譲渡益×10%↓所得税7%+住民税3%）。

もちろん普通の税金と同じように、取得費などは控除されます。また、非上場株式の売却に関しては、申告分離課税と決められています。

■配当課税

株式の配当金には、金額の多少によって、総合課税か源泉分離課税のどちらかが適用されます。

総合課税の場合は、他の課税所得と合算したうえ、税額を算出し、納税するのですが、申告義務免除や配当控除などの特典があります。

また、1銘柄、1回の配当金が5万円超25万円未満（年1回配当の場合は10万円超50万円未満）の場合は総合課税か源泉分離課税の選択となります。源泉分離課税の場合には、配当金から35%の税金が天引きされるだけで、確定申告する必要はありません（住民税は別扱い）。

ただし、1銘柄、1回の配当金5万円（年1回配

用語 キャピタルゲイン課税の仕組み

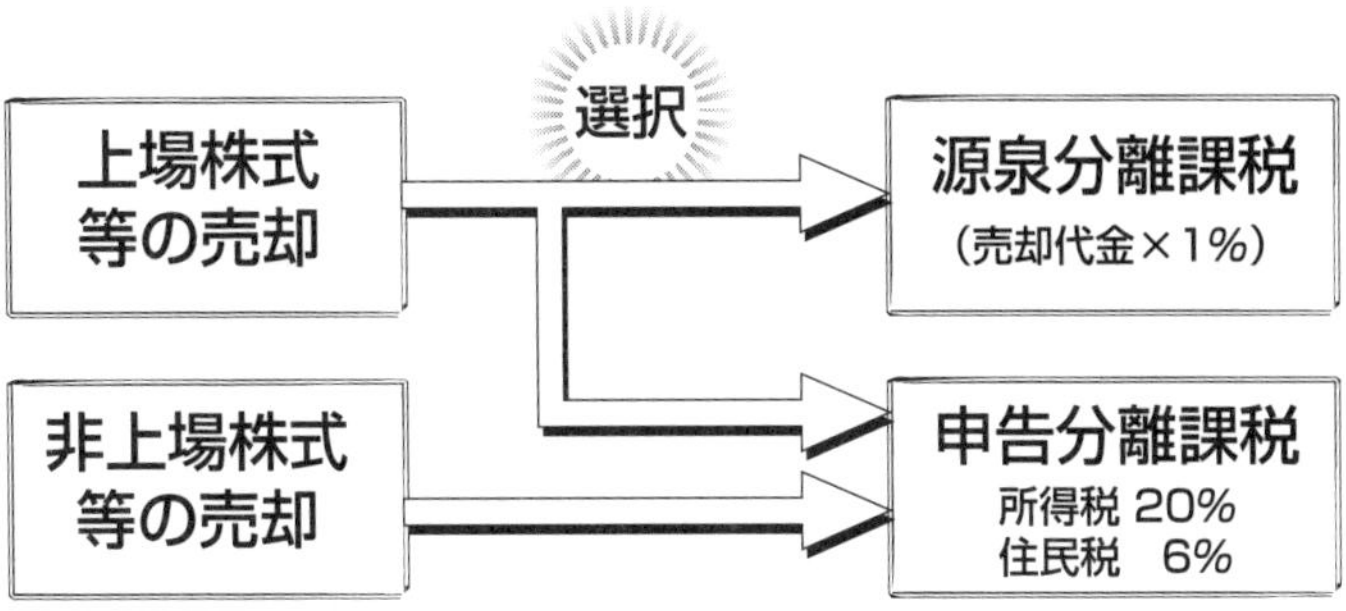

※1％の根拠は、株の売買益をだいたい5％とみなし、
それに所得税20％を掛け合わせた数字

**売却益が譲渡代金の4％以上になるときは、
源泉分離課税を選択した方が有利になる！**

当の場合は10万円）以下の配当金については、20％の源泉徴収だけで済み、申告する必要はありません（少額配当金の申告不要制度）。

■みなし配当課税

利益準備金の資本組入れによる株式分割が実施された場合には、「みなし配当」として課税されます。この「みなし配当」については、資本組入額を基に、通常の現金配当と同様に課税されます。

この場合、株主は割り当てられた株式にかかる源泉相当額を支払い株式を受け取ります。なお、源泉相当額の支払いがない場合には、株式は売却され、株主は売却代金を受け取ることになります。

■消費税

有価証券を売買したときや、公社債の利子等については非課税になっています。配当金に関しては対象外になっています。ただし、各種手数料については、5％の消費税がかかってきます。

株式公開
マザーズ
インサイダー取引
Board

PART 2

株式市場と証券会社の役割

混迷する株式市場と、
金融ビッグバン以後の証券会社の役割

★株式市場にはどんなものがあるの？
★株式公開と上場の仕組み
★取引の種類と方法
★証券会社の役割
★証券スキャンダルとは？
★投資のプロってどんな人？
★やってはいけない取引とは？

1 株式市場にはどんなものがあるのか？

東証一部・二部、マザーズ、ヘラクレス、ジャスダック市場の役割

発行市場
primary market

証券を発行するのは企業（株券）、国（国債）、地方公共団体（地方債）などですが、これを売り出す場合は、通常証券会社などが間に入って売り出します。ここまでの過程、つまり実際に証券の売買が行なわれる前までを「発行市場」と言います。

流通市場
trading market

株式を始めとする有価証券を、投資家同士が時価で売買する市場のことで「売買市場」とも言います。具体的には証券取引所や店頭市場を指しますが、抽象的な意味合いで使われる場合もあります。

証券取引所
stock exchange

株式や債券を売買する場所が証券取引所です。日本には全部で5カ所の証券取引所があり、中でも東京証券取引所はニューヨーク、ロンドンと並んで世界三大取引所と呼ばれ、世界有数の取引高を誇っています。

証券取引所は、会員によって構成されている特別法人で、売買を行うことができるのはこの会員だけと定められています。

会員は、正会員と才取会員に分かれます。正会員は投資家や自身が行う売買の注文を直接出すことができますが、会員以外の証券会社は注文を受けることはできても売買することができませんので、会員に注文の依頼を行う必要があります。

用語 発行市場と流通市場

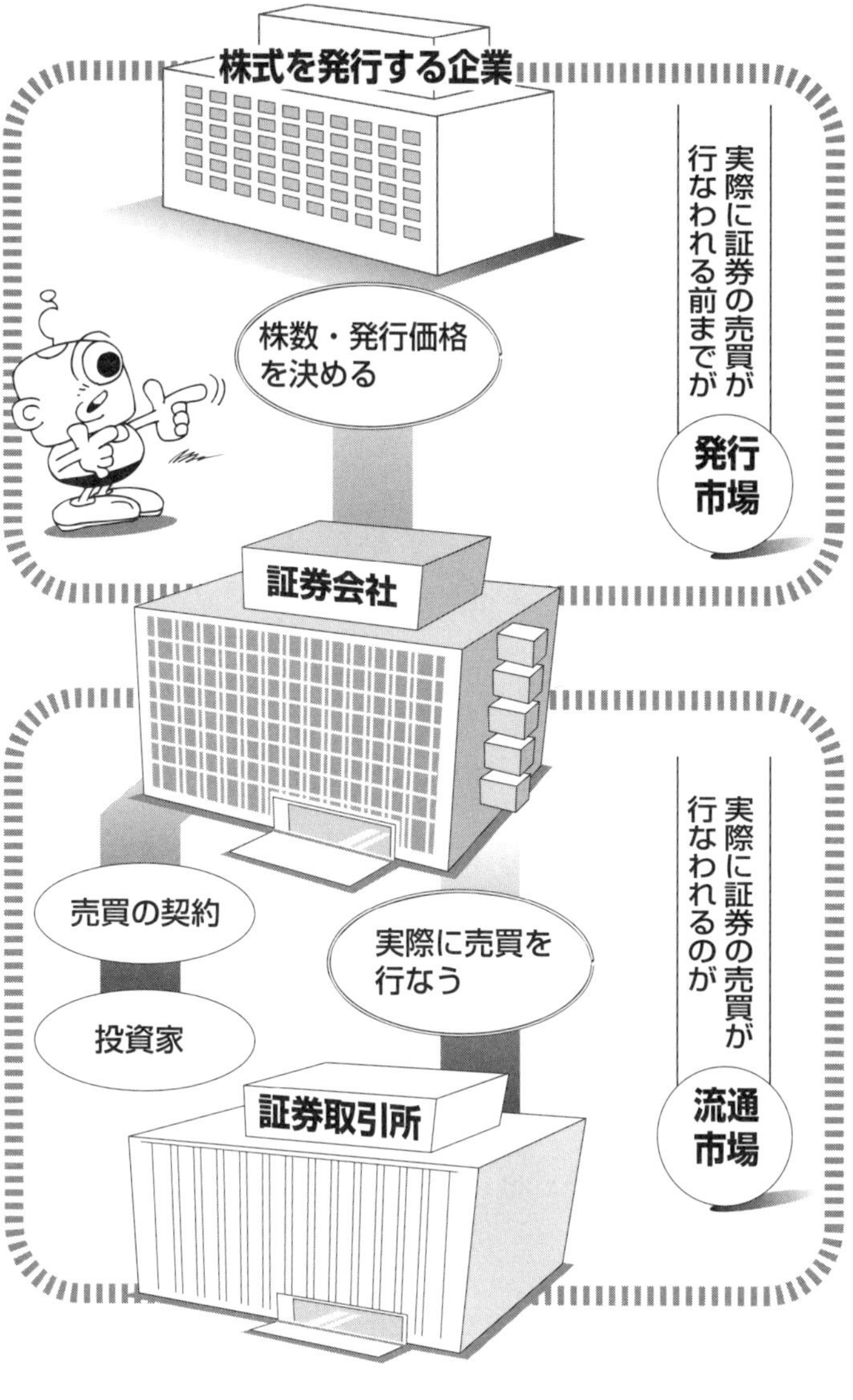

一方才取会員は、正会員同士の売買を仲介する役割を持っており、大阪証券取引所では「仲立ち会員」と呼ばれています。

■兜町／北浜

戦前から取引所のあった日本橋兜町は、いわば日本の証券取引所のドンとも呼べる存在で、全国の商いが集中しています。この中心である東京証券取引所は、全国に5つある取引所の総商いの80％以上を占め、ニューヨークと並んで、世界でも有数の取引高を誇ります。

この一帯は通常「兜町」と呼ばれていて、このように世界の証券取引所は正式名称とは別に、地名やあだ名ともいえるような名前で呼ばれています。

日本の証券取引所は地名で呼ばれることが多く、大阪証券取引所は「北浜」、名古屋証券取引所は「伊勢町」というような名前で呼ばれています。

（証券取引所➡P64参照）

■ウォール街／シティ

wall street/city

海外の証券取引所も同じで、たとえばニューヨークの証券取引所は「ウォール街（Wall Street）」と呼ばれています。映画にもなりましたし、みなさんもこの名前は聞いたことがあるでしょう。

ブロードウェイのトリニティ教会の正面からイースト・リバーまでの通りのことを指しますが、この一帯は証券会社や金融機関が密集していて、世界経済はここが動かしているといっても過言でないくらいの、影響力を持っています。

また、ロンドンの金融・証券街は俗に「シティ（The City）」と呼ばれています。

■第一部市場、第二部市場

東証、大証、名証には、第一部市場と第二部市場があります。

最初は、二部市場に上場し、二部上場後1年以上経過し、発行株式数や株主数などが一定の基準を満

用語 日本の証券取引所

取引所は全部で5つ

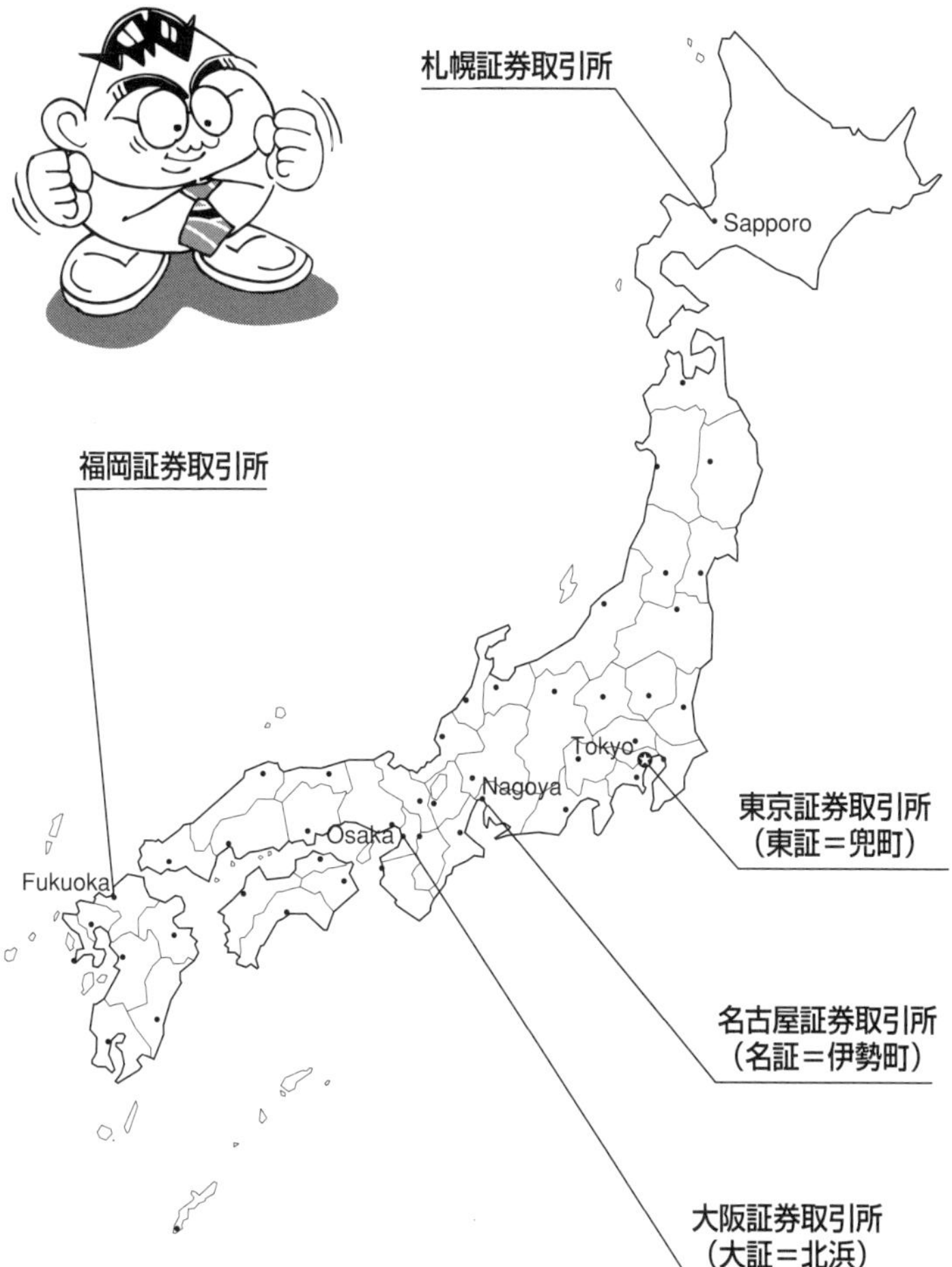

たせば一部市場に指定されます。

反面、一部上場銘柄でもディスクロージャーや株主数が一定の基準以下になってしまうと、二部へ指定替えされることもあります。ただこの場合は、1年間の猶予を設け、その間にその会社が努力して基準を満たせば一部に残ることができます。

マザーズ

Market of the high-growth and emerging stocks

東京証券取引所が1999年に創設したベンチャー企業のための新市場です。その審査基準には「今後成長・拡大が期待される分野の事業」「新たな技術・着想にもとづく事業」を上場の対象とすることがうたわれており、赤字企業でも成長力を秘めていると認められれば上場が可能です。また会社設立後の経過年数についても基準がなく、申請から上場までの審査期間も大幅に短縮し、若く勢いのある企業を支援する体制を整えています。

一方で四半期決算、年2回の会社説明会開催を義務づけるなど上場後の投資家に対するディスクロージャー（情報開示）を強化・充実させ、透明性の高い市場の確立を目指しています。

ヘラクレス（旧ナスダック・ジャパン）

NASDAQ Japan

ナスダック・ジャパンは、アメリカの全米証券協会（NASD）と日本のソフトバンクが創設した株式市場。NASDはアメリカで店頭市場・NASDAQを運営しており、そのノウハウを取り入れて日本にも新興企業向けの新市場を作ることを目的に2000年5月、大阪証券取引所に開設されました。

しかし、ベンチャー企業を対象とした新しい市場として大きな関心と注目を集めたものの、2001年にはITバブルが崩壊し、多くの上場企業が経営難に陥りました。こういった事態を背景に、2002年米ナスダックが提携を解消、その後大阪証券取引所が経営する市場として再スタートしました。これがヘラクレスです。

用語　新興市場と既存市場

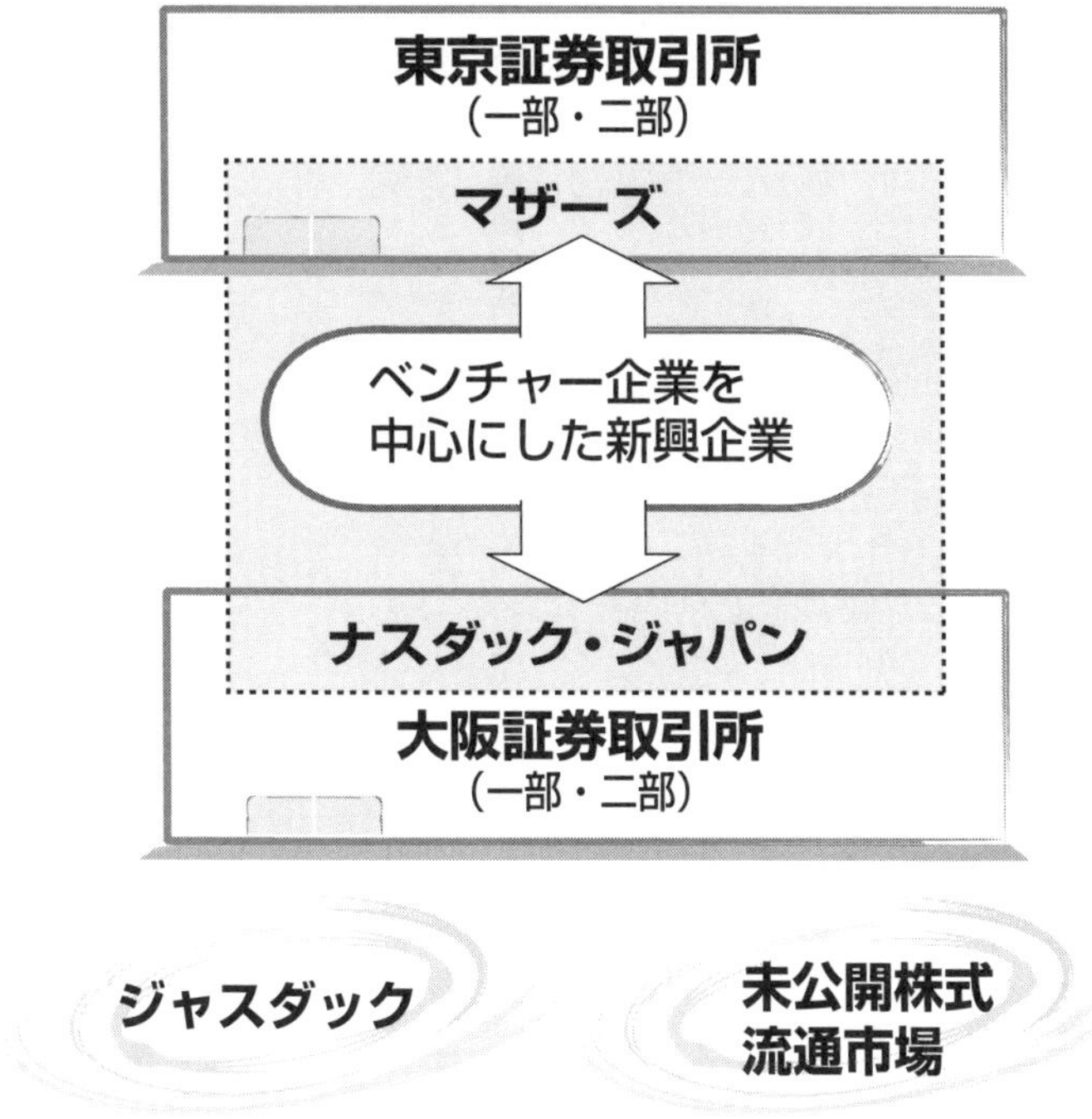

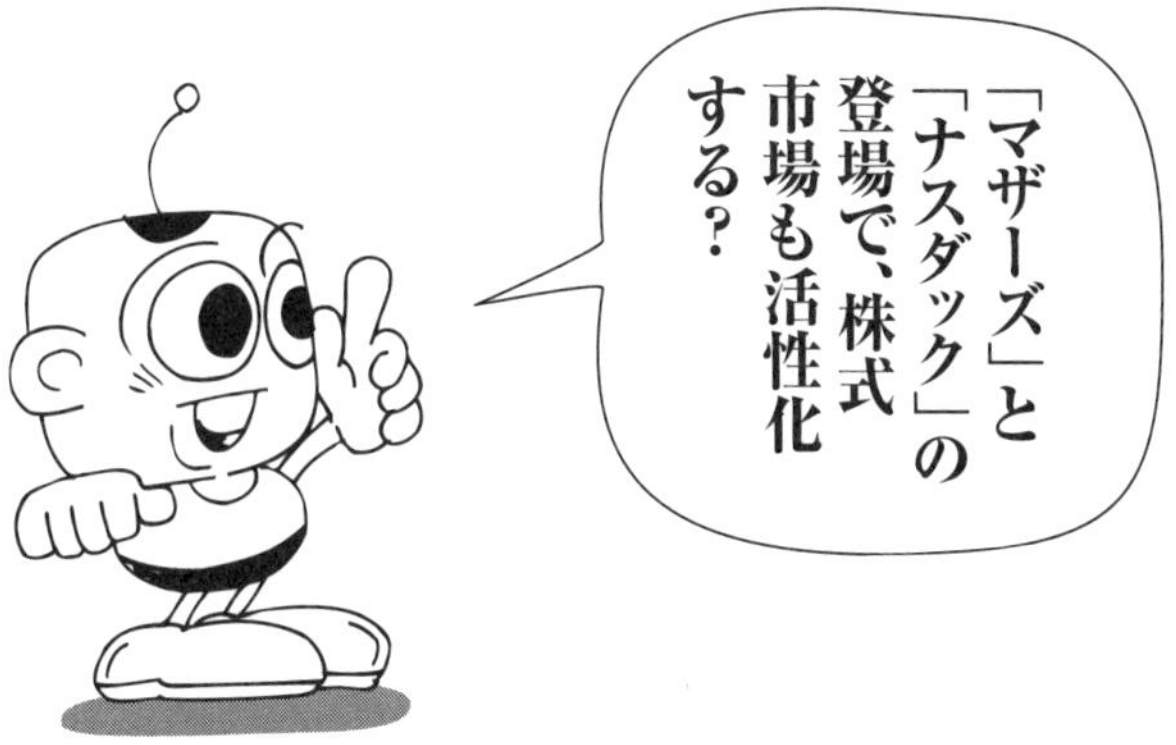

２００３年8月現在、１０２社の企業が上場しています。

■店頭株
over the counter stock

取引所を通さず証券会社の店頭で売買される株式を「店頭株」と言い日本証券業協会に登録することによって株式公開されます。この店頭株には「店頭登録銘柄」と「管理銘柄」があります。店頭登録銘柄には、まだ取引所に上場するほどの実力はないものの、いずれは上場を考えているような若く勢いのある企業が多く、投資家にとっては成長の可能性をはらんだ魅力的な銘柄がそろっています。

一方の管理銘柄はもともと上場していた銘柄が上場廃止となってしまったもの。店頭株の取引が行われる「店頭市場」の中心は、言うまでもなく元気のある店頭登録銘柄です。

店頭登録にあたっては日本証券業協会が定めている登録基準をクリアする必要があります。この登録基準は取引所への上場基準ほどではありませんがなかなか厳しいもので、ベンチャー企業など発展途上にある企業にとっては難関でした。そこで１９９８年に基準の見直しが行われ、一般企業を対象とした「第一号基準」とベンチャー企業などを対象とした「第二号基準」が新たに設けられました。

この新たな基準の設定によって将来性を望める企業であればたとえ赤字であっても店頭公開が可能となるなど大幅な基準の緩和が行われ、市場の活性化につながっています。

■ジャスダック
Japan Securities Dealers Association Quotation

「株式店頭市場機械化システム」のこと。

１９９１年に稼働されたコンピュータによるオンラインシステムで、店頭市場の市況や企業の情報を投資家に提供するなど、店頭市場における情報伝達や売買を飛躍的に迅速化させました。

用語 ジャスダック市場に上場している会社

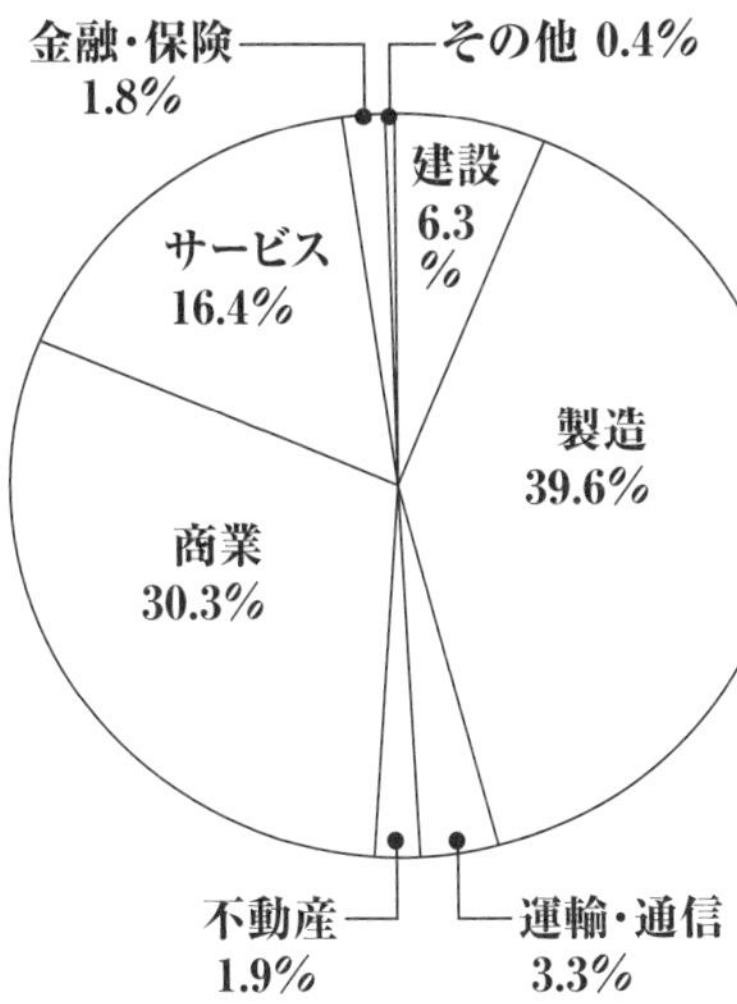

■ジャスダック市場
JASDAQ market

これまで「株式店頭市場」と呼ばれてきたベンチャー企業向けの株式市場の名称を２００１年７月に改称したもの。株式会社ジャスダックが運営する株式市場で、ヤフーなどのベンチャー企業が多く上場しています。

ジャスダック市場には、２００１年８月末現在、８９７銘柄が上場しています。時価総額は８兆７１００億円で、東証二部の５兆７９５０億円を上回る市場規模で、日本証券業協会が株式会社ジャスダックに業務委託する形で運営されています。

ジャスダック市場は、１９９８年12月の証券取引法の改正により、それまでの取引所市場の補完的役割から並列する市場として位置付けられ、取引所市場と競争する市場として、その役割が大きく変わってきました。

１９９９年11月に東京証券取引所（東証）が「マザーズ」を創設し、２０００年６月にはナスダックとソフトバンクが大阪証券取引所（大証）で「ナスダック・ジャパン」（現ヘラクレス）を始めました。どちらもベンチャー企業向け株式市場で、創業したばかりの新興企業でも、将来性さえあれば上場できるシステムになっています。

すると、これまで「店頭公開市場」で株式を公開（IPO）した企業が、成長するにつれて東証一部、東証二部へと資金調達の場を変えていく図式が成り立たなくなりました。

危機感を募らせたジャスダックは、東京など証券取引所よりも格下と見られがちだった「株式店頭市場」の名称を変更し、株式市場の間で激しく行われている競争に参入したわけです。

２００１年7月26日には「日本マクドナルド」が上場し、話題を呼びました。

■アンビシャス

平成12年4月に、これからの成長性が期待できる新興企業等に新たな資金調達をすることを目的として、札幌証券取引所に創設された新市場のこと。第一号銘柄として、平成13年3月29日に「キャリアバンク」の取引が開始されました。

■Q－Board

福岡証券取引所の新市場。

地域経済を発展させるために、従来の産業や企業の成長拡大を期待するだけではなく、新しい産業・企業が輩出することが重要であると考え、企業化の初期段階にある企業も容易に資金調達することができることを目的として、平成12年5月11日に市場が創設されました。

既存市場とは明確に異なる上記新市場を創設することで、ベンチャー企業に資金調達の場を提供し、地域経済の発展に寄与することをコンセプトとしています。

■セントレックス

名古屋証券取引所の新市場。

用語 株式市場と新興市場

中堅・中小企業を活性化させることで、地域経済を発展させ、さまざまな場面で地域社会に大きく貢献することを目的として、平成11年10月1日に市場が創設されました。

名古屋証券取引所は、中堅・中小企業の育成・支援を通じて中部地域の経済を活性化させるために、中堅・中小企業に対し新たな資金調達手段を提供するとともに、投資家に新たな投資機会を提供することをコンセプトとしています。

第一号銘柄として、平成13年7月19日に「エムジーホーム」の取引が開始されました。

2 株式公開と上場の仕組み

❗株式を上場させるためには、厳しい審査基準をクリアしなければならない

■株式公開
public offering of stocks

株式を証券取引所に上場したり、店頭登録することです。株式を公開し一般投資家の間で自由な売買ができるようにすることで、新たな事業を展開をする際や設備投資に必要な資金の調達が容易になります。また、企業としての社会的信用も格段に向上するため、優秀な人材の確保や金融機関からの融資、ひいては新たな取引先の開拓にもつながります。

なお、公開された株式を「公開株」、株式公開している企業を「公開企業」と呼び、公開していないものを「未公開株」「未公開企業」と呼びます。

■公開価格

株式を上場する際には、公募や大株主による売り出しによって公開を行います。このときの募集の値段が「公開価格」です。投資家の需要や、企業の財務内容、同業種・同業態他社との株価比較などを行って、決定されます。

■上場審査基準
initial listing requirement

株式を公開し証券取引所に上場するためには、売上高や過去の利益、資本金、財務内容、企業の将来性など多くの条件を満たさなければなりません。証券取引所は、これらの点を調査した上で財務大臣の承認を受けます。東京証券取引所の審査基準には、資本金10億円以上であること、最近3年間の利益の合計が6億円以上であること、上場株式数が400万株以上であることなどがあります。

これらの厳しい審査基準をクリアすることによって、企業は投資家や金融機関からの信用を獲得することができるのです。

■上場廃止基準

倒産や業績の悪化によって、上場に適当でなくなった企業は上場を取り消されたり、自ら廃止を申し立てる場合があります。

この上場の廃止には、会社更生法の適用を申請したとき、3年以上債務超過が続いているとき、資本金が3億円未満となったときなど、一定の基準が設定されています。

用語 株式上場の基準

東京証券取引所

上場株式数	★400万株以上
少数特定者株数	★上場のときまでに80%以下、かつ上場後最初の決算期までに75%以下
株主数	（上場株式数） ★1000万株未満 800人以上 ★1000万株以上2000万株未満 100人 ★2000万株以内 1200人 以下、1000万株ごとに100人（上限2200人）
設立経過年数	★3年以上
株主資本（純資産）の額	★10億円以上
利益配分	★利益配当を行なえる利益を計上する見込のあること

3 取引の種類と方法

取引時間にまつわる用語についてもざっと押さえておこう！

取引所取引

流通市場としての株式市場には、取引所取引と店頭取引があります。

取引所取引というのは、証券取引所で行われる取引のことで、投資家並びに証券会社自身の株式売買注文を証券取引所に集中させ、大量の株式需給を統合させることで株式の流通性を高め、より公正な株価を形成させることができます。

証券取引所は全国に5カ所あります。おのおのの取引所では上場制度がとられており、株式の発行会社によって上場申請がなされ、取引所の適格性審査等が必要となっています。

（証券取引所➡P 64参照）
（上場審査基準➡P 74参照）

取引所外取引

証券取引所を通さずに、証券会社が「私設取引システム」などを利用して行う株式の売買を指します。1998年の「金融ビッグバン」による規制緩和によって可能となり、取引時間が自由である点（各証券会社が設定）、売買にかかるコストが低い点などが注目されています。

立合い時間中の取引には一定の価格制限が設けられていますが、立合い時間外には制限がありません。

値幅制限
price movement limit

株価の大幅な変動は市場を混乱させ、投資家に損害を与える結果となります。このような事態を防ぐ

用語 「ストップ高」と「ストップ安」

基準値段	制限値幅
100円未満	上下30円
200円	50円
500円	80円
1,000円	100円
1,500円	200円
2,000円	300円
3,000円	400円
5,000円	500円
1万円	1,000円
2万円	2,000円
3万円	3,000円
5万円	4,000円
7万円	5,000円
10万円	1万円
15万円	2万円
20万円	3万円
30万円	4万円
50万円	5万円
100万円	10万円
150万円	20万円
200万円	30万円
300万円	40万円
500万円	50万円
1000万円	100万円
1500万円	200万円
2000万円	300万円
3000万円	400万円
5000万円	500万円
5000万円以上	1000万円

3日連続でストップ高（安）になった銘柄は、その翌日から値幅制限を2倍に拡大するんだ

ために、前日の終値を基準として1日の株価の変動幅（上げ幅、下げ幅）が制限されています。これを「値幅制限」と呼び、制限値幅いっぱいまで上がることを「ストップ高」、逆に制限値幅の下限まで下がることを「ストップ安」と言います。

ただし売買の成立が妨げられると市場が混乱し投資家に不利益をもたらすため、3日連続で売買がなくストップ高（ストップ安）となった銘柄については、翌日から値幅制限を2倍に拡大する措置が取られます。

■立ち会い

session

取引所内において、証券業者間で行われる売買のことです。売買注文を処理する証券会社の担当者のことを「場立ち」と呼ぶのは、立会い場に担当者が立って人の手によって売買処理を行っていた名残で、現在ではすべてコンピュータ処理となっています。

平日の立ち会いは午前と午後に分かれており、それぞれ「前場」（午前9時～午前11時前）、「後場」（午後0時30分～午後3時）と呼ばれています。

■大発会・大納会

一年の最初の取引が行われる日を「大発会」、年末の取引最終日を「大納会」と呼びます。

大発会は、通常1月4日（土曜日に当たる場合は1月6日、日曜日の場合は翌1月5日）、大納会は12月30日（休日の場合は直前の営業日）とされており、立ち会いは前場だけの半日立ち会いとなります。

■立会外取引

東京証券取引所では、ToSNeT（トスネット）と呼ばれる電子取引システムを使って、午前8時20分～午前9時、午前11時～午後0時30分、午後3時～午後4時30分の立会時間外にも売買を行うことができます。これを「立会外取引」と言います。

同時に複数の銘柄を発注する「バスケット取引」（15銘柄・1億円以上）や機関投資家の大口注文に

用語　今ではもう懐かしくなった「手サイン」とは？

手サイン ＝ 立会場で、身振りだけで銘柄を表現すること

99年4月から取引がすべてコンピュータ化されたため、この光景を見ることもなくなった

利用されるほか、ＴｏＳＮｅＴ－２では個人投資家が行う小口の取引にも対応しています。

■寄付き
open

立ち会いが始まって最初についた値段のことで、寄付き値とも言います。後場の場合には「後場寄り」（または「後場寄付き」）と言いますが、単に寄付きと言う場合は前場のことを指しています。

■大引け
close

後場の立ち会いの最後の取引（またはその値段）を「大引け」、前場の最後の取引を「前引け」と言います。

■ザラ場

寄付きと引けの間の時間、およびその間の売買方法のこと。「ザラにある普通の場」という意味。

4 証券会社の役割

近年緩和されてきた証券業者の4つの業務

自己売買業務（ディーラー業務）
dealing

証券会社の業務の一つで、証券会社が自己の判断や思惑により有価証券を売買することです。かつて自己売買には厳しい規制がありましたが、近年その多くが緩和されました。ただし過度の自己売買を抑えるために、手持ち株の保有限度枠を制限する「自己売買基準」が設けられています。

委託売買業務（ブローカー業務）
brokerage

証券会社が自己の判断で行う自己売買業務に対して、顧客からの注文を受け、それにしたがって売買する業務を指します。

証券取引所へ注文を取り次いで取引を成立させることで、このとき顧客が支払う手数料が証券会社の収入源となります。

引受け業務（アンダーライティング）
underwriting

株式会社が増資などの際に新しく発行する株式や債券、転換社債などを証券会社が一部または全部を引受けて販売する業務を指します。証券会社は発行企業から手数料を取り資金調達を行い、仮に売れ残った場合には証券会社の責任として引き取ります。

募集・売り出し業務（ディストリビューター）
distributer

「募集」は証券会社が公募増資を引き受けて、一般投資家に申し込みの勧誘をすること。「売り出し」

は既に発行されている株式など有価証券の売付けの申込み、または買付けの申込みを勧誘することを指しています。

■総合証券会社

自己売買業務、委託売買業務、引受け業務、募集・売り出し業務の全てを行うことができる証券会社のことです。

総合証券会社となるためには資本金１００億円以上という規定があり、現在野村証券、大和証券ＳＭＢＣなどがあります。

用語　証券業務の4つの柱

1　ディーラー（自己売買）業務

証券会社が自分のお金と自分の判断で有価証券を売買する業務

2　ブローカー業務

顧客から注文を受け、その注文にしたがって売買する業務。このとき顧客が払う手数料は証券会社の重要な収入源となる。

3　引き受け（アンダーライター）業務

増資などで新しく発行される株式、債券、転換社債などを発行企業から手数料をとって引き受ける業務。

4　募集・売り出し（ディストリビューター）業務

「売り出し」はすでに発行済みの証券を扱い、「募集」は新規で扱う証券を販売する業務。

5 金融ビッグバンと証券会社

証券会社と銀行、生保会社の垣根は本当に取り払われたのか?

金融ビッグバン

Big bang

1986年にイギリスが行った金融制度改革からビッグバンという言葉が使われ始め、日本でも97年に「日本版金融ビッグバン」と呼ばれる大型の改革が断行されました。「フリー」（市場への参入、商品・価格等の自由化）、「フェア」（透明性の高い市場の確立）、「グローバル」（国際的に通用する市場の整備）を基本原則とし、証券界のみならず銀行や保険業に関する改革も同時に行われました。

主な改革としては、金融持ち株会社制度の導入、銀行による投資信託販売の解禁、株式売買手数料の自由化、インターネットによる証券取引の導入、ディスクロージャー（情報開示）の推進などが挙げられます。

（インターネット取引➡P104参照）
（ディスクロージャー➡P88参照）

証券総合口座

1997年、日本版ビッグバンによって証券会社に取り扱いが解禁された口座です。投資家はこの口座を開設することによって、株式や債券の取引代金決済はもとより公共料金の引き落としやクレジットカードの決済、給与や年金の受け取りといった総合的なサービスを受けることが可能となります。

銀行の総合口座的な機能を証券会社の取引口座にも持たせようというもので、投資家にとっては非常に利便性の高いものですが、当然銀行側からの反発には強硬なものがあり、金融機関のＡＴＭ網との提携なども絡んで問題は複雑化しています。

用語 「証券総合口座」の仕組み

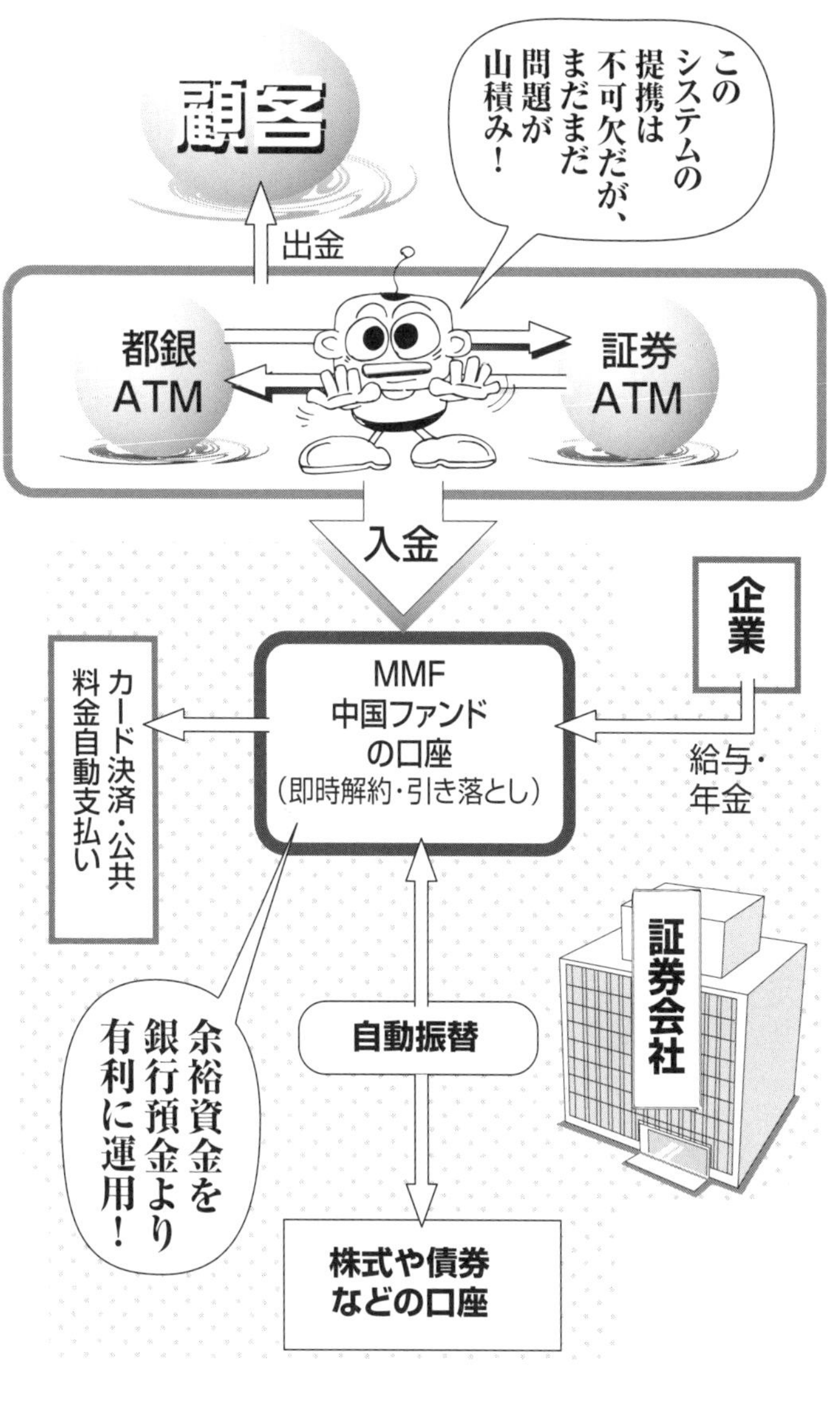
顧客
このシステムの提携は不可欠だが、まだまだ問題が山積み！
出金
都銀ATM
証券ATM
入金
企業
MMF
中国ファンド
の口座
（即時解約・引き落とし）
カード決済・公共料金自動支払い
給与・年金
証券会社
自動振替
余裕資金を銀行預金より有利に運用！
株式や債券などの口座

■ラップ口座

wrap account

証券会社が提供する資産運用サービスのことです。投資家は証券会社に対して資産残高に応じて、手数料を支払います。この中には、運用実勢に応じた資産管理のアドバイス料金や投資顧問会社に対する紹介料も含まれているため、サービスを抱合（ラップ）するという意味で「ラップ口座」と呼ばれます。

金融ビッグバンによる規制緩和の一つとして、証券会社が証券顧問業や投資信託業を自社で行えるようになったことを背景に登場したサービスで、証券会社自らが投資信託などを組み合わせて運用する「投資信託型」と外部の投資顧問業者を紹介する「投資顧問型」があります。株式委託手数料の完全自由化を受けて、今後いっそう増加・普及して行くことが予想されます。

■証券子会社

銀行や信託銀行、地方銀行や農林中央金庫といった金融機関が設立する証券会社のことです。１９９３年に金融制度改革の一環として設立が認められ、当初は証券会社の経営を圧迫しないよう業務内容に制限が設けられましたが、金融ビッグバンによって制限が廃止され、株式はもとより投資信託、公共債、社債、転換社債、株価指数先物など業務範囲が一気に拡大されました。

それだけに証券会社にとっては脅威となっており、証券業界の勢力地図が塗り替えられるのは必須と思われます。

■手数料の自由化

財務省や東京証券取引所が証券会社の経営状態を考慮して手数料を決めるのではなく、投資家がより手数料の安い証券会社を選ぶ、という時代がやってきています。特に最近では、インターネットをなどを使ったオンラインでの取引も活発になってきていて、手数料は以前に比べればずいぶん安くなりました。

用語 日本と欧米の手数料

アメリカ

1975年5月　完全自由化（メーデー）

イギリス

1986年10月　完全自由化（本家ビッグバン）

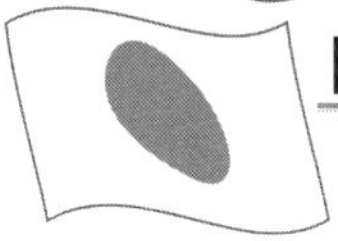

日　本

1985年以降数次にわたり引き下げ
（大口を除きほぼ国際水準に）

1996年4月　売買代金10億円以上の自由化
1998年4月　売買代金5000万円以上の自由化
1999年末　　完全自由化

ただ、競争が激化して欧米並みに安くなるかというと、多少の疑問が残ります。

というのは、たとえばアメリカの場合、手数料そのものは安くても、情報の提供、口座開設にともなう事務処理などによって、細かくサービスが分かれています。そのことを考えずに、ただ情報量もろとも手数料を値下げしていったのでは、それこそ経営危機に陥りかねません。

要するに、今まで売買にともなう事務処理、つまり実質的な手数料と、情報の提供などのサービスに対して支払う料金が一緒に考えられていたのが、別々に考えられるようになると言うことです。

ですから、先ほども言いましたように、情報は自分で集め、どの株を買うかは自分で判断する、という投資家にとっては、本当の意味での手数料を支払いさえすれば株式の売買を行なってくれる証券会社を、必然的に選ぶようになるでしょう。

（ネット取引の手数料➡P106参照）

6 証券スキャンダル

投資家の市場に対する信頼を大きく揺るがす数々の問題

■インサイダー取引
insider trading

インサイダーとは「内部者」のこと。インサイダー取引は株価に大きな影響を与えるような内部情報を知る立場にある者や会社関係者が、情報が一般に公表される前に株式の売買を行うことです。

たとえば、帳簿の閲覧権を持つ株主や役員などが決算の数字を元に売買を行ったり、新製品情報や新株の発行、会社が被った各種の損害などの内部情報を知る内部者が、自社株を売買する行為を指しています。このような行為は、一般投資家との間に大変な不公正を生み、市場の信頼性を損なうものとして証券取引法により厳重に禁じられています（3年以下の懲役もしくは300万円以下の罰金、法人の場合は3億円以下の罰金）。

会社関係者から業務などに関する情報の伝達を受けた者も、その情報が公表されてからでなければ取引を行うことはできません。なお情報の「公表」とは、放送局・新聞社・通信社などの2つ以上の報道機関に情報を公開したときから12時間後とされています。

■証券取引等監視委員会
The Securities and Exchange Surveillance Commission

1991年に起こった証券会社による大口顧客への損失補填問題などを契機に、翌年大蔵省に設置された機関で、現在は金融庁の外局となっています。

市場の監視や証券会社等に対する定期検査を行って、適法・適正な営業がなされているかをチェックすることを目的としており、メンバーは総理大臣が

用語 証券取引等監視委員会の中身は？

証券取引等監視委員会
（92年7月発足）

委員長（大蔵大臣が任命）

2人の委員

総務検査課
（定期検査をする）

特別検査課
（強制調査権を持っている）

実働部隊は合わせて200人

銀行・証券会社・一般企業などを調査する
権利は持っているが、違反が発覚しても
行政処分を与える権利は持っていない

任命する委員長1名に委員2名、スタッフという構成。調査対象は証券会社はもとより銀行などの金融機関や一般企業にまで及び、証券取引法違反の疑いがあるものに対しては、強制捜査権を行使して調査・告発を行います。

■証券取引法
Securities and Exchange Law

有価証券の発行や売買を公正にすると同時に、円滑な流通がなされることを目的とした法律で「証取法」と呼ばれます。

1948年に施行されて以来、時代に合わせて改正を重ねていますが、特に近年は大きな不祥事や大幅な規制緩和などにともなって大幅な改正が行われています。損失補填の禁止や証券取引等監視委員会の設置、1998年の「金融ビッグバン」にともなう様々な規制の撤廃などを断行。投資家の保護もこの法律の大きな目的の一つです。

■ディスクロージャー

企業の社会的責任が強調されてきている中で、企業が一般に対して、その経営内容を理解させるのに必要十分な情報を開示すること。日本には証券取引法によって規定されているものと、商法によって規定されているものとがあります。

国際化や資金調達手段の多様化が進む企業の経営内容を知らしめることで、一般投資家や株主、債権者などの利益を保護するという目的を持っています。

また、株価の形成に大きな影響を与える事態が発生した場合（たとえば経営危機や合併など）、取引所がその企業の取引をいったん停止させ、記者会見等で正式発表するよう指導しています。これは、株価が変動する前に一般の投資家にも情報を流すためです。

このことを「タイムリー・ディスクロージャー」といいます。

用語　「飛ばし」の構図

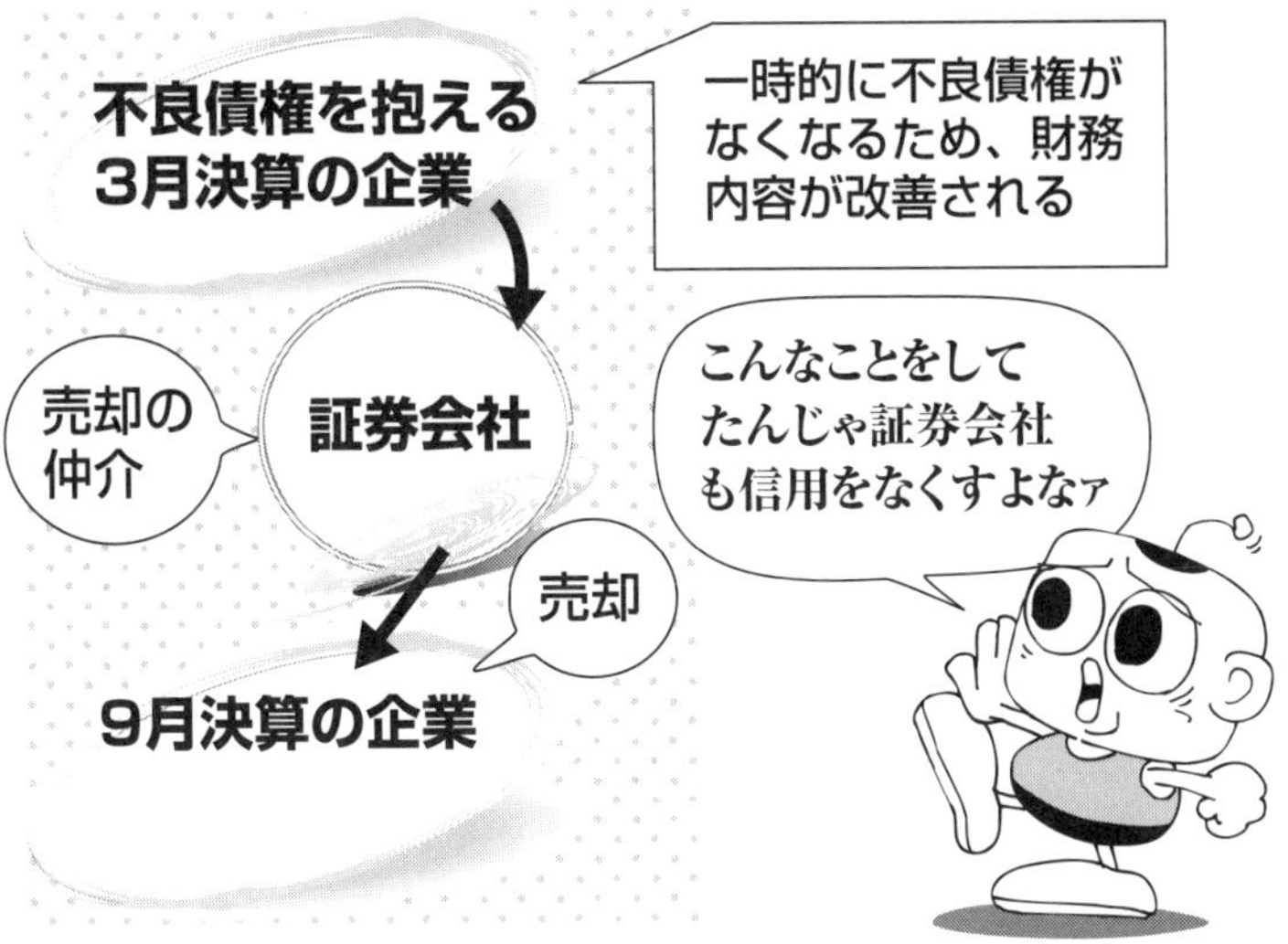
不良債権を抱える
3月決算の企業
一時的に不良債権が
なくなるため、財務
内容が改善される
証券会社
売却の
仲介
こんなことをして
たんじゃ証券会社
も信用をなくすよなァ
売却
9月決算の企業

■損失補填

証券会社が有価証券の売買において損失を被った際に、顧客に対して穴埋めをすることで、証券取引法で禁じられています。また、証券会社が事前に投資家に対して損失の穴埋めを約束して（損失保証）勧誘を行うことも禁止されています。

１９９１年に、大口投資家に対する巨額の損失補填が明るみに出て大問題となり、同年の証券取引法改正で損失補填を禁止。翌92年に「証券取引等監視委員会」が設置されるきっかけとなりました。

■飛ばし

企業が保有する有価証券が値下がりすると決算の際に損失が出るため、一時的に他の決算期の異なる企業へ売却することです。

90年代初めに証券会社が仲介して大企業へ便宜をはかる形で行われ、損失補填問題と並ぶ大スキャンダルとなりました。

7 投資のプロってどんな人？

専門的な知識と高度な分析能力を有する投資のスペシャリスト

■投資顧問業
investment advisory service

投資家に投資に関する情報を始め、資産運用に関するアドバイスを提供する業者のことです。1980年代前半に「投資ジャーナル事件」を始めとする悪質な業者による事件が頻発したため86年に「投資顧問業法」が成立。投資家を保護する目的から監督や規制が行われることになりました。

これにより業者は投資に関する助言のみを行う「登録投資顧問業者」と、顧客の資産運用を投資家に代わって行うことができる「投資一任業者」とに分けられました。登録投資顧問業者は登録と営業保証金の供託で開業が可能ですが、投資一任業者は監督官庁の認可を受ける必要があります。

このため投資一任業者には、スタッフや設備が充実し、なおかつ信用力のある大手証券会社や銀行、保険会社などの参入が目立ちます。景気の後退や意識の変化によって貯蓄から投資へとシフトしつつある現在、投資顧問業はその真価を問われています。

■証券アナリスト
financial analyst

証券投資に関する専門的な知識を持ち、高度な分析能力を有するスペシャリストを指す言葉です。本来は企業の財務に関する調査や経営者への直接取材を元に株式の分析を行う「リサーチ・アナリスト」を指しますが、経済動向などを分析して投資の方針を立てる「ストラテジスト」などを含めて「証券アナリスト」と総称するのが一般的です。

アナリストとなるためには「日本証券アナリスト

協会」が行う検定試験を受けて資格を取得し、協会の会員となる必要があります。

■投資クラブ

Investment Club

株式投資を目的とした少人数のグループが資金を積立て、話し合いの上で投資銘柄を決定してそこから得られた収益を分配するもの。アメリカでは古くから発達している方式ですが日本では１９９７年にようやく認可されました。会員数を20名程度に抑え、年間10回以上総会を開くといった取り決めのもと、徐々にその数を増やしています。

用語 投資顧問業の役割

8 やってはいけない取引とは？

証券取引法によって禁じられている売買行為にはどのようなものがあるのか？

仮装売買

同一業者が同じ株式に対して売買注文を出して、売買が盛んに行われているかのように見せかけること。実際には株式の移転は行われず、相場の操縦に当たるため証券取引法によって禁止されています。

ノミ行為

bucketing

証券会社が顧客からの売買注文を証券取引所を通さず、自身が顧客の相手方となって売買を成立させ、注文通りの売買が行われたように見せかけることです。「向い呑み」とも呼ばれており、投資家の利益を損ねる行為として、証券取引法によって禁止されています。

手張り

顧客の口座を使って証券会社の役員や社員が株式投資を行うこと。正規の取引ではないので禁止されています。

風説の流布

証券取引法によって禁じられている行為で、違反者には懲役3年以下または300万円以下の罰金が課せられます。風説とは「うわさ」のことで、ここでは相場の操作や変動を図る目的で、意図的に虚偽の情報を流す行為を指しています。

証券取引等監視委員会は1995年、「タイでエイズワクチンの臨床試験を始めた」と虚偽の記者会見を行い、自社の株を急騰に導いた企業の社長を風説の流布の容疑で告発。１９９７年の山一証券自主廃業にからんで、金融機関を始めとする他の会社の経営危機に関するうわさが流れ、市場が混乱した際にも調査を実施しています。これらの虚偽の情報は、投資家の投資判断を誤らせ損害を与えるものとして厳しく糾弾されます。

用語　投資家を惑わすウソの情報は厳罰に!!

風説の流布 ＝ ウソの情報をわざと流して、相場を動かすこと

A会社でエイズワクチンが開発されたぞ!

ふふふ、これでわが社の株も上がるぞ!
おおっ! この企業はこれから伸びるから買いだな!
A社の社長
投資家

証券取引等監視委員会の調査でクロとなれば、「風説の流布」の疑いで告発される!

ハイテク
単位別グループ株
オンライントレード
TOB&M&A

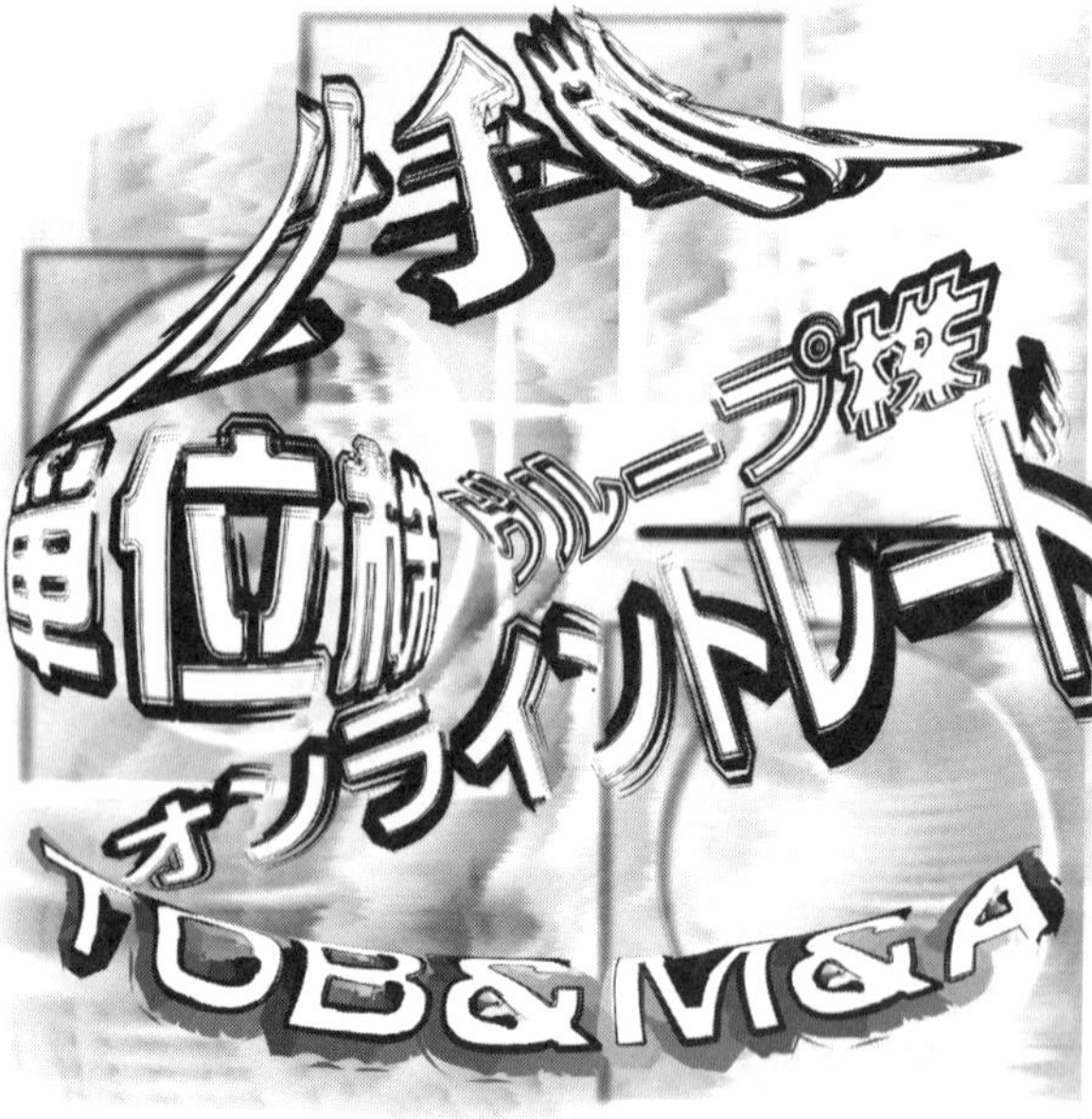

PART 3

株式売買の仕組み

通常の取引だけでなく、
インターネットを使った取引も覚えておこう！

1 単位株って何だろう？

売買単位は1株、100株、1000株と企業によって違っている

■売買単位
unit of trading

証券取引所において株式を始めとする有価証券を売買する際の、取引の最低単位のことです。

1単位の株式数は銘柄によって違いがありますが、最も多いのは1単位の株式数が1000株の銘柄です。

■単位株制度
unit share system

1982年の商法改正によって定められた制度で、上場企業の株式を額面の合計が5万円となるよう株数をまとめて1単位とするものです。現在上場企業の株式で多いのは50円額面ですが、この場合は1000株が1単位となります。同じように額面500円なら100株が1単位、額面20円なら2500株が1単位となります。

ただし株価の高い企業の株を1000株購入するには多額の資金が必要となり、個人投資家の市場離れが心配されます。このため売買単位を引き下げる企業も出ています（1単位当たりの純資産額が5万円を下らない範囲でならば、会社が定款で任意に設定できることになっています）。

この仕組みを利用して、ソニーなど株価の高い企業では100株を1単位としています。

■単位未満株
odd-lot shares

1単位に満たない株のことを指します。額面が50円の株ならば999株、額面500円の場合は99株

用語　単位株の仕組み

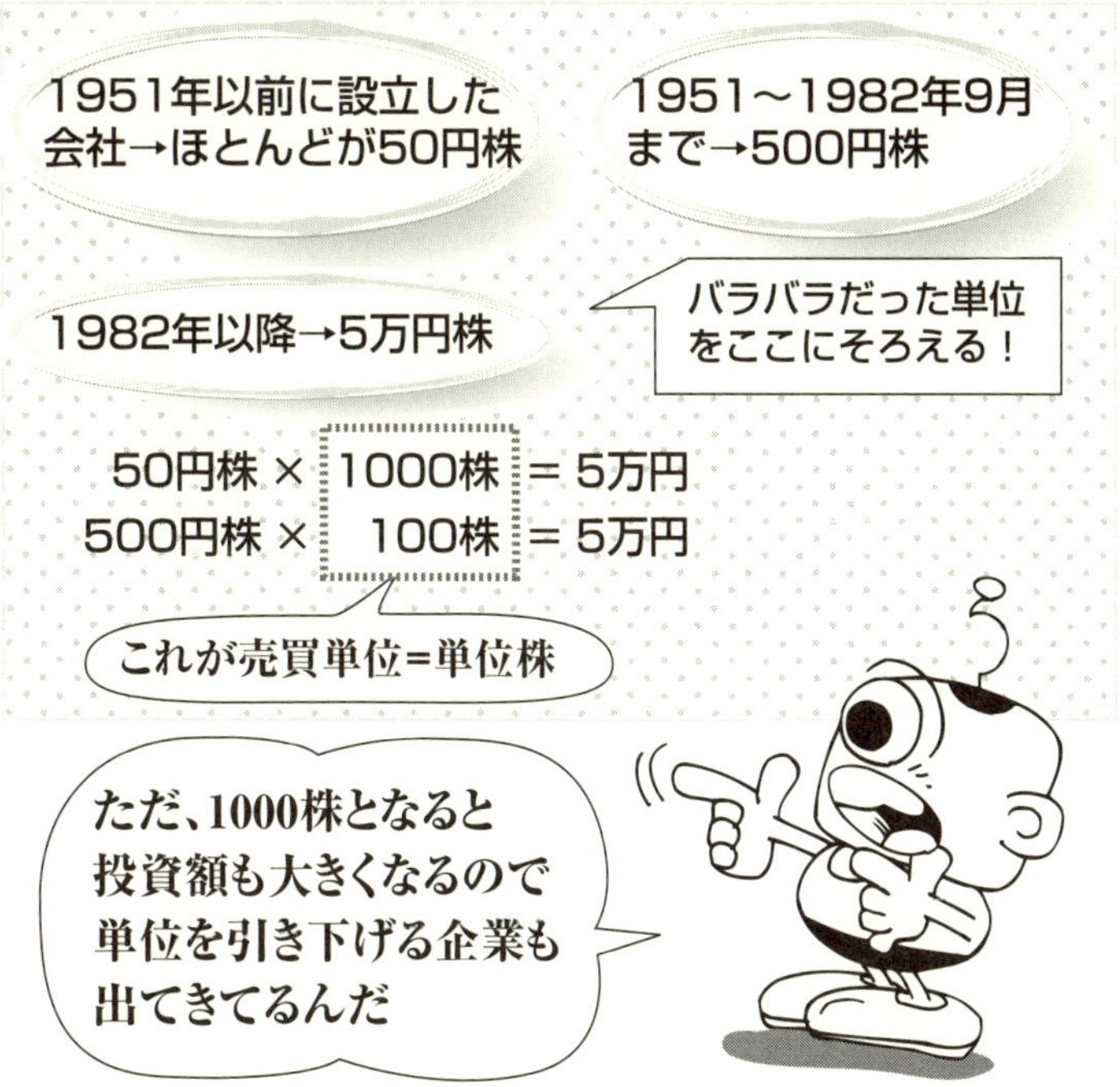
1951年以前に設立した会社→ほとんどが50円株
1951～1982年9月まで→500円株
1982年以降→5万円株
バラバラだった単位をここにそろえる！
50円株 × 1000株 ＝ 5万円
500円株 × 100株 ＝ 5万円
これが売買単位=単位株
ただ、1000株となると投資額も大きくなるので単位を引き下げる企業も出てきてるんだ

以下が単位未満株となります。

単位未満株しか持っていない株主には、配当や株式分割、残余財産の分配などを受ける権利こそ通常と変わりありませんが、いくつかの制約が生じます。まず株主総会での議決権がありません。

また仮に単位未満株を買っても、元から株主名簿に名前が載っている人でない限り名義の書き換えができません。さらに新しい単位未満株の発行が禁じられたため、株式分割があっても新しい株券は発行されず「登録株」として株主名簿に記載されるだけです。

登録株は売買ができないため、株主は発行会社に対して時価による買い取り請求をするか、証券会社を通じ買い増しして1単位とする必要があります。

2 注文の出し方と手数料

値段を指定して売買する「指し値注文」と銘柄と株数だけを指定する「成り行き注文」

■指し値注文
limit order

投資家が証券会社に対して売買注文を出すとき、売買価格を決めて注文することです。買いの場合は時価よりも低く、売りの場合は時価よりも高く注文し、自分の希望通りの価格で売買ができるというメリットがあります。

ただ、ほんの少しの価格差で売買ができなかったり、株価に動きがあるときは売買が成立しにくいという面もあります。

■成り行き注文
market order

投資家が証券会社に対して売買注文を出すとき、売買価格を決めないで銘柄と株数だけを指定し、その日の相場の成り行きで注文することです。売買が成立しやすいので、迅速に取引を行いたいときには、成り行き注文を利用します。

成り行き注文が多いと株価の動きが大きくなり、思っていた価格よりも安く売れてしまったり、高く買ってしまったりする場合もあります。

■委託売買手数料
brokerage commission

投資家が証券会社に株式など有価証券の売買を依頼し、売買が成立した際に証券会社に対して支払う手数料のこと。

日本では長い間手数料は固定されていましたが、1999年に実施された日本版ビッグバンによって完全自由化がなされ、値引き競争が起こるなど証券

用語　株を購入するときのチェックポイント

1 どの銘柄にするのか？

2 株数はいくつにするのか？

3 売るのか、買うのか？

4 値段はいくらにするのか？

5 注文の種類はどうするのか？

「指し値注文」か「成り行き注文」か？

6 注文の期限は（いつまでに）どうするのか？

今日中なのか、それとも1週間有効なのか？

7 買った後の処置はどうするのか？

自分で持つのか、「保護預かり（証券会社に預ける）」か？

「指し値」は値段を決めて
注文すること。「成り行き」は
銘柄と株数だけを指定して、
価格は相場の流れにまかせる
注文方法なんだ

会社にとっては厳しい状況を迎えています。

■売買一任勘定

証券会社に株式の取引に関する、数量、銘柄、価格、売りか買いか、といった判断を全てまかせて資金を預けること。顧客と証券会社とのトラブルが起こりやすいため、現在は禁止されています。

■名義貸し

lending street name

自分の名前を隠して、株の売買をしたいという人に名義を貸すことです。しかし脱税のための資産隠しに利用されたり、犯罪やトラブルに発展する可能性が大きいため、証券会社が顧客に名義を貸す行為は禁止されています。

■保護預かり

safe deposit

証券会社が顧客から株券や債券などの有価証券を預かって保管することです。盗難や紛失を防止すると同時に、売買のたびに株券を証券会社に持参する必要がありません。

また保護預かり口座の残高照合表など必要な通知は随時証券会社から送付されるので、投資家にとっては非常に便利な制度です。

保護預り口座の管理料金は年間３０００円と決められていましたが１９９８年から自由化。顧客サービスの一環として管理料を無料としている証券会社もあります。

■預かり資産

証券会社が投資家から一時預かりしている株式や債券、投資信託、保護預かりなどの金融資産の総額を指します。

証券会社の規模を示す数字となるものですが、バブル経済の崩壊以降は減少傾向にあります。

用語 保護預り制度のメリット

保護預り ＝ 証券会社が投資家から株券や債券などを預かって保管すること

- 売買のたびに、証券会社に証券を持っていく必要がない！
- 紛失や盗難のおそれがきわめて少ない！
- 保護預り口座を設けるだけで、簡単に手続きできる！
- 3000円かかっていた口座管理料も自由化で引き下げ！
- 株式分割や増資などの情報を知らせてくれる！

etc.

万一、証券会社が倒産しても、この制度は証券会社の経営とは別モノなので、100%安心なんだ

3 受け渡しの4つの方法

基本は4日目に決済が行われる普通取引。4日目取引ともいう

■普通取引

最も基本的な売買で、売買が成立してから数えて（休日は除く）4日目に決済が行われ、現金と株券の受け渡しが行われます。「4日目取引」と呼ばれる場合もあります。通常はこの取引が中心で、実物取引と信用取引に大別されます。実物取引が通常私たちがものを買うのと同じように現金を支払って商品（株券）を受取るのに対し、信用取引は一定の証拠金を出すだけで、あとは現金も株券ももたずに、証券会社などから借りて取引を行います。

■当日決済取引

売買が成立したその日に決済を行います。急いで現金や株券が必要なとき、あるいは間違って売買契約を結んだ際に、これを取り消すために行われます。

午前中の取引の場合はその日の午後、後場の取引の場合は翌日の受け渡しとなります。

■特約日決済取引

売買が成立した日から数えて、15日以内の指定した日に決済を行う取引です。かつては、遠隔地に住む投資家に利用されていました。

■発行日決済取引

発行されていない増資新株の権利を売買するための取引で、新株が発行されるまでの一定の期間に売買が行われます。取引期間や決済日は取引所が決定し、決済日は新株発行後、売買最終日から数えて4日目となります。

用語 普通取引のしくみ

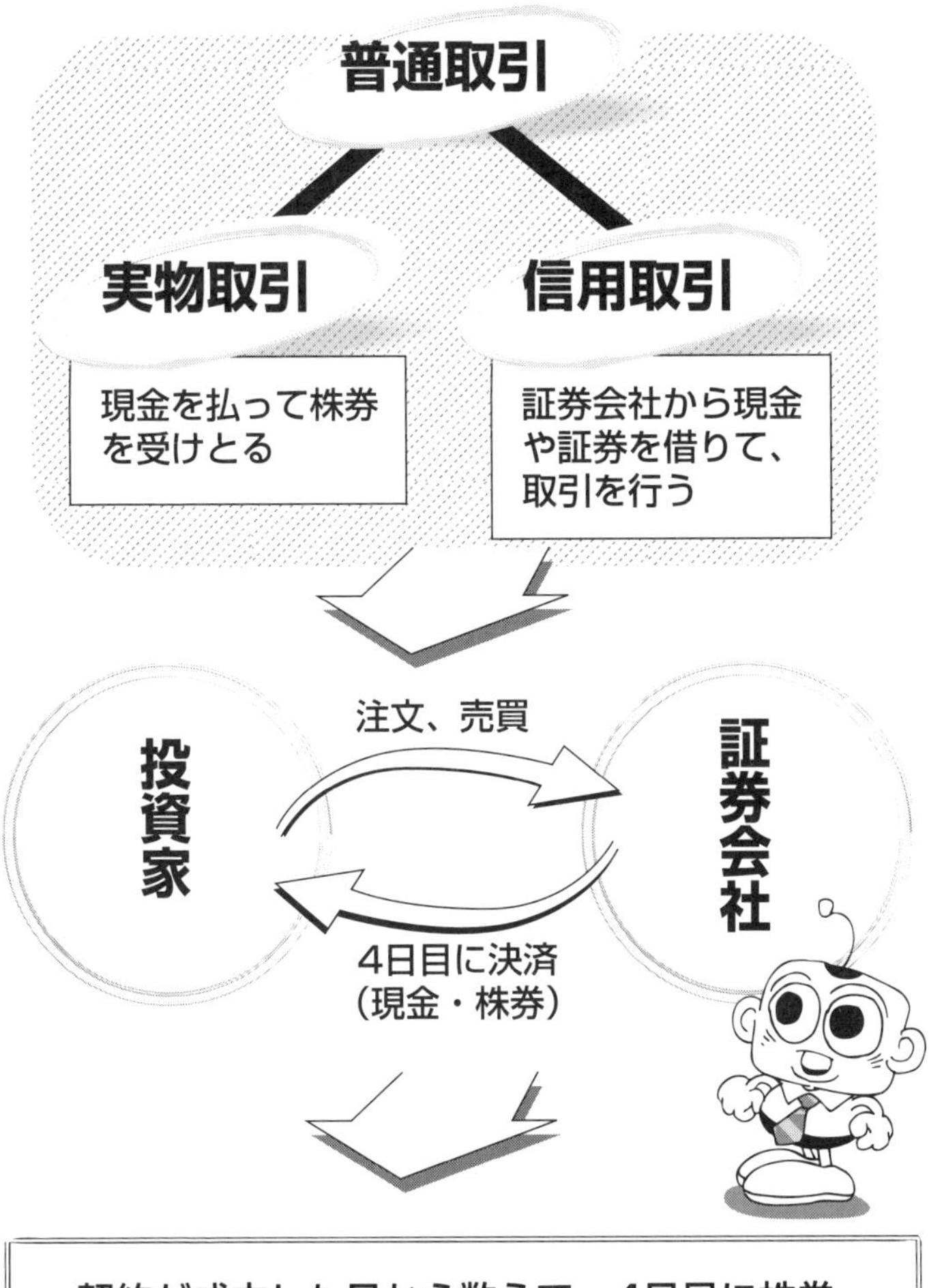

契約が成立した日から数えて、4日目に株券の受け流しを行うので**「4日目取引」**とも呼ばれている。

4 「オンライン・トレード」とは？

急速にシェアをのばしたネット取引はどのような手順でやるのか？

■インターネット取引

インターネットの普及は株取引の世界にも変化をもたらしました。今まで証券会社や銀行へ自ら出向き窓口で購入するか、あるいは電話で売買の注文を出すほかなかった株取引や投資信託がパソコンの端末されあればどこでも可能となったのです。

もともとはインターネット先進国であるアメリカで90年代から爆発的に普及し、日本では大和證券が96年からサービスをスタートさせました。年々参入する証券会社が増加し、２００１年半ばには60社以上が参入、口座数も約２３０万口座に達しています。

■必要なシステムとマシン

基本的にインターネット取引はパソコン端末さえあれば、パソコンの機種を問わずどこでも可能です。ただしパソコンのＯＳ（オペレーションシステム）のバージョンや、パソコンの基本性能については証券会社から指定されており、あまり古い物は利用できない場合もあります。

これは証券会社が構築しているシステムによって違いがありますので、ホームページなどで調べておく必要があります。

またインターネットのホームページを閲覧する際に必要な「ブラウザ・ソフト」に関しても指定があります。ほとんどの場合マイクロソフト社の「Internet Explorer」かネットスケープ社の「Netscape Navigator」で利用可能ですが、ソフトのバージョンが古いものは利用できない場合もあります。

用語 オンライントレードのメリット

オンライントレード ＝ インターネットなどオンラインを使った金融サービスのこと

↓

ネットショッピングなどもオンライントレードに含まれるが、インターネットを使った証券取引を指すことの方が多い

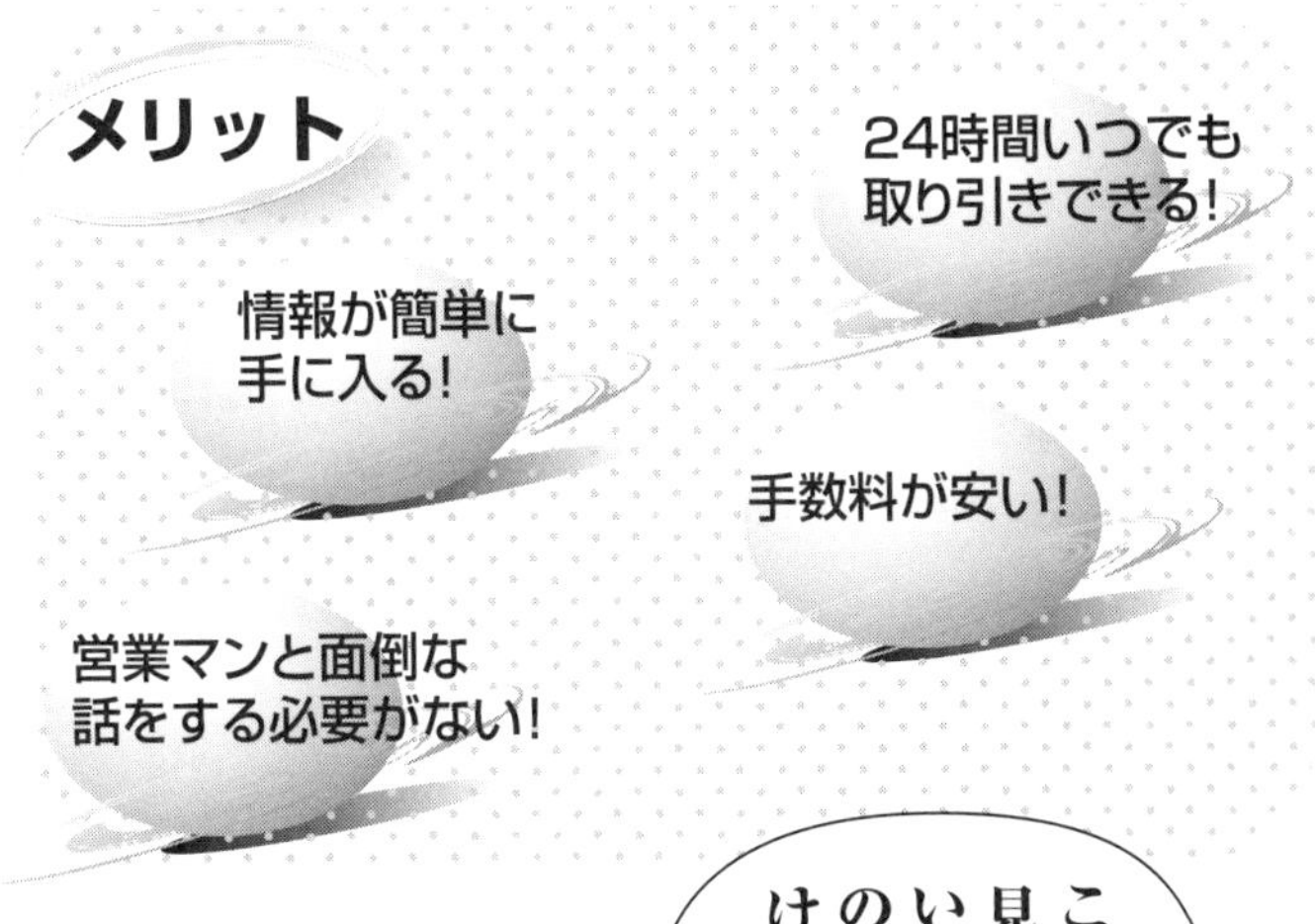
メリット
24時間いつでも取り引きできる!
情報が簡単に手に入る!
手数料が安い!
営業マンと面倒な話をする必要がない!

こうやって見るといいことづくめのように見えるけど……

■インターネット口座の開設

通常の株取引と同様、インターネット取引の場合でも、まず取引口座を開設しなければなりません。

ほとんどの場合、各証券会社が開設しているホームページに「口座開設の申し込み」のページが用意されています。このページを開き、必要な情報（住所・氏名・連絡先・電子メールのアドレスなど）を書き込んで送信します。

ただし、これだけでその日から口座を開設することができるわけではありません。後日、証券会社から正式な口座開設に関する申し込み書を始めいくつかの必要書類が送付されて来ます。この書類に必要事項を記入して署名・捺印し証券会社へ郵送すると、手続きが終了した時点で本人確認のための専用会員ＩＤやパスワードが届きます。このＩＤとパスワードを使って証券会社の取引ページにアクセスし、初めて取引が可能となります。

あらかじめ利用する証券会社に口座を持っているときは必要ない場合もありますが、口座開設に当たっては運転免許証や健康保険証、印鑑証明書、住民票の写しなど、本人確認のための書類が必要となります。

■手数料

インターネット取引の魅力のひとつに、手数料の安さがあります。１９９９年に株式の売買委託手数料が自由化され、証券会社間で低価格競争が続いて来ましたが、この傾向はネット取引の世界にも波及しています。

もともと、手数料の低価格をうたってきたのは店舗や営業マンの少ないインターネット専門の証券会社が中心でしたが、近年、一般の証券会社でも低価格競争が激化しています。中には、期間限定で一部商品の取引手数料を無料としたり、売買約定代金が一定金額以内であれば一日に何度取引をしても一律料金とするなど、低価格サービスも多様化の様相を見せています。

用語　オンライントレードの流れ

オンラインサービスを提供している証券会社を探す

↓ 気に入った会社が見つかったら……

その証券会社のホームページにアクセス！

↓ オンライントレードのページを探して……

申し込みページで必要事項を記入

↓ 名前住所などを記入して……

内容を確認して送信！

↓ 1、2週間待つと……

証券会社から必要な書類が届く

↓ 必要事項を正確に記入して……

証券会社に返信すると口座が開設される！

う〜ん。
インターネット
さえ使えれば
意外に簡単だね

■口座管理手数料

口座管理手数料についても、通常の口座と同様の料金が必要な場合と、「株式ミニ投資の預かりの場合は無料」といったサービスを実施している場合があります。契約前にチェックして、自分に合った証券会社を選ぶようにしましょう。

■投資情報サービス

個人投資家がインターネット取引を行う場合の魅力のひとつが、投資情報の提供を受けることができるという点です 例えば株価・市況情報、企業が開示している各種の情報、株式相場に影響を与えるようなニュース、各種の株式チャートなど投資判断に必要な情報が提供されます。

どのような投資情報が提供されるのか、無料で提供されるのか、それとも有料なのかという点も証券会社選びの重要なポイントと言えるでしょう。中には専用ソフトを提供し、リアルタイムで株価の動きを見ることができるシステムを構築している証券会社もあります。

■携帯端末の利用

携帯電話などの携帯端末を使って、株式売買を行うサービスも増えつつあります。NTTドコモの「i モード」やJ－PHONEグループの「J－SKY」などを使用して残高照会を行ったり、各種の情報を引き出すことはもちろん、携帯電話から売買注文を出すことも可能です。

外出が多い人や忙しいビジネスマンにとっては最適のサービスと言えますが、証券会社によって対応する電話会社やサービス内容に差がありますので、注意が必要です。

■サポート

店舗へ出向くことなく、自宅で株式売買が可能であるとは言っても、トラブルやサービス内容に関する問い合わせなどはどうしても必要です。サポート体制が充実しているか否かも、証券会社を選ぶ上では重要です。困ったときにどの程度対応してくれるのか、電話によるサポート体制の充実度や受け付け時間などを口座開設前に調べておきましょう。中には、インターネット取引を支援するための店舗を展開している証券会社もあります。

用語 投資情報はどこで得るか？

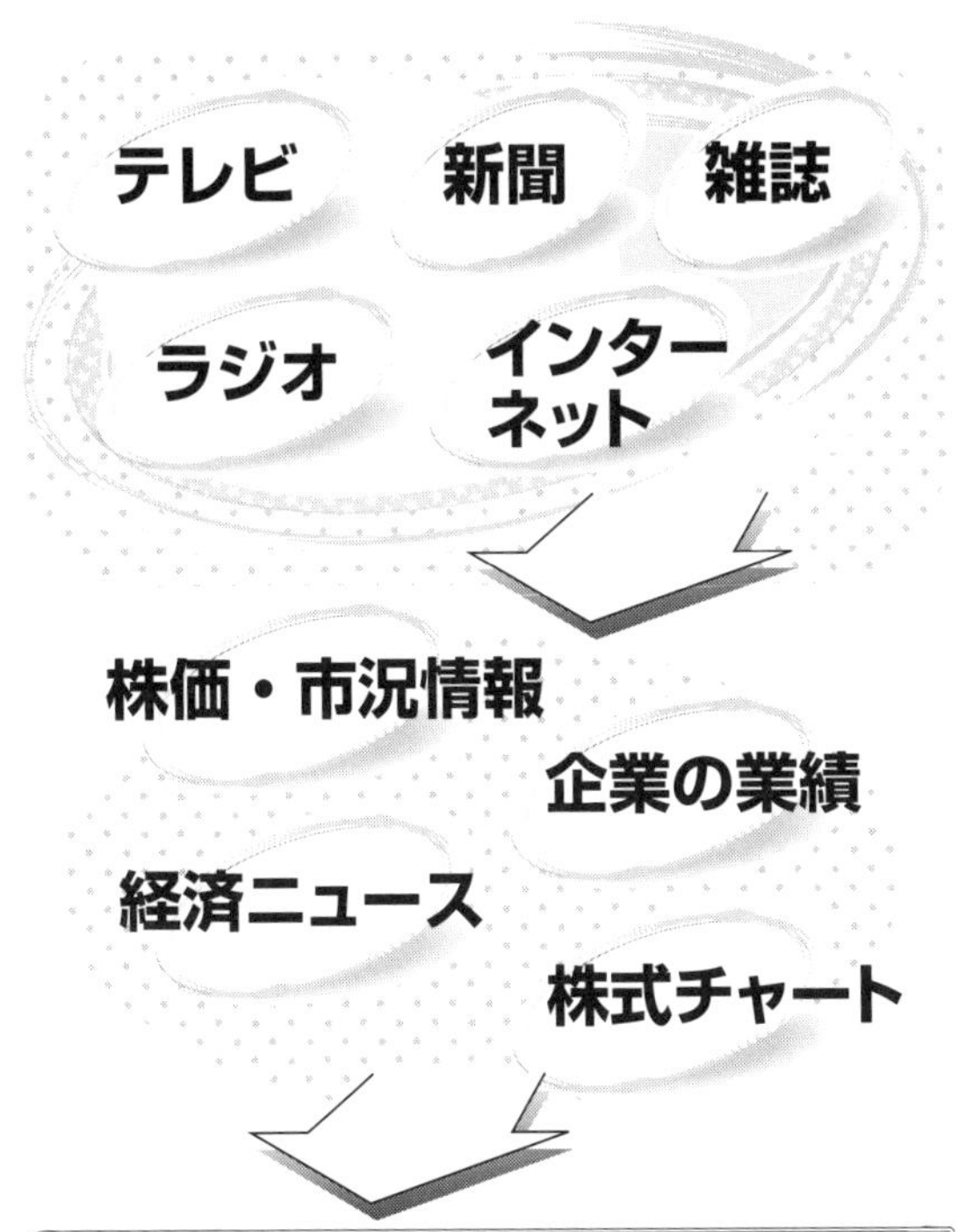

① インターネットやテレビ、ラジオは速報性
② 新聞、雑誌は継続性

5 ネット取引に必要なインターネット用語

ブラウザー、プロバイダー、電子メールなど基本的な知識を押さえておこう！

■インターネット
Internet

インターネットは、網の目のように、コンピュータ同士が対等の関係でつながって、構成されているネットワークのことです。

もともとは、1970年代に米国防総省の主導によって作られたARPAネットが、その母体です。

ARPAネットは、当時の米ソ冷戦下で、核攻撃からコンピュータネットワークを守ることを目的としたものでした。そのため、一部が核攻撃で破壊されても、ネットワークが機能し続けるよう、すべてのコンピュータを網の目のように接続したのです。

しかも、網の目のように接続されるということは、一方で、新しいコンピュータがネットに接続することも容易にします。ホストがないので、どれでも手近のコンピュータに接続すれば、ネットワークに繋がることができるからです。

その後、91年に商用に開放されると、一般企業がこのネットワークに接続し始め、95年にバックボーンが民間に移管されるとともに、インターネットの本格的な拡大が始まったのです。

■WWW（ワールド・ワイド・ウェブ）
World Wide Web

「WWW」は、インターネットそのものやホームページと同じ意味でも使われますが、本来はインターネット上の情報検索の仕組みを示す言葉です。

「ウェブ」はクモの巣のことで、WWWはインターネットを表す「世界規模のクモの巣」という意味から名づけられています。そこから、WWW自体を

用語 インターネットの概念

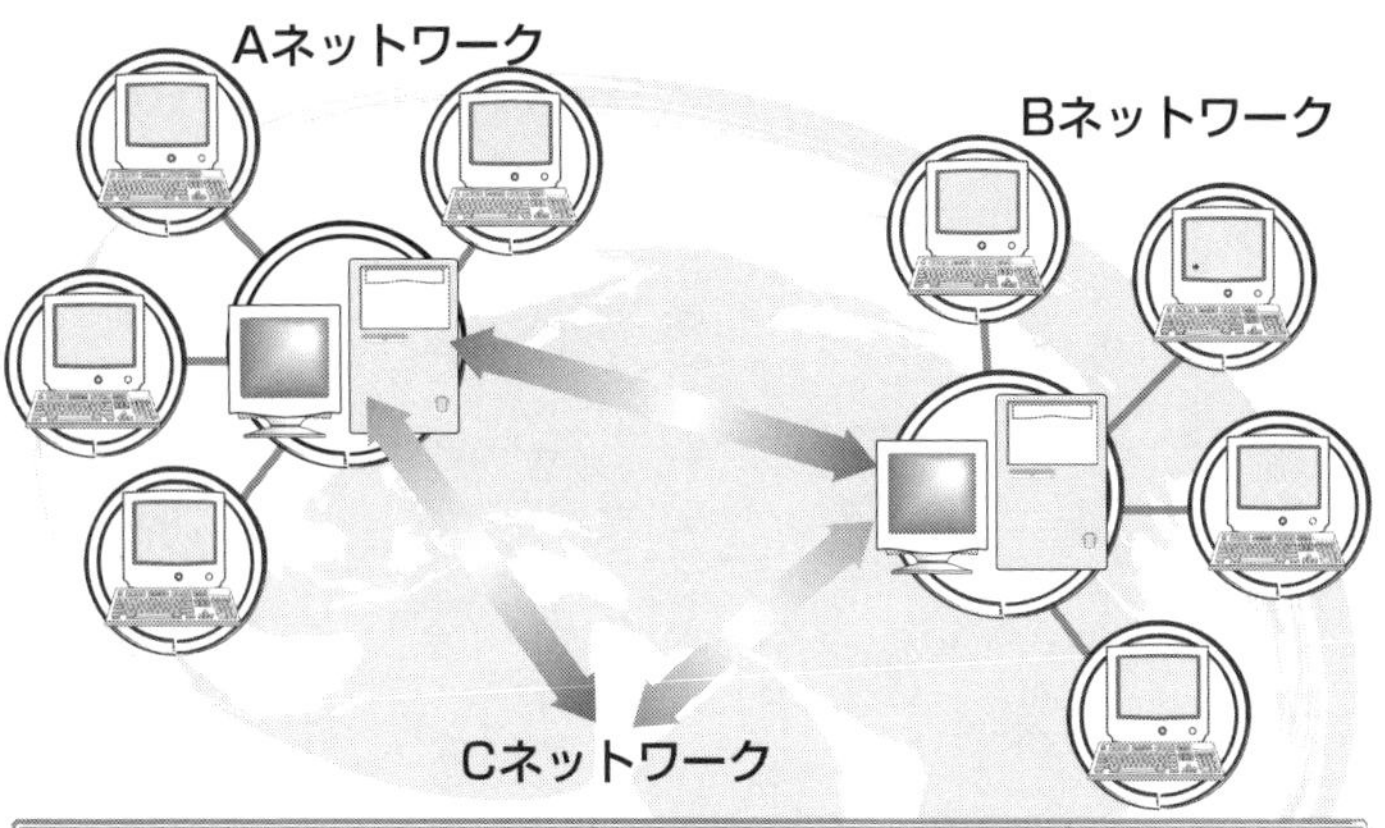

今やパソコンを購入する目的が「インターネットをやること」といわれるぐらい普及している

「ウェブ」、ホームページを「ウェブページ」、WWWサーバーを「ウェブサーバー」などと呼ぶようになりました。

WWWのスタート当初は、文字情報だけが扱われていましたが、現在では画像・音声・動画など、あらゆるマルチメディアが載るようになっています。しかし、これらの情報はすべて「ハイパーテキスト」という形式で作られているため、情報の検索が簡便に行えるのです。

「ハイパーテキスト」とは、テキスト中にポインタ（キーワードや画像など）が埋め込まれていて、そこから関連する情報にジャンプできる構造をもったもののことです。このジャンプの機能を「ハイパーリンク」といいます。

また、それぞれの情報はホームページの単位で管理され、そのページは「ブラウザー」で見ることができます。

■ブラウザー

browser

本来は、データの中身を見るためのソフトは、何でも「ブラウザー」でした。つまり、編集はできないが、中身は確認（ブラウズ）できるソフトという意味だったわけです。

ただ、最近は「ブラウザー」といえば、WWWを見るためのソフト「WWWブラウザー」を指すのが普通です。簡単に言えば、ホームページを見るためのソフトが「ブラウザー」なのです。

代表的なブラウザーには、「Internet Explorer」（マイクロソフト）や「Netscape Navigator」（ネットスケープ・コミュニケーションズ）などがあります。

■プロバイダー

provider

インターネットへの接続を代行してくれる業者のことを「インターネット・プロバイダー」もしくは単に「プロバイダー」と言います。私たちがインターネットを利用するときは、普通、このプロバイダーと契約します。

インターネットの回線を供給してくれる事業者をプロバイダーと呼ぶわけですから、学校や研究機関など非営利目的のプロバイダーもありますが、一般にプロバイダーと言ったときには、私たちが契約する営利目的のプロバイダー（商用プロバイダー）のことと思って間違いではありません。

プロバイダーとの契約は、インターネットの普及にしたがって簡単になり、現在では「オンラインサインアップ」と呼ばれる方法が普通になりました。これは、パソコンから電話回線を通してプロバイダーのコンピュータに直接アクセスし、その場で契約を済ませてしまうものです。プロバイダーによっては、申し込みの専用ソフトを用意しているので、実際の申し込みはごく簡単に済みます。

ただし、オンラインサインアップでは、クレジットカードによる支払いが基本なので、クレジットカードが使えない場合は申し込みができません。

アクセスポイント
Access Point

プロバイダーを選ぶポイントとしては、入会金、接続料金のほかに、アクセスポイントの近さも重要です。

「アクセスポイント」とは、インターネットに接続するときに、まずプロバイダーのコンピュータにアクセスするための電話番号のことです。略して「AP」と表記されていることもあります。たいていのプロバイダーは複数のアクセスポイントを持っていて、大手のプロバイダーでは日本全国にアクセスポイントが展開されています。

プロバイダーのコンピュータがどんなに遠くにあっても、利用者は一番近くのアクセスポイントからアクセスすることができます。そして、いったんプロバイダーのコンピュータとつながれば、後はインターネットを通して、世界中のコンピュータと接続できます。ですから、たとえ地球の裏側にあるコンピュータのホームページを見る場合でも、利用者はプロバイダーのアクセスポイントまでの電話料金だけで利用することができるのです。

アクセスポイントまでの電話料金は利用者の自己負担なのですから、アクセスポイントができるだけ近く――市内通話の範囲にあるプロバイダーを選ぶのがベストです。それが無理なら、より近くにアクセスポイントがあるプロバイダーを選ぶのがベターと言えるでしょう。

電子メール
electronic mail/e-mail

インターネットを使う最大のメリットの1つは、電子メールが使えることと言っても過言ではありません。電子メール（Electronic Mailの頭文字をとってe-mailと呼ばれたり、最近では単に「メール」と呼ばれたりします）は、インターネット上を飛び交う電子の手紙です。

紙の手紙と電子メールの大きな違いは、メールにはタイトル（件名）がついている点でしょう。紙の手紙でも、ビジネス文書にはタイトルがついていることがありますが、電子メールの件名はそれと違って、システム的につけられているものです。

電子メールは、「件名」と「本文」と、そして「宛先」の3つで構成されています。

電話や郵便などと違って、時間や場所などに制限されず、いつでもどこでも送受信できて、相手が不在でも情報を伝えられるというメリットがあります。

電子メールは、別に、インターネットの専売特許というわけではなく、以前のパソコン通信やLANでも、使われていました。しかし、電子メールを、世界中の誰とでもやりとりできる、実用的な通信手段にしたのはインターネットです。そこで、現在ではメールと言うと、インターネットのそれを指すのが普通です。

メールアドレス

mail address

電子メールの送り先は、メーラーの「宛先」の欄に、「メールアドレス」で指定します。メールアドレスは、一見するとアルファベットの小文字と記号の羅列で、ややこしそうに見えますが、実は非常に規則的にできています。

メールアドレスを見るポイントは、必ず中に含まれている「@」（アット）マークで、この左側は「ユーザー名」と呼ばれる、個人を示す部分です。ユーザー名は、たいていの場合、個人が自由につけることができて、姓や名をローマ字表記したものが一般的ですが、中にはニックネームを使う人もいます。

@マークの右側は、ドメイン名です。簡単に言うと、電子メールはこのドメイン名をたよりにインターネットを進み、送る相手のメールサーバーにたどりつくわけです。

用語 電子メールの構造

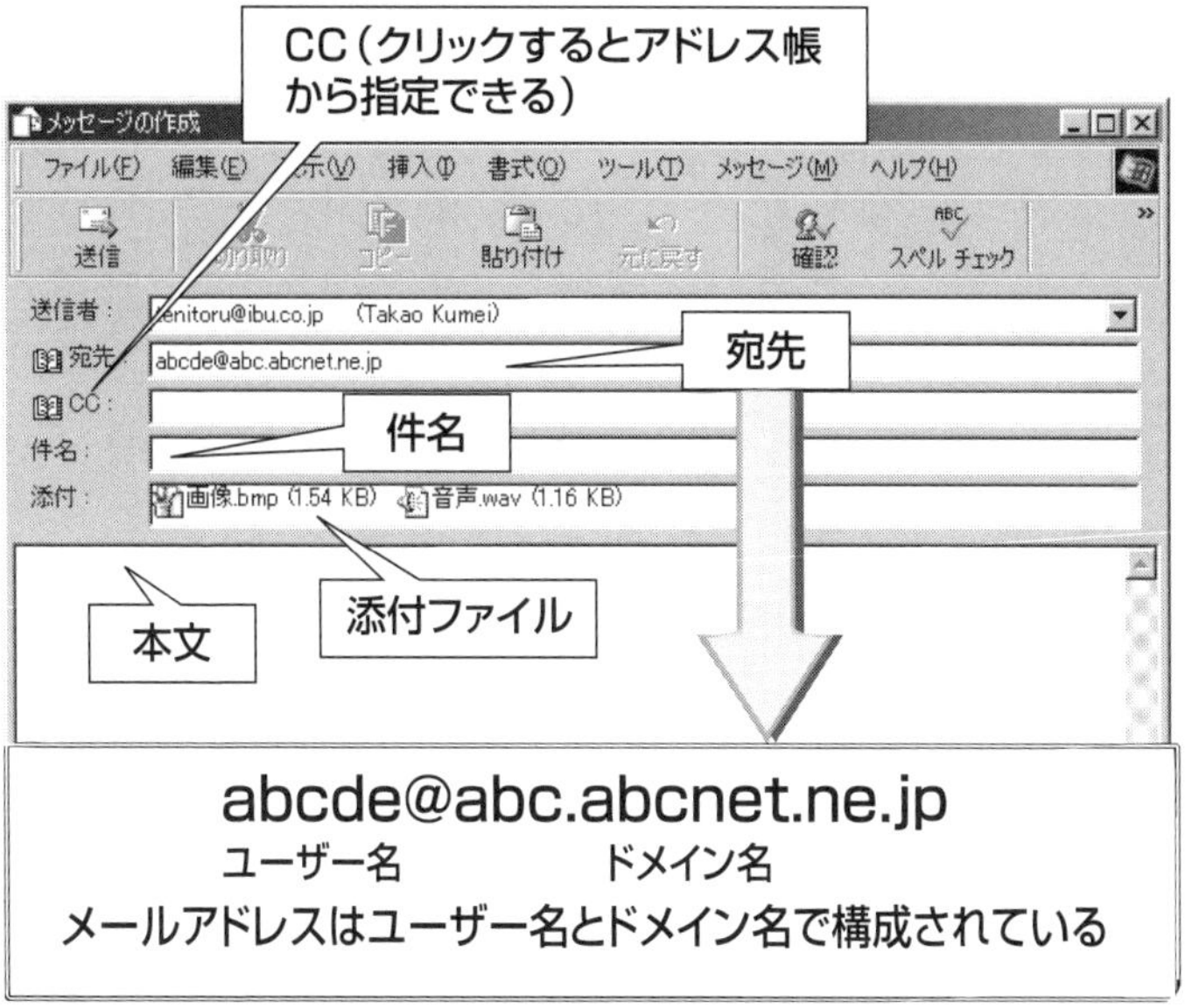
CC（クリックするとアドレス帳から指定できる）
メッセージの作成
ファイル(F) 編集(E) 表示(V) 挿入(I) 書式(O) ツール(T) メッセージ(M) ヘルプ(H)
送信 切り取り コピー 貼り付け 元に戻す 確認 スペル チェック
送信者：
(Takao Kumei)
宛先：
abcde@abc.abcnet.ne.jp
宛先
CC：
件名
件名：
添付：
画像.bmp (1.54 KB)
音声.wav (1.16 KB)
本文
添付ファイル
abcde@abc.abcnet.ne.jp
ユーザー名
ドメイン名
メールアドレスはユーザー名とドメイン名で構成されている

オンライントレードでは質問したいことを電子メールで問い合わせることもあるから、しっかり覚えておきたいことだね

eビジネス／eコマース

Electronic business/Electronic commerce

「eコマース」は、日本語で言えば「電子商取引」――インターネットなどを使った商取引全般のことを言います。しかし、実際には商取引に限らず、ビジネスのすべてのプロセスをデジタルデータ化し、自動化する動きが加速しているので、最近は「eビジネス」が、企業の経営コンセプトとして言われるようになりました。

eビジネス／eコマースは、よく「B to B」「B to C」という分類で語られます。「B to B」は、「Business to Business」で企業対企業の取引、「B to C」は、「Business to Customer」で、企業から消費者への商品・サービスの提供のことです。ただ、インターネットの普及で、消費者同士の取引も盛んになっており、これは「C to C（Customer to Customer）」と呼ばれます。

B to Cにおいては、従来は小規模のオンラインショップやショッピングモールが中心になっていましたが、大企業の参入も活発になっています。航空券や各種チケットの「オンライン予約」、金融機関の「インターネット・バンキング」、株の売買ができる「オンライン・トレード」など、次々に実現しているのはご存じのとおりです。

経済産業省の予測では、2003年にはB to Bの市場規模が68・4兆円、B to Cが3・16兆円に成長するそうですから、誰にとっても知らないですむ問題ではなくなってきました。

電子マネー

electronic money

オンラインショッピングで現在課題になっていることの1つは、代金決済のシステムです。インターネット上で商品の注文ができるなら、代金の決済もインターネットでできればよい――というわけで、注目されているのが「電子マネー」なのです。金銭を電子情報化した電子マネーが本格稼働すれば、代金の決済も「電子決済」できることになります。

eコマースで使われる電子マネーは、コンピュータのメモリに金銭的価値を記録し、それをインターネット上で流通させるので「ネットワーク型電子マネー」ということができます。

このネットワーク型電子マネーは、インターネット上では使えても、現実の店舗では使えません。そこで、ICカードに電子マネーを記録し、流通させる「カード型電子マネー」も開発され、すでに一部の都市で実験が始まっています。

用語 eコマースの種類

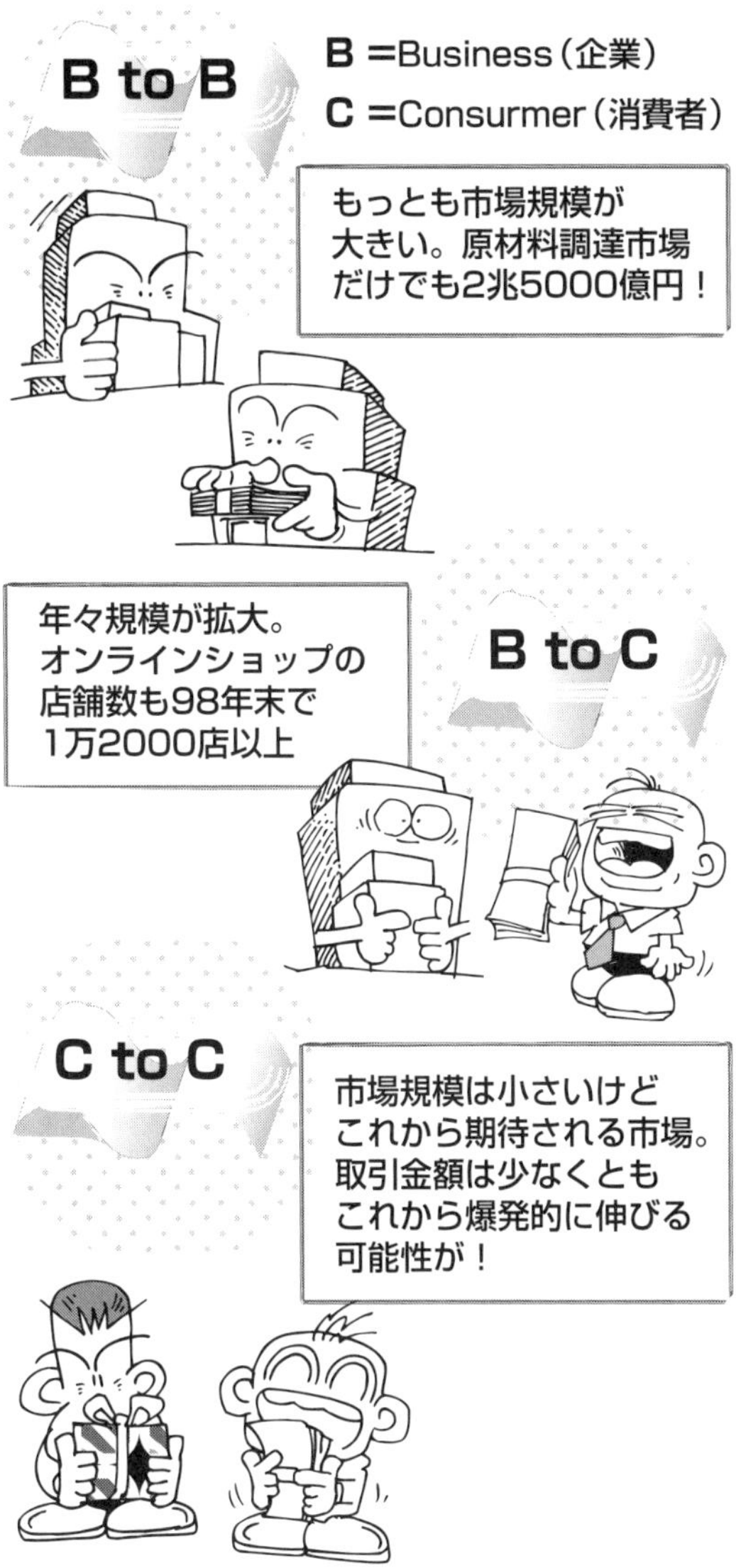
B to B
B =Business（企業）
C =Consurmer（消費者）
もっとも市場規模が大きい。原材料調達市場だけでも2兆5000億円！
年々規模が拡大。オンラインショップの店舗数も98年末で1万2000店以上
B to C
C to C
市場規模は小さいけどこれから期待される市場。取引金額は少なくともこれから爆発的に伸びる可能性が！

6 投資家にはどんな人がいるのか？

●個人投資家は相場に厚みを持たせ、法人投資家は大きな商いで市場を活性化させる

■個人投資家

株式市場を支えている投資家はたくさんいますが、まず第一にあげられるのは、個人投資家です。売りや買いの注文数からすれば、後述の法人投資家や機関投資家に決してかなうものではないのですが、個人個人の価値観が相場に厚みを持たせているのも事実です。法人投資家ばかりだったら、大きな商いは成立しますが、市場は大きな乱高下を繰り返し、非常に不安定なものになってしまいます。

細かく、それぞれの価値観によって動く個人投資家はいい意味での市場の潤滑油になっています。

■法人投資家

法人投資家とは、生保・損保、銀行、投信、事業法人などの企業投資家のことをいいます。

バブル崩壊以前の法人投資家は、豊富な資金力をバックに、大きな商いを行って、株式市場を活性化させていきました。ただ、投資が偏った一方通行なため、暴落を招く要因にもなってしまったのです。

■外国人投資家

日本の株式市場で売買される取引のうち、外人投資家の占める割合は5割近くといわれています。

外人投資家のほとんどは機関投資家ですが、古くは68年のゴールドラッシュによるもの、また79年のオイルマネーによる大型投資があります。

おもな外人投資家には、中東の石油産油国の政府資金やアメリカの年金基金などがあります。

■機関投資家

institutional investor

株式投資を行うことを業務としている法人投資家のことです。生命保険、損害保険、投資信託会社、信託銀行、年金基金を始め、外人投資家や銀行などを指します。

いずれも大量の売買を行いますから市場への影響も大きく、相場を左右することもしばしばです。常にその動向には注意を払い、相場の動きを判断する材料とする必要があります。

用語 投資家の種類と市場に与える影響

投資家
個人投資家
法人投資家
外国人投資家
小口の商いが相場に厚みを持たせる
大口の商いで市場を活性化させる
ほとんどが機関投資家大きな商い
市場
機関投資家
株式や債権などへの投資を業務として行っている大口の投資家
生保・損保
投資信託
都市銀行
年金基金
etc.

基本的に大型株を買う傾向にあり市場の活性化には貢献しているんだ

7 トッキンとファントラ

純粋に有価証券の運用を行っているが、バブル崩壊後は厳しい状況に！

■ファンド・トラスト（指定金外信託）／特金

Found trust

　ファンド・トラスト（ファントラ）は、信託銀行が企業や機関投資家などから委託を受けて運用している金融商品です。委託者は信託銀行に資金の運用方法を任せ、信託銀行は株式や債券を自らの裁量で売買し運用します。信託期間は二年以上と定められており、信託期間終了後は運用財産のまま委託者へ返します。

　1993年の金融制度改革で、銀行などでも扱えるようになりました。

　一方「特定金銭信託」（特金）は、委託者が運用方法を具体的に指定するもので、信託期間の終了時には現物ではなく金銭で返されます。

　いずれも企業向けの財テク商品として80年代に脚光を浴びましたが、バブル崩壊によって人気に大きな陰りが出ました。

■営業特金

「特金」とは特定金融信託の略で、機関投資家が証券会社に対して運用の指示を一任して委託するものです。

　証券会社側としては売買が容易になって回転率が上がるため手数料収入の増加を見込めますし、投資家側としては投資顧問会社などを利用しなくて済むため顧問料がかからず、バブル期に相場を押し上げる牽引車の役割を果たしました。

　一時は資金総額が5兆円にものぼるといわれていましたが、後にあまりの加熱ぶりから問題視され1991年に禁止されています。

用語 特金とファンドラ、その違いは？

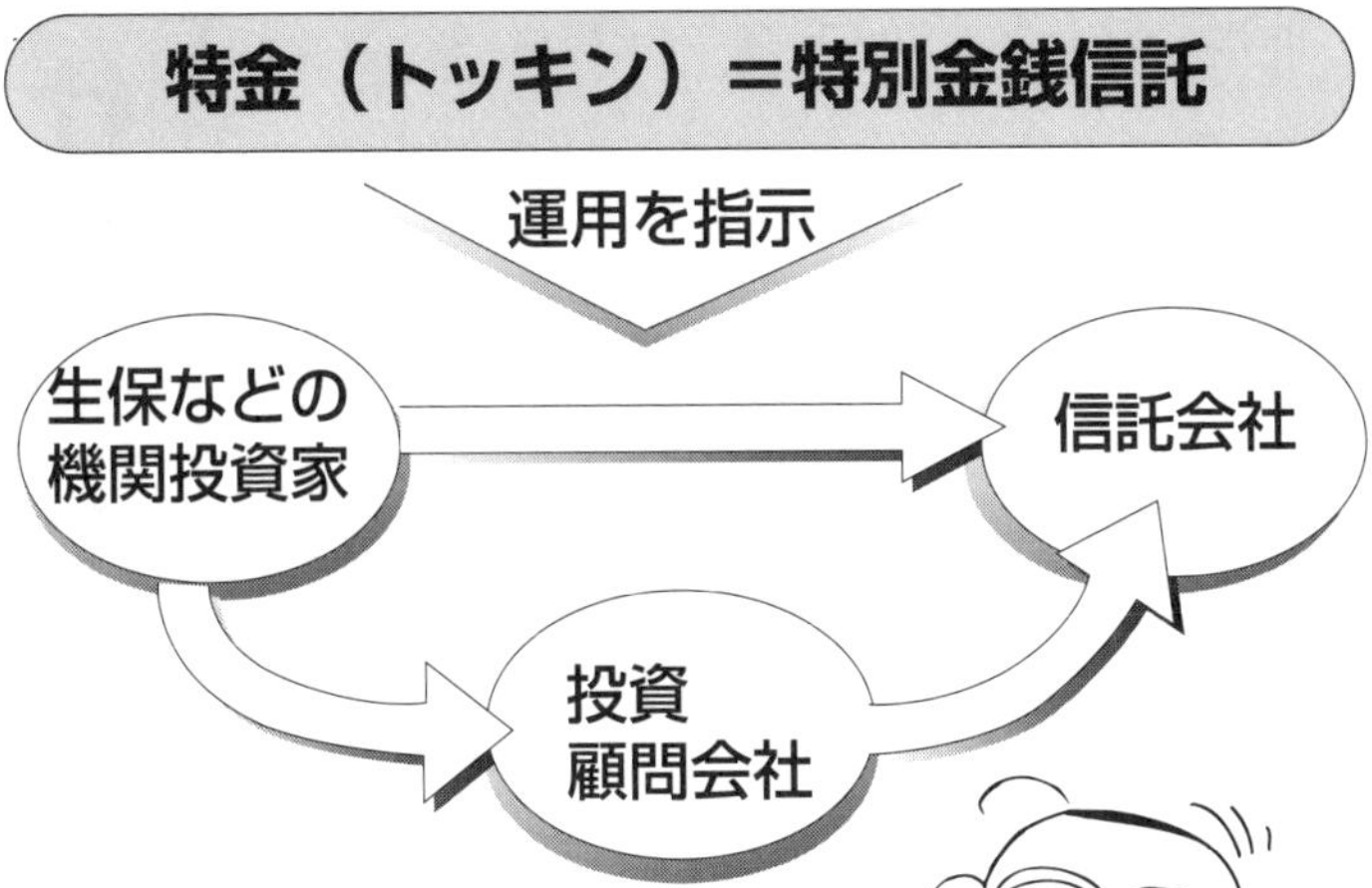

ファントラはバブル崩壊後、ボロボロの状態。
特金は一時落ちたが、現在は復活の兆しが！

8 「仕手戦」って何のこと？

売買や取引にまつわる用語もざっと押さえておこう！

好材料／悪材料

株価を上昇させる要因となるニュースやできごとを「好材料」、逆に株価を下げる要因となるものを「悪材料」と呼びます。

金利の引き下げや引き上げは市場全体に影響を与える好材料（悪材料）であり、企業の増配や減配といったニュースは個々の銘柄にとっての好材料（悪材料）となります。

インデックス運用

日経平均株価や東証株価指数（ＴＯＰＩＸ）といった株価指数に連動するように売買を行う投資方法です。市場平均なみの運用成果を目標としており、リスクを避ける投資方法と言うことができます。

法人買い／法人売り

金融機関や生命保険会社、事業会社といった法人が資産の運用を目的として株を売買することで、数量が多く市場に影響を与えがちです。バブル経済崩壊以前は事業会社による余剰資金を使った巨額の運用が目立ちました。

クロス取引

cross

証券会社がひとつの銘柄に対して、同じ値段で大量に売り注文と買い注文を出し、同一の証券会社が自ら売り手・買い手となって商いを成立させることです。

１９６７年以前は注文を取引所に出さず証券会社

用語　クロス取引の方法

証券会社がひとつの銘柄に対して、同じ値段で大量に売り注文と買い注文を出し、商いを成立させること。

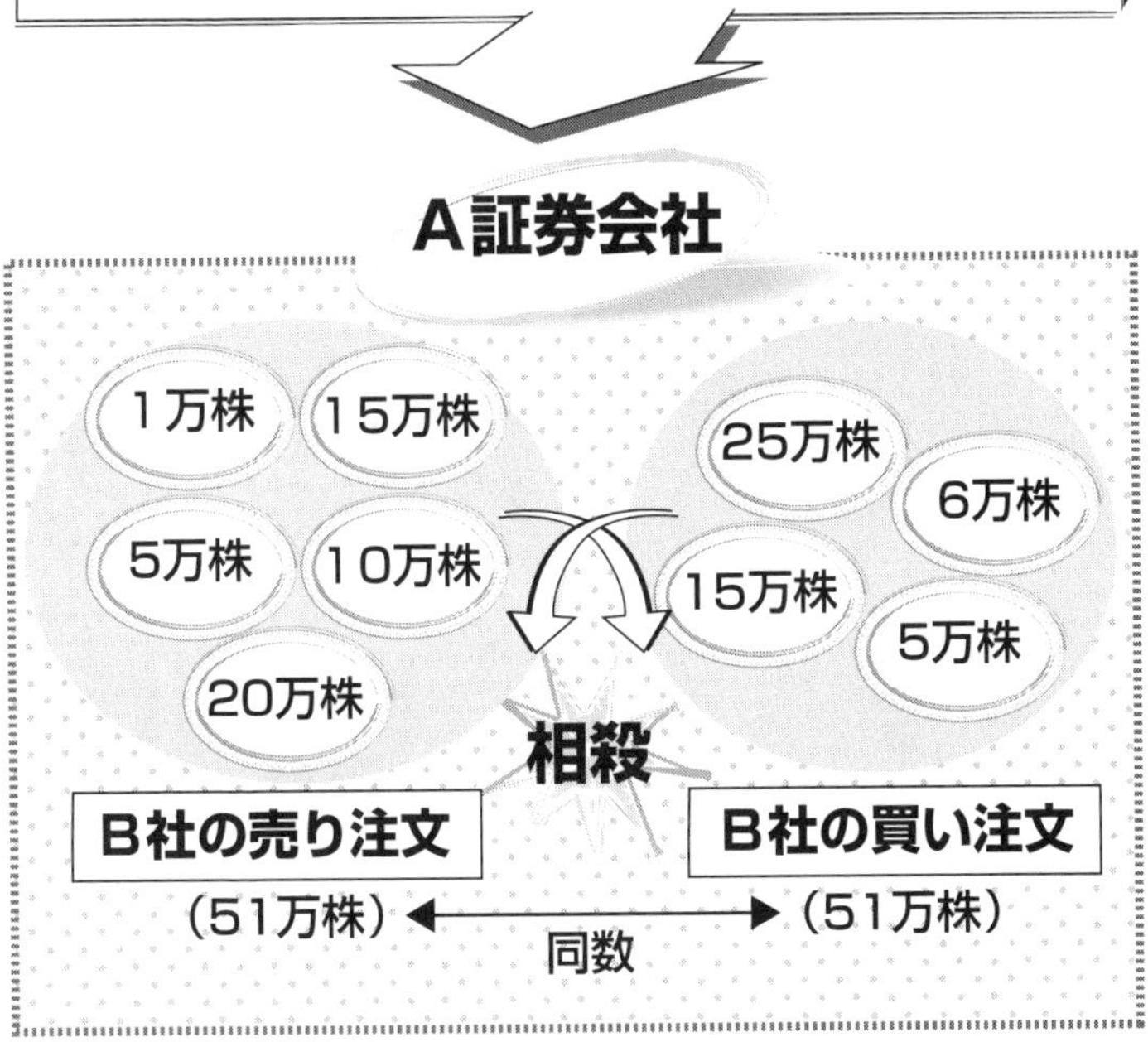

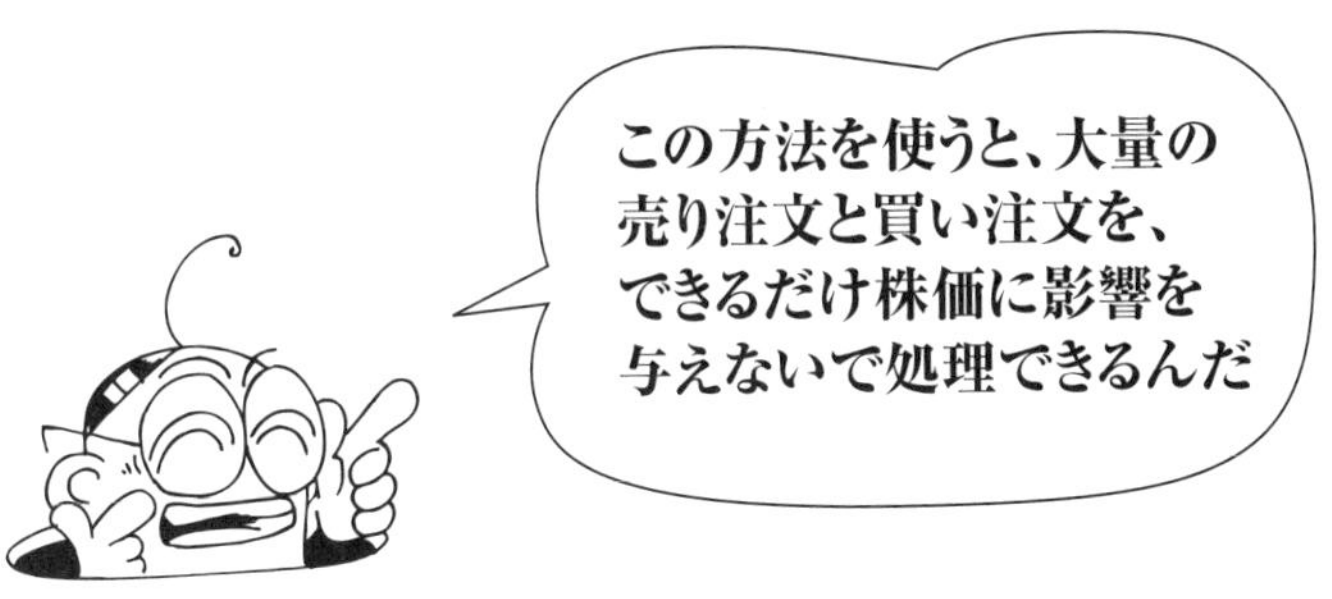

内部で売買を成立させる「バイカイ」と呼ばれる方法がありましたが、取引所を通さない「呑み行為」に当たるとして禁止され、クロス商いに切り換えられました。

■換金売り
realization sales

お金が必要になったために手持ちの株式を売ること。法人・個人にかかわらず使われる言葉ですが、金融が詰まったとき法人が資金を得るための換金売りを行うと、売りが集中する上に値段にかかわらず売るため相場が全体的に下落することがあります。

■金融クロス
crossing for the purpose of finance

株式を売却する側が資金調達の目的で行うクロス取引のことを指します。売り手が保有している現物株を手放して、同時に信用取引で買うという方法で行われます。

信用取引で買う場合は、わずかの保証金だけで済みますから、自ら売った株との差額によって、資金を調達することができるわけです。

■需給関係
relation of supply and demand

市場の中での需要（買い）と供給（売り）を指しています。ほかの商品同様、株式や債券も売りが多いときは安くなり、買いが多いときは高くなります。買いが多いにもかかわらず売り物がないような状態を「需給関係がよい」と表現し、逆に売り物が多く買いが少ない状態は「需給関係が悪い」と表現されます。

■仕手
speculator

仕手という言葉は「市場で売買を行う人」「大口の売り手・買い手」「相場師」というような意味を持っています。

一般的には株式市場において投機的な大口売買を行う「クロウト」、つまり相場のプロ集団を指す言葉で「仕手筋」などとも呼ばれます。彼らの投機的売買の対象とされる株を「仕手株」と呼び、ときに仕手筋同士で激しい売買合戦（仕手戦）が行われることもあります。

用語 仕手戦の構図

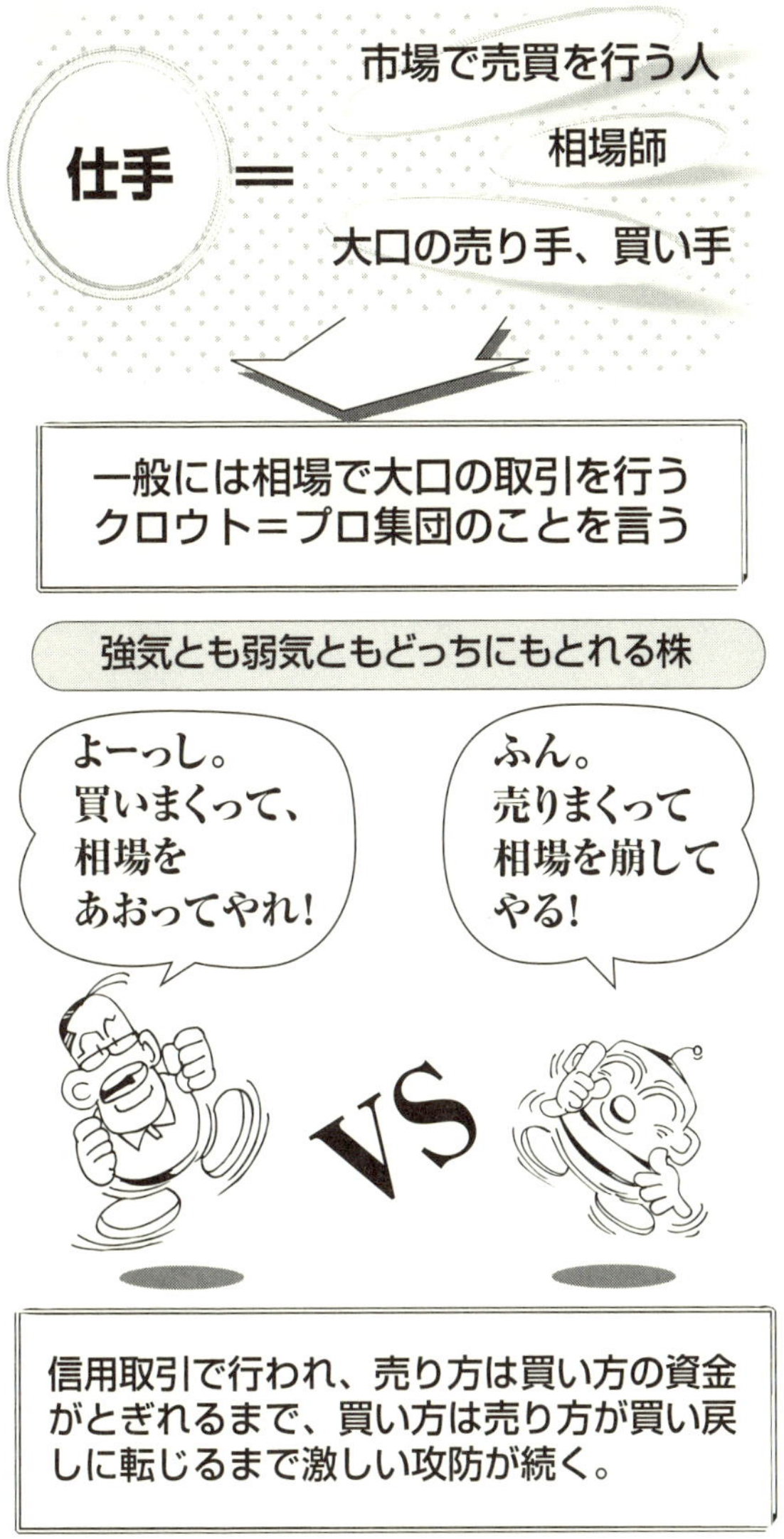
仕手
＝
市場で売買を行う人
相場師
大口の売り手、買い手
一般には相場で大口の取引を行うクロウト＝プロ集団のことを言う
強気とも弱気ともどっちにもとれる株
よーっし。買いまくって、相場をあおってやれ！
ふん。売りまくって相場を崩してやる！
VS
信用取引で行われ、売り方は買い方の資金がとぎれるまで、買い方は売り方が買い戻しに転じるまで激しい攻防が続く。

9 株式売買のルール

同じ銘柄の注文が出たときは、時間や価格によって優先順位が決められている

■価格優先の原則

同じ銘柄の注文が複数出た場合、個数に関係なく買い注文の場合はできるだけ高いものから、売り注文の場合はできるだけ安いものから売買が成立するというものです。

具体的に説明すると、300円の値がついている銘柄をAさんは300円、Bさんは310円で買い注文を出したとします。この場合、買い注文の場合はできるだけ高いものから行なうのが原則ですから、Bさんの注文が先に成立します。売り注文の場合はもちろん逆になります。

■時間優先の原則

同じ銘柄の注文が同じ値段で出ている場合、時間的に早いものから順に買が成立する、というものです。

ただし寄付き（午前9時に始まる最初の取引）のときには、9時までに出た注文はすべて同じ時間に出た注文と判断して、売り買いの株数があうまで注文は成立しないことになっています。

■5％ルール

証券取引法によって株式を大量に保有している場合、内閣総理大臣に届け出が義務づけられています。上場企業または店頭登録企業の発行済株式を発行総数の5％以上取得した場合、5日以内に保有株式数などを記載した「大量保有報告書」を提出しなければなりません。

また、株式の放出の際にも報告の義務があり、保

有の割合が1%以上変更された場合は変更報告書の提出が必要となります。株式の不当な買い占めを防止し市場の透明性を高めるために1990年から実施されています。

用語　2つの原則はこんなに簡単！

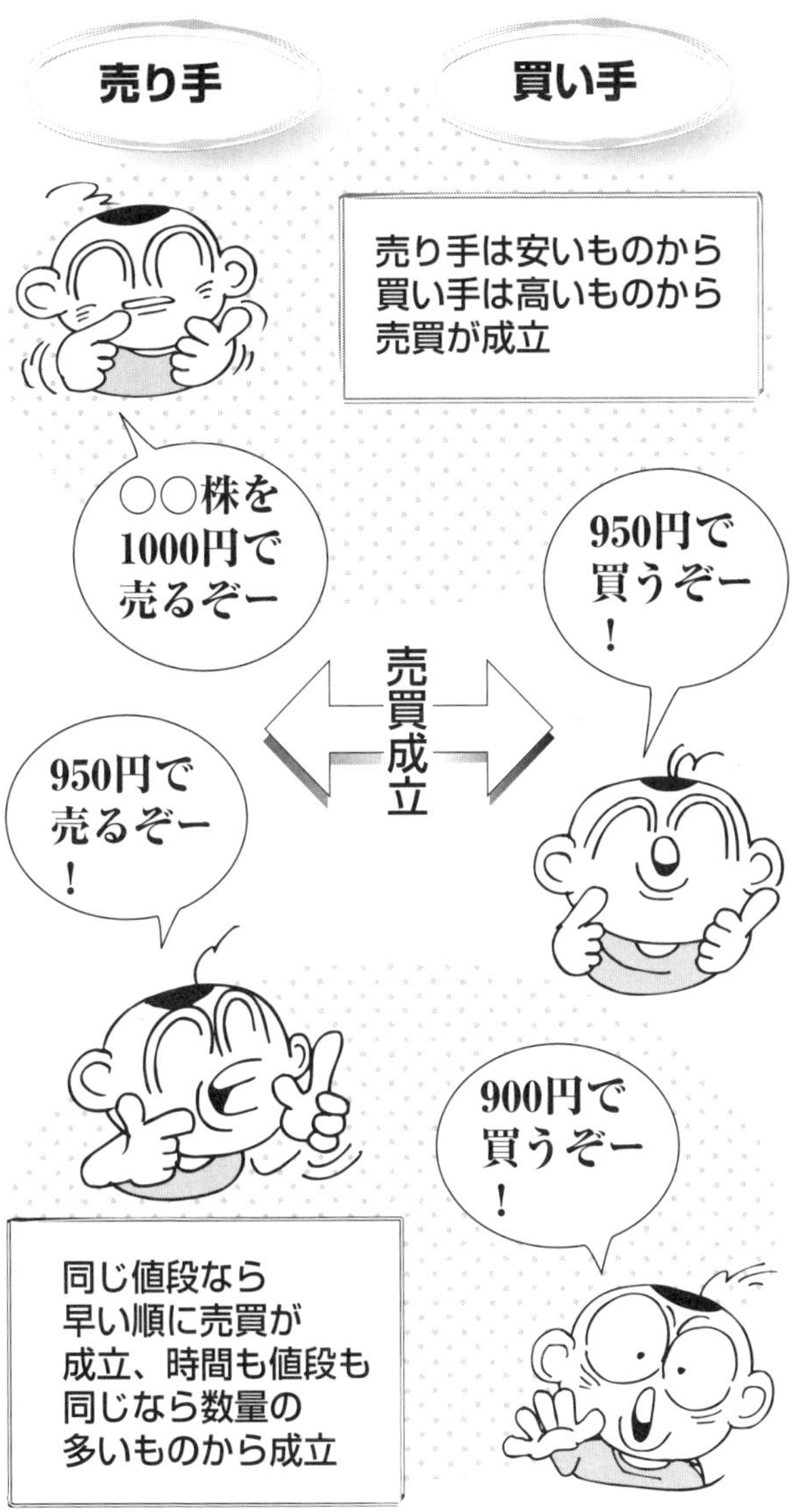
売り手
買い手
売り手は安いものから
買い手は高いものから
売買が成立
○○株を1000円で売るぞー
950円で買うぞー！
売買成立
950円で売るぞー！
900円で買うぞー！
同じ値段なら
早い順に売買が
成立、時間も値段も
同じなら数量の
多いものから成立

10 「グループ株」って何だろう？

❢ M&Aやデノミなど、ひとつのテーマに沿って同じような動きをする株の一群

■グループ株（セクター）

sector

　株式相場の動きは、その時代時代の経済や世相といったものを、見事に反映させています。

　新しい技術が開発されたことによって、企業の株価が上がるといった現象はその最たるものです。超伝導のときは画期的な技術革新が始まるという期待で、電機、電線、金属など、開発の恩恵を受ける企業の株が、理想買いされました。こういったひとつのテーマで、それに関連する企業の株が一気に動いていくことは、よくあることです。この種の株を、グループ株（セクター）と呼んでいます。

■セクターの種類

　セクターの分け方にはいろいろな方法があります。たとえば、メーカーを対象に輸出比率で内需関連株と輸出関連株に分けたり、発行済株式数で大型株、中型株、小型株に分けたりします。

　また、ひとつの業界をひと括りにして「IT関連株」と呼んだり、巨大企業では母体の動きで関連会社も大きな影響を受けることから、たとえば「NTT関連株」といった分け方をする場合もあります。

　業種がまたがって、セクターを形成する場合もあります。リストラクチャリングやM&A、CIといった企業の形態がテーマになるものは、業種などそれこそバラバラです。問題は、それらを行うことによって、その企業の業績に変化はあるのか、といった点です。

　CI導入によって企業イメージが良くなり業績を伸ばすといったこともあるでしょうし、リストラク

チャリングによって、新しい業務に進出し、業績が上がるといったこともあるでしょう。

ひとつの企業がCIやリストラクチャリングを実施して成功すれば、同じようにリストラクチャリングしている企業も、たとえ業種は違っても、「あの会社もリストラクチャリングしているらしいぞ。ひょっとしたら業績が上がるかも……」という期待がふくらむのです。

用語　どんなテーマがあるのか？

発行済株式数

大型株　中型株　小型株

企業の形態

リストラクチャリング　M&A　輸出産業　CI

業　界

鉄鋼株　銀行株　IT関連株　電力株　バイオ

巨大企業

NTT関連株　トヨタ関連株　ソニー関連株

商品や現象

半導体　デノミ　インターネット

etc.

11 TOBとM&A

買い占めや買収に関する用語も押さえておこう！

公開買い付け制度（TOB）
Take over bid

会社の経営権を獲得することを目的として、不特定多数の株主に対して株式の買い取りを表明・勧誘して証券市場外で買い付けを行うことです。新聞広告などを使って買い取り価格や期間、株数などを公表し、一気に大量の株式を集めます。

企業買収の手段として、あるいは自社株の消却のために利用されます。

買い占め
corner

株価に関係なく、ある銘柄を買い集めて会社の支配を狙ったり、会社に高値で売りつけたり、株価をつり上げて高値で売り逃げることを指します。買い集めて価格をつり上げた株式を、その会社に売りつける行為は「肩代わり」と呼ばれます。

M&A
merger and acquisition

企業の合併（merger）及び買収（acquisition）のことです。合併は複数の企業が対等の条件でひとつになることであり、買収は株や資産を買い取って他の企業を手中にすることを指しています。80年代後半のバブル経済期には日本企業によるアメリカ企業などの買収が盛んに行われましたが、現在では逆に外国企業による日本企業のM&Aが盛んになりつつあります。

また証券会社の中には手数料収入を得るためにM&Aの仲介業務を拡大する動きもあり、企業も事業の再構築（リストラクチャリング）のための事業部門の分割に積極的に乗り出していることから、今後日本国内でも本格的なM&A時代が到来するものと考えられています。

用語 TOBのやり方

公開買付会社

★取締役会の決議
★公開買付代理人との契約
（事務手続きは証券会社が行なう）

大蔵大臣への公開買付届け出、添付書類の提出

（注）公開買付後保有することとなる株式が、株式総数の5%未満の時には届け出不要

★対象会社への公開買付届け出の送付
（届け出効力発生日前に到達することが必要）

10日経過後

届け出効力の発生

★株主・投資家への公告
（2紙以上の日刊紙に掲載）
★証券取引所または証券業協会への公開買付届け出書の送付

公開買付の開始

★公開買付説明書の交付

20日以上
30日以内公告後

公開買付の終了

★買付通知書の発送
★代金の支払い、株券の引き渡し

売り相場
ちょうちん買い

PART 4

相場の動きに関する用語

状況を表す言葉から、
売り、買いのテクニックまで

★堅調な動きから高値圏へ
★下げ基調から底値圏へ
★相場の動きに大きな変化がないときの用語
★買い相場
★売り相場
★相場の予測と状況を表す用語

1 堅調な動きから高値圏へ

じわじわと相場が上がっていくときの用語

■動意

ほとんど動きを見せなかった相場が、少しずつ上がる気配や下がる気配を見せることを指し、おもに上昇の気配が見えた場合に使われる言葉です。また長い間商いが少なく動きがないことを「動意薄」と言います。

■しっかり

株価が高めの傾向にあることをしっかり（確り）と言います。また少しだけ高めの場合には「小じっかり」と言います。

■締まる

相場が堅調な動きを見せ、それまで小幅に動いていた相場が高くなることを指します。軟調だった相場が少し高くなる場合は「小締まる」と言います。

■上放れ
up gap

取引開始時に株価が、前日の値段よりも飛び抜けて高くなった状態を「上放れた」と表現します。これは予期していなかった好材料の発表や報道があったときに起こる現象で、逆に突然の悪材料によって急に株価が下落することを「下放れた」と言います。

■強含み
strong tone

相場が少し高く、なおかつ今後も上がるだろうという機運を持っている状態のこと。逆に相場が少し

用語　つれ高とつれ安

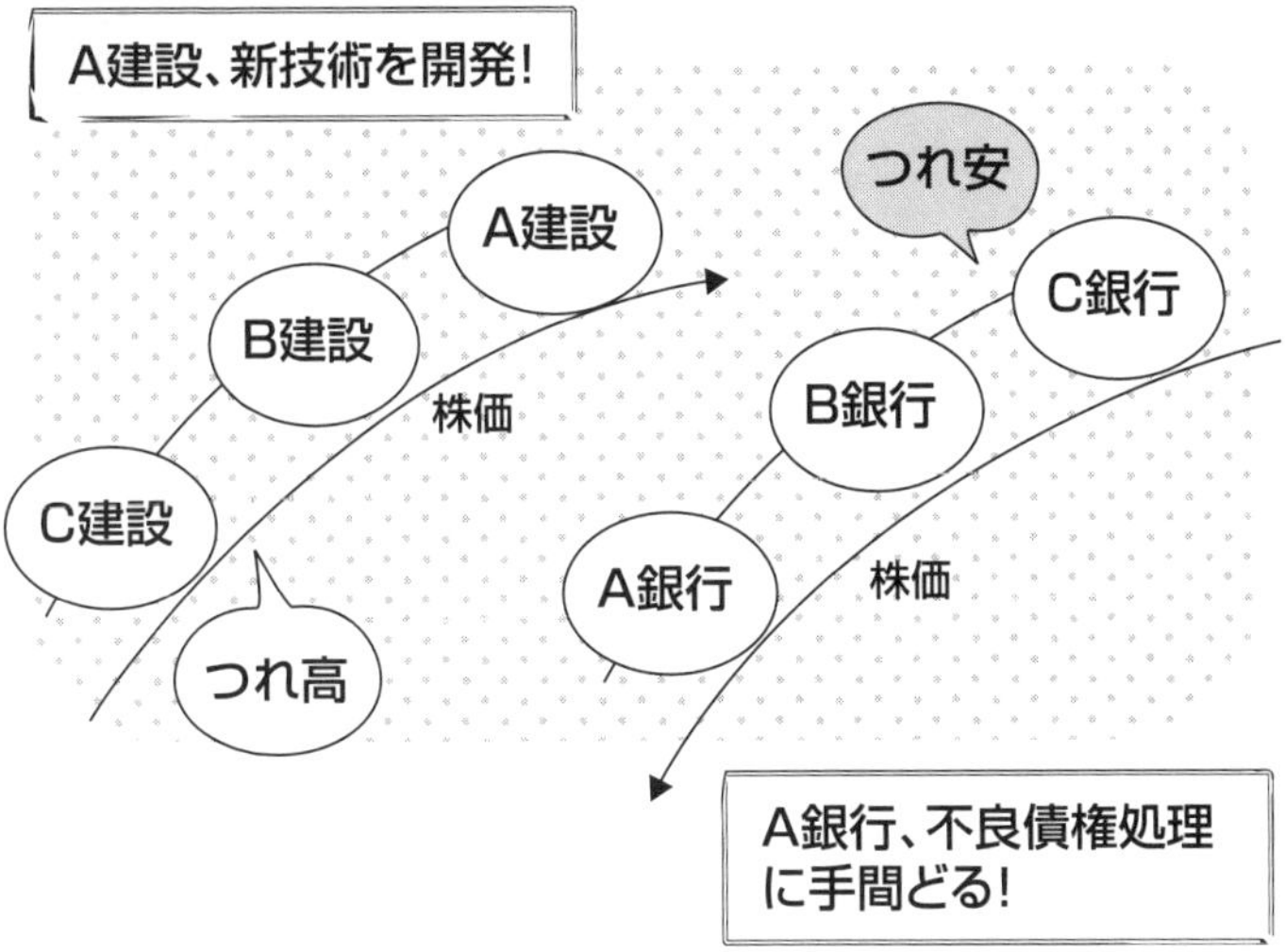

下がり、今後も下がる傾向があると予想される状態を「弱含み（weak tone）」と言います。

■上値

higher price

株価が700円だとすると、701円以上のことを「上値」と言います。さらに値上がりを続けることを「上値を追う」と言い、好材料があって値上がりしそうな気配があるような場合には「まだ上値がある」といった使い方をします。

■つれ高

ひとつの株に好材料が出て株価が値上がりしたときに、同じ業種の株も同時に値上がりすることを「つれ高」と言います。追随して他社の株も買われることから「追随高」と言う場合もあります。

逆にある株に引っ張られて値下がりすることを「つれ安」「追随安」と呼びます。追随して取引される株には好材料も悪材料もなく、株式市場特有の思惑によって売買が行われます。

■棒上げ

相場が一本調子で、休まずに上がることを「棒上げ」、一本調子に下がることを「棒下げ」と言います。また急激に、しかも大幅に値上がり（値下がり）した場合にも使います。

■抜く

株価が高くなり、ある一定の価格を超えたときに使います。例えばそれまで800円が高値だった株が801円になったときに「高値を抜いた」というふうに使います。またそれまで900円台をつけていた株が1000円台まで上がり、さらに上昇した場合に「1000円の大台を抜いた」と言います。

■反発

rally

それまで下げ続けていた相場が値上がりに転じることで、値上がり幅が大きいことを「急反発」と言います。

■反騰

sharp rally

下げていた相場が突然大幅に値上がりすること。「反発」よりも値上がり幅が大きい場合や持続性があるときに使われます。

■中間反騰

下げていた相場が、下げすぎの反動などによって一時的に反騰することです。この動きが一時的なものに終わらず、相場が本格的に復調した状態を「本格反騰」と呼びます。

■独歩高・独歩安

相場が全体的に低迷しているときに、ある特定の銘柄だけが好材料によって上がることを「独歩高」、この逆に相場が堅調に推移しているときに一銘柄だ

用語　「独歩高」はひとり勝ち？

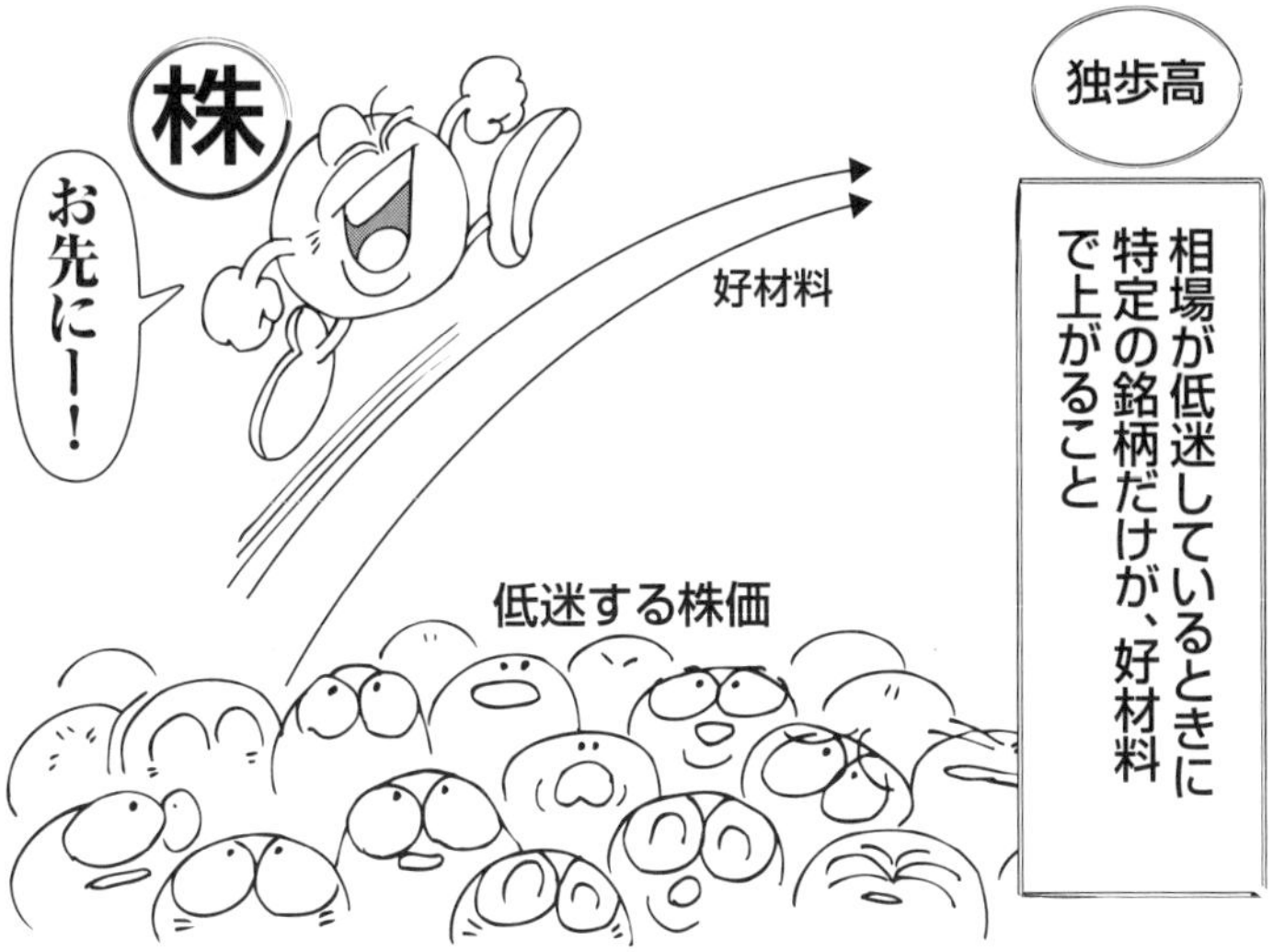
株
お先にー！
好材料
低迷する株価
独歩高
相場が低迷しているときに特定の銘柄だけが、好材料で上がること

けが悪材料によって下がる現象を「独歩安」と呼びます。

これに対して、ほぼすべての銘柄が上がることを「全面高」、ほぼすべての銘柄が下がることを「全面安」と呼んでいます。

また、特に好材料があるわけでもないのに上がることを「突飛高」、悪材料もないのに下がることを「突飛安」と言います。あまりに突然に動きを見せるためこのように呼ばれますが、たいていの場合後になって材料がはっきりすることが多いようです。

■大天井
major peak

長期的に相場を眺めてみると、上げ相場の場合には何度か上げ下げを繰り返しいくつかの山があることがわかります。その山の頂点を「天井」と言い、いくつかの天井の中で最も高値の部分を「大天井」と呼びます。

青天井

相場が長期にわたって上がり続け、好材料などの存在によりこの先どこまでも上がりそうな状態のことを「青天井」と言います。

青空のようにまるで行き止まりがないかのような状態であることからこの言葉がありますが、当然のことながら相場には必ずピークがあり、実際にはどこまでも値上がりを続けることなどあり得ません。むしろこのようなときは急に下げに転じる場合もありますから注意が必要です。

頭打ち

上げ基調で順調に推移していた相場の勢いが次第に弱まり、伸び悩み状態になったことを頭打ちと呼びます。伸びが頭打ちとなった際に、それが大天井に達したための頭打ちか、あるいはさらに上があるのかを見極めるのは非常に困難とされています。

新高値

new high

株価が過去にない最高の値段をつけることを言います。新高値には、その年始まって以来の高値（年初来高値）、前年以来最高の高値（昨年来高値）、上場後の最高値（上場来高値）、証券取引所開設以来の高値など数種類があります。

過去にないもっとも安い値段をつけることは「新安値（new low）」と言います。

東京証券取引所などでは、3月末までは昨年来、4月からは年初来の新高値・新安値銘柄を毎日発表しています。

高値引け

終値で、その日一日の取引の最高値がつくことです。このような時は、翌日の相場にも好調が持ち越される場合が多くあります。

用語 相場の格言①――「買いたい弱気、売りたい強気」

「買いたい弱気」

相場が下がってきて、買いごろの価格になっても「もうちょっと下がるんじゃないか」という希望的な観測が働いて、弱気になること

もうちょっと下がったら
買おうと思ってたのに
逆に上がっちゃったよ

「売りたい強気」

相場が上がって売りごろの価格になってきたのに、「もうちょっと上がるんじゃないか」という欲が出て強気になること

ああ…
あのとき売っていれば
儲けられたのに…

この株は昔はもうちょっと安かったとか、最近の値はもうちょっと高かったというようなデータにしばられると、売り時、買い時を逃すことになる

2 下げ基調から底値圏へ

じわじわ下がることもあれば、一つの事件をきっかけに一気に暴落するケースも！

■甘い／ぼける／ぼんやり／だれる

株価が下落している状態を表す言葉はいくつかありますが、その代表的なものを挙げてみましょう。株価がわずかに安い状態を「甘い」と表現します。また上向きと考えられていた株価が多少安くなった状態は「ぼける」と言われます。

商いがあまり活発ではなく、無気力な雰囲気の中で株価が下がることは「ぼんやり」と表現されます。同じく相場に活気がなく、いくらか安くなることを「だれる」と呼んでいます。

■押し目
reaction

株価が下がることを「押す」あるいは「下押す」と表現することがあります。上げ相場の中で一時的に株価が下がることを「押し目」と言い、その下げ幅が大きい場合を「深押し」と言います。

このような相場の一休み状態の時を狙って買うことを「押し目買い」(buy on reaction) と呼びます。「株価が上り坂のときの悪材料は買い」という投資格言もあり、上げ相場のときは押し目買いが入りやすいという傾向があります。

また少しでも下がったところで買おうと狙って押し目を待つことを「押し目待ち」(wait for reaction) と言います。しかし上げ相場にあるときの見極めは非常に難しく、タイミングを逸することがほとんど。押し目らしい押し目もないまま、相場が上がり続けてしまうことも多いため「押し目待ちに押し目なし」(⬇P149参照) という投資格言があります。

用語 「押し目」は買いのシグナル？

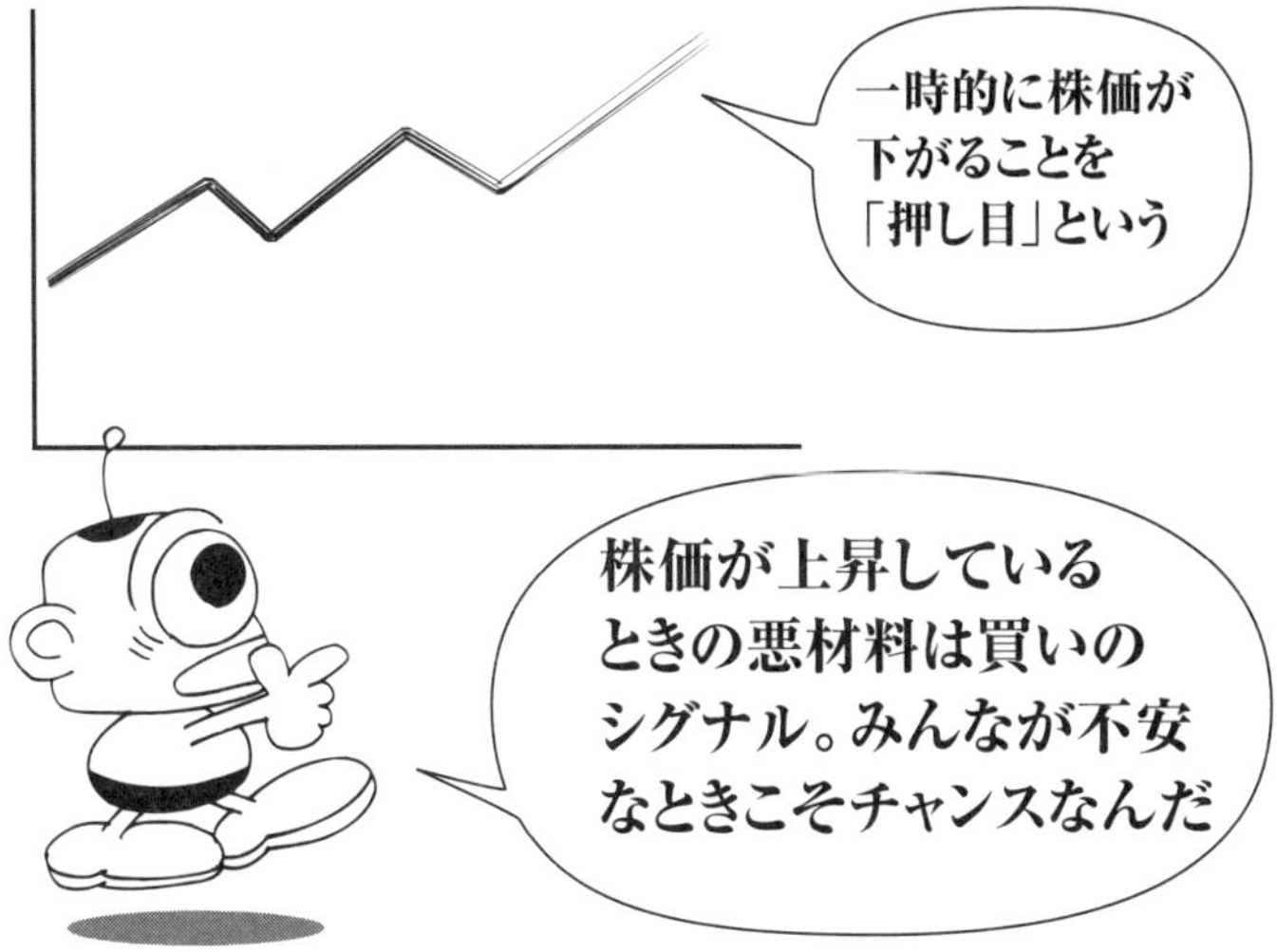
一時的に株価が
下がることを
「押し目」という
株価が上昇している
ときの悪材料は買いの
シグナル。みんなが不安
なときこそチャンスなんだ

■暴落
crash

すべての銘柄（または特定の銘柄）が一気に、しかも大幅に下がることを暴落と呼びます。特に強烈な下げとなった場合を「ガラ」（瓦落）、「大暴落」と言います。

このような状況になると市場はもはや壊滅状態となり、回復するまでにかなりの時間を要するほど大きな痛手を受けることになります。以下に主な暴落を挙げてみましょう。

・スターリン暴落

ソ連のスターリン首相重態のニュースを受け、朝鮮戦争の終結を予測して軍需株などを中心に暴落。

・ケネディ・ショック

1963年（昭和38年）7月19日、アメリカのケネディ大統領が発表した国際収支教書の内容を受けて東京証券取引所は開所来の下げ幅を記録。

・ニクソン・ショック

１９７１年（昭和46年）８月16日、アメリカのニクソン大統領がドル防衛措置を発表したことをきっかけに暴落。「ドル・ショック」とも呼ばれる。

・ポンド・ショック

１９７２年（昭和47年）６月24日、大蔵省がイギリスの通貨・ポンドの変動相場制移行などに関連して外国為替市場を閉鎖したため相場も連動して混乱した。「ポンド・ショック」とも呼ばれる。

・ブラック・マンデー

１９８７年（昭和62年）10月20日、19日のニューヨーク株式市場大暴落が欧州を始め世界中に波及し、日経平均株価は一日で３８３６円とスターリン暴落を抜いて戦後最大の下落率を記録。原因は貿易赤字と財政赤字（双子の赤字）に苦しむアメリカに対する不信感。

■独歩安／全面安／突飛安

➡P136参照

■反落

reaction

反発の反意語で、それまで上がり続けていた相場が一転して値下がりすることです。下げ幅が大きい場合を「急反落」と言います。

■突っ込み警戒

相場が急激に下げているとき、反発して値上がりするかも知れないという警戒感から売り方が手控え、下げ止まることがあります。

このような市場の気分による動きを「突っ込み警戒」と呼びます。

■下値

lower price

「上値」の逆を表す言葉。株価が７００円だとすると、６９９円以下のことを「下値」と言います。さらに値下がりしそうな雰囲気がある場合に「まだ下値がある」などと言います。

用語　暴落はいつも外国から？

スターリン暴落

1953年3月5日、ソ連のスターリン首相重体のニュースによって起こった大暴落。日経ダウは前日比37円80銭安の344円41銭と10％下げた。

ケネディ・ショック

ケネディ米大統領が外国証券への投資に課税し、ドルの海外流出を防ぐために金利平衡税の創設を発表したことが原因となり、1963年7月19日から翌日にかけて、日経ダウが下げ率8.1％を記録した。

ニクソン・ショック

ニクソン米大統領が発表した新経済政策により、1971年8月16日から4日間にわたって日経ダウが下げ率21％の大暴落を記録したもの。内容は金・ドルの交換停止、10％の輸入課徴金創設などが中心。

ポンド・ショック

1972年6月24日、ポンドの変動相場制移行のニュースが伝えられたために起こった暴落。日経ダウは242円14銭安を記録。

湾岸ショック

1990年8月に起こったイラク軍のクウェート侵攻によって、日経ダウが一時2万4000円台を割り込む暴落を記録。

反省安

あまりにも急激に相場が上がったときに、反省気分から売りが出て下げる場合があります。これは急騰への警戒感や行き過ぎ感から起こるものであるため「反省安」と呼ばれています。

安寄り

open down

前日、または前場の最後の値段にくらべて売り気配、すなわち安く始まることを言います。

安値引け

closed lower

後場の終値、すなわち一日の最後に最安値がつくことです。安値引けの場合、翌日（あるいは翌週）安寄りで始まるという警戒感が広がります。

安値覚え

所有する株の株価が上がったとき、以前の安い株価を覚えているために「また下がるかもしれない」という不安にかられる状態を言います。往々にして利益が薄いにもかかわらず手放してしまうことが多く、株取引の難しさを表しています。

大底

major bottom

長期的に相場を眺めると、下げ相場も上げ相場と同様に何度か上げ下げを繰り返しながら下げて行きます。この安い部分を「底」と呼び、その中でも一番低いところを「大底」と呼びます。

底入れ

touching the bottom

株価が下がるだけ下がった後に下げ止まり、大底に達した状態を言います。ここから少しずつ上げ始

用語 高値覚えと安値覚え

過去の高い値や安い値を覚えているために
「また上がる（下がる）かも知れない」という
不安にかられる状態

今年は300円まで
下がったんだから、
とても今の価格の
320円じゃ買えないな

往々にして、
利益を得る
チャンスを
のがす原因
になったり
する

めることを「大底を入れた」と言います。

■底固い
steady

下がり続けて来た株価が、もっと下がるかと思われたにもかかわらずなかなか下がらず、下げ足が止まった状態を言います。

■底値たんれん

株価が下げ止まり、しばらくの間安値のまま取引が行われることを言います。この間に売り物が出尽くし、ほとんどの場合反発して値上がりへと向かうのが普通です。

■下支え
support

大手の業者が市場人気の低迷などを避けるためと、相場の水準が下がりすぎないように買い物を入れることです。

3 相場の動きに大きな変化がないときの用語

常に動いているように見える相場だが、膠着状態に陥ることもある

■アヤ
technical change

相場の小さな変動のことをアヤと言います。上げ相場のときに一時的にほんの少し下がることを「アヤ押し」(technical reaction)、逆に下げ相場のときに一時的に少しだけ戻す(高くなる)ことを「アヤ戻し」(technical rebound)と言います。

いずれの場合も上げ基調・下げ基調に変化は見られない一過性のものです。

■一服

小休止をするかのように一時的に相場の動きが止まることを言います。上げ相場のときは「上げ一服」、下げ相場のときは「下げ一服」と言い、買いが少なくなることを「買い一服」と言う場合もあります。

■仕掛け難

相場が沈滞気味の上に売買の材料に乏しく、相場に手を出す(いわゆる「仕掛ける」)ことを躊躇してしまうような状態を言います。

「手掛かり難」とも言われ、このような状態のときは損をしがちなので動かない方が得策であると考えられています。

■材料難

材料とは相場を動かす要因のことを指します。材料難とは材料が乏しいために売買が手控えられ、相場が模様眺めとなっている状況を言います。

この状態のまま相場全体が動きを止め、材料が現れるのを待っている状態を「材料待ち」と言います。

用語 相場の格言②――「売りは早かれ、買いは遅かれ」

買うチャンスはたくさんあるが、売るチャンスは短く、一瞬の判断が必要になる

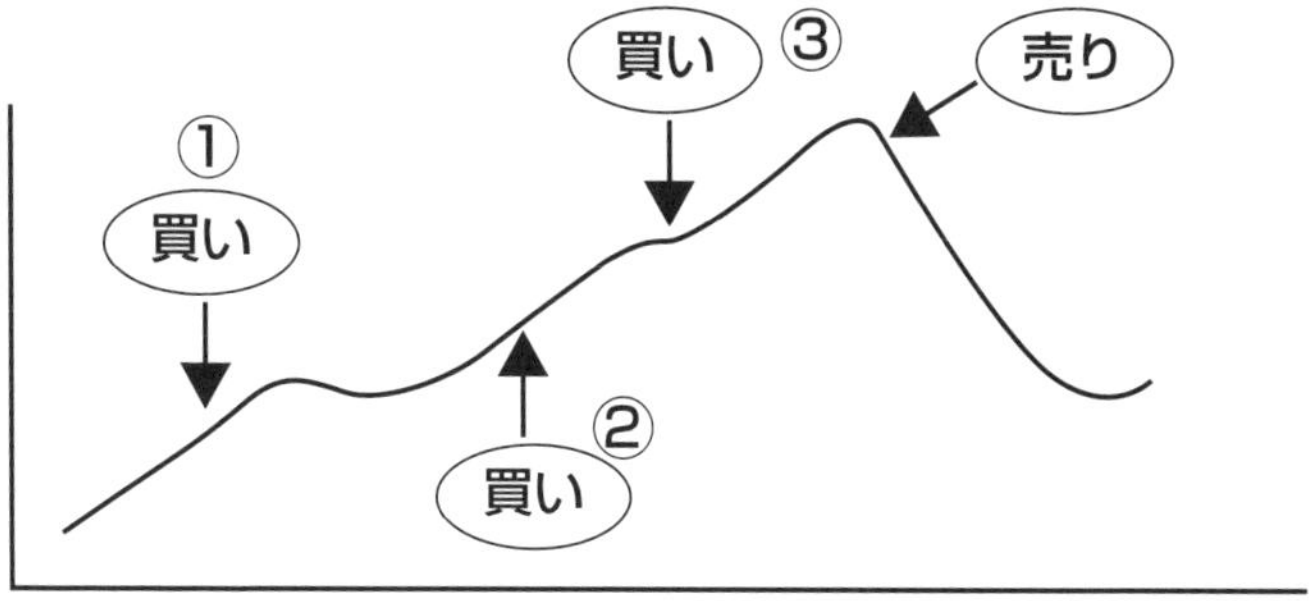
①
買い
②
買い
買い
③
売り

①で買った人は②の買いのポイントで売っても利益はでるのだが「もう少し上がるんじゃないか」という欲が働いて、売り時を逃してしまうことも多い

確かに売り時をつかむのは難しいね。少しでも多く儲けたいと思うのが人情だもの

材料出尽くし

好材料・悪材料がすでに株価に織り込みずみで、これらが発表されても株価に影響が出なかったり、材料とは逆に動く場合があります。このような状態を「好材料（悪材料）出尽くし」と言います。

模様眺め

watch and wait

相場の情勢がはっきりせず、上がるのか下がるのかがわからないために、相場を見守る雰囲気が強くなって売買が行われない状態を言います。

手控え

相場が不透明で売買の材料に乏しいために、投資家が売買を見送り様子見に徹していること。買い方のみが見送っていることを「買い手控え」、逆の場合を「売り手控え」と言います。

手詰まり

相場が上げ基調にあったために雰囲気に乗って買ったものの、これといった新しい材料もないために、次に買うべき株がなくなってしまった状態を言います。

軟調・堅調

相場にやや安い状態が続き買い気に乏しい状態を「軟調」（weakness）、上げ相場が続くことを「堅調」（steady）と言います。

戻す

ある水準から下がっていた相場が反発し、元の水準まで回復すること。元の水準までは戻らず、小幅に回復した状態のことは「小戻す」と言います。

戻り足

それまで下がり続けていた相場が反発して上昇す

用語　相場の格言③──「押し目待ちの押し目なし」

押し目 ＝ 上昇している株価が、ひと息つくように一時的に値を下げること。
このタイミングで買うのが「押し目買い」

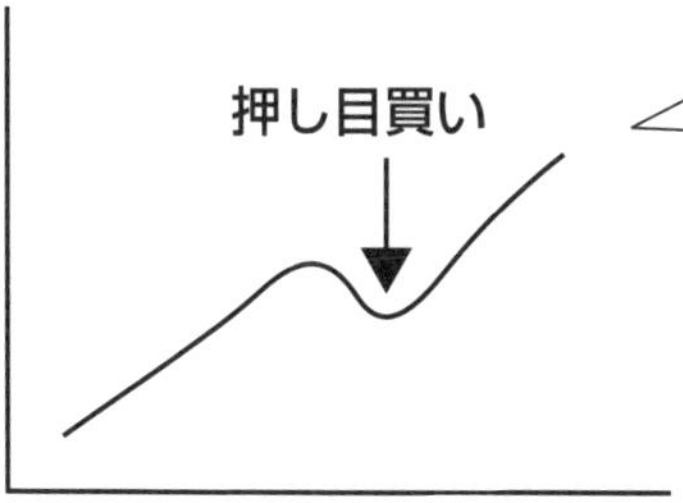

ただし、株価に勢いがあるときにはなかなか思惑通りにはいかない！

押し目のタイミングがあっても、思ったより下がらなかったときは買いきれなくて、チャンスを逃したりするんだ

逆に、下げ続けている相場で、ちょっとでも高く売ろうとして、ついに売れず、大底で投げ売ったなどという状態を**「戻り待ちの戻りなし」**という

ることを指し、単に「戻り」と言う場合もあります。「戻り足が速い」「戻り足が遅い」といった使われ方をします。

出直り

一度下がった株価が好材料などによって反発して立ち直り、堅調に推移することを指します。底を打った株価が上げに転じて上昇の傾向を続けている場合などに「出直って来た」という使い方をします。

もちあい

unchanged

特に好材料も悪材料もなく、相場がまったく動かない状態、あるいは動いてもほんの小幅に上下する程度の動きしか見せない状態を言います。

この状態から少し高くなることを「強もちあい」、少し安くなることを「弱もちあい」と言います。このようなもちあい相場が長く続いた後に上下どちらかに動き出すことを「もちあい放れ」と呼びます。

月曜ぼけ

一週間の中で、特に月曜日は相場に活気がなく、証券会社も投資家も動きが鈍いとされています。これを「月曜ぼけ」と呼びますが、そのはっきりとした原因はわかっていません。逆に週末は動きが活発になるというデータもあります。

半値押し

上がりつつあった株価が、値上がり分の半分の価格まで下がることを言います。例えば600円の株が700円まで値上がりし、頭を打って650円まで下がった状態。この半値押しの状態を市場では下げ止まりの目安にしています。

同じように「三分の一押し」や「三分の二押し」を一つの区切りとする考え方もあります。

半値戻し

下がりつつあった株価が、値下がり分の半分まで回復することを言います。例えば600円の株が500円まで値下がりし、その後550円まで戻ることを指します。「半値押し」と同様に「三分の一戻し」や「三分の二戻し」を相場の一つの節目と考える場合もあります。

■出合い
come to terms

売りと買いが折り合って、同株数で合うことです。同じ株数、同じ値段での売りと買いがあることを「出合いがつく」と言い、人気がないなどの理由で出合いがつきにくいことを「出合い難」と言います。

■もみあい

相場に売りと買いの両方があり、幾度も小幅な上げ下げを繰り返して値動きがはっきりしないことです。

■アク抜け

すべての悪材料が出尽くして、下げ続けていた相場が安定することです。

■ジリ高／ジリ貧

相場が少しずつ、ジワジワと上がって行くことを「ジリ高」、逆に下がって行くことを「ジリ貧」と言います。

今日は月曜のせいかどうも調子が出ないなア
月曜ボケ

4 買い相場

相場の雰囲気を表す用語から、買いのテクニックに関する用語まで

■物色買い
selective buying

業績の良し悪しを検討し銘柄をあれこれ「物色」して買うことを言います。単に物色と言う場合が多く、物色買いが一部の銘柄に限られていることを「部分物色」と言います。

■選別買い
selective buying

資産や業績内容といった要素をじっくりと検討し、内容の良い銘柄だけを選び抜いて買うことで「選別投資」とも言います。一方、何でもかんでも無差別に買うことを「無差別買い」と呼び相場が活況を呈しているときには起こりがちな現象ですが、個人投資家にはおすすめできる買い方ではありません。

■理想買い／現実買い

将来への期待感をもとに株を買うことを「理想買い」と呼びます。業績が悪かったり経済情勢が不安定であっても、「将来は景気が上向くだろうし、好材料が出て株価が上昇することもあるに違いない」という期待から投資を行うわけです。

これに対して経済情勢や企業の業績をしっかりと見極めてから買うことを「現実買い」と呼びます。一般に理想買いは危険をともなう買い方であり、現実買いは堅実な投資手法であると考えられています。

■連想買い／連想売り

ある銘柄に何らかの好材料が出て買われた場合に、同業・同業態の他社銘柄にも期待感から買いが入る

理想買い

将来への期待感をもとに株を買うこと。
裏付けがないので、1歩間違うと危険！

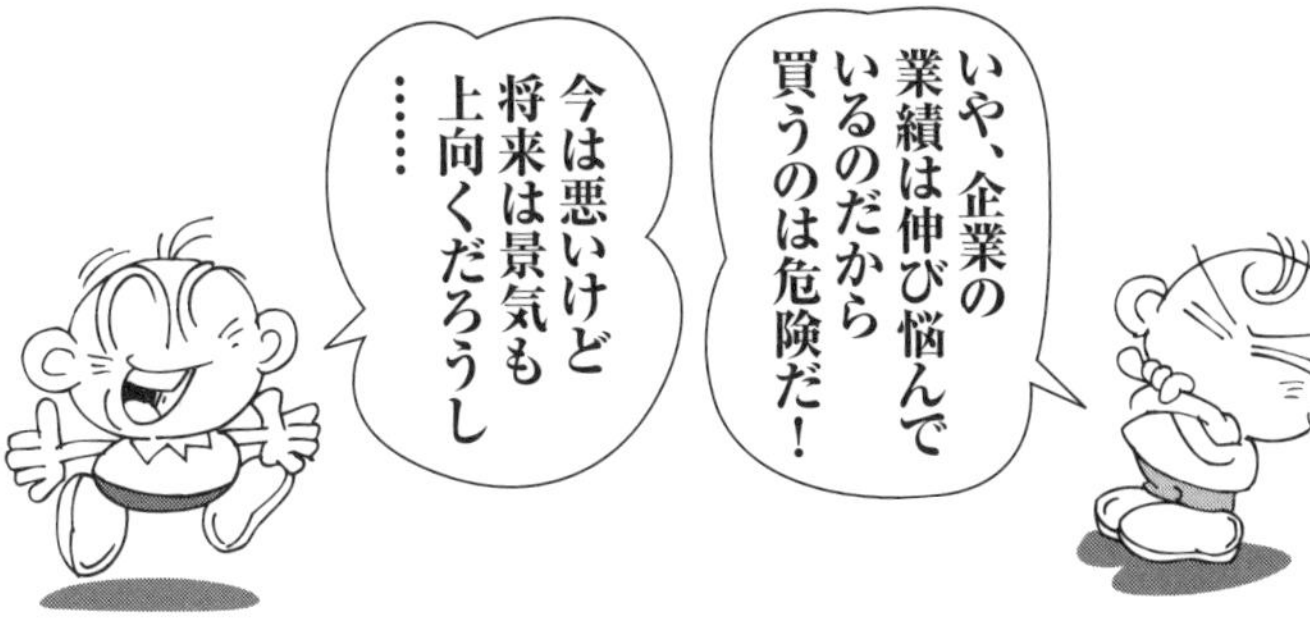
いや、企業の業績は伸び悩んでいるのだから買うのは危険だ！
今は悪いけど将来は景気も上向くだろうし……

ことを「連想買い」、逆に悪材料が出て売られたときに同業・同業態銘柄にも悪材料の可能性があるのではないかという心理から売りが出ることを「連想売り」と呼んでいます。

■買い場
buying opportunity

株を買うのに適した局面のことです。相場が底入れとなったときや、底入れが近いと思われるとき。あるいは相場が特に理由もなく急落したときなどが買いの絶好のタイミング（＝買い場）とされていますが、このポイントを読み切ることは至難の業です。

■買い安心／売り安心

上げ相場が比較的長く続いていると、買えば必ず差益が得られるという状況になる場合があります。つまり買いに安心感が出てくるような局面のことを指して「買い安心」と言うわけです。

「売り安心」はその反対で、相場が下げ続けて反発しそうもないときに生じる「売れば儲かる」という安心感のことです。

ちょうちん買い／ちょうちん売り

follower

仕手筋や業者など有力な投資家の売買の仕方をまね、これに便乗して同じ銘柄の株を売買することです。普通「ちょうちんをつける」という使い方をし、買い方をまねるのが「ちょうちん買い」、売り方をまねるのが「ちょうちん売り」です。

勢い良く買いが進む株には有力投資家のみならず、このようなちょうちん買いがついていることが多いのです。

ナンピン

averaging

投資した株が値下がりした場合などに、あえて同じ銘柄の株を買い増すことで買値の平均単価を下げるという投資方法があります。これを「ナンピン買い」と言い、値下がりにつれて買い続けることを「買い下がり」（または「ナンピン買い下がり」）と言います。

一方、信用取引で売りを行った際に予想以上の値上がりをすることがあります。このとき売り増すことで平均単価を上げることを「ナンピン売り」と呼び、値上がりにつれて信用売りを行うことを「ナンピン売り上がり」と言います。

いずれの場合も業績や過去の株価の推移などに注意しつつ慎重に買い増し、売り増しを行うことが重要となります。

買い気配／売り気配

買いの注文に対して売り物がなく、売買が成立しないために値がつかない状態を「買い気配」と言います。期待される企業が新規上場した際や好材料が出たときなどにこの現象が起こります。この逆の状況は「売り気配」または「ヤリ気配」と呼ばれます。

いずれも売買における需要と供給がいずれかに偏

用語 ナンピン買いのやり方

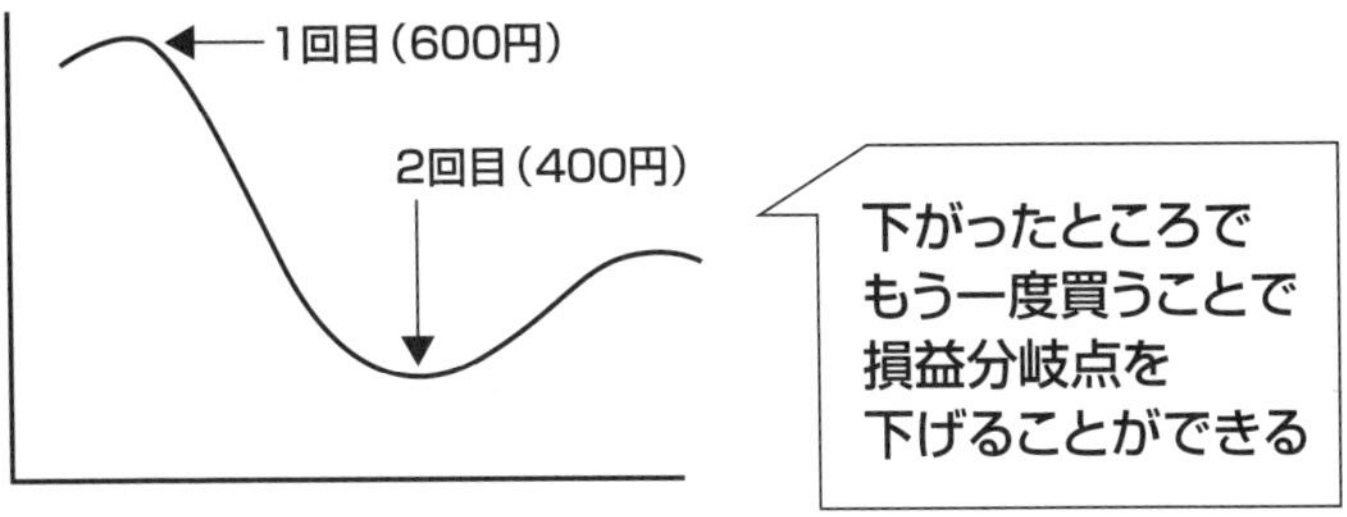
1回目（600円）
2回目（400円）
下がったところで
もう一度買うことで
損益分岐点を
下げることができる

上記の場合、理論上は、株価から500円以上に戻れば、利益が出ることになる。ただし、値が下がり続けた場合、損失を増やすことになる

った場合に起こります。

■戻り高値
recovery high

一時下がった株価が反発してからの最も高い値段のことです。例えば1000円の株が900円まで下がってから再び上向いて980円をつけた場合、そこが「戻り高値」と呼ばれます。この後でさらに株価が上がり1000円を超えれば「新高値」をつけたことになるわけです。

戻り高値に達した時点で新高値に達する可能性と逆に売りが出る両方の可能性があるため、株価を予測する重要なポイントとなっています。

■埋める

例えば配当落ちの際に、落ちた分だけ株価が元に戻したり、配当落ちにもかかわらず株価に変化がない場合などに「配当落ち分を埋めた」という使われ方をします。

5 売り相場

相場の雰囲気を表す用語から、売りのテクニックに関する用語まで

■売り場
chance to sell

株を売るのに適した局面。上げ相場が続き天井に近づいて高値に対する警戒感が出始めたときや、相場が急騰したときなどが「売り場」であるとされています。しかし投資家にとっては高値で売れるに越したことはないわけですから「さらに高値がつくのではないか」という期待感が先に立ってしまうのが普通です。売り場を見極めるのは「買い場」のタイミングをつかむ以上に難しいと言えるでしょう。

■売り逃げ
unloading

どんなに上げ続けていた株でもいずれは天井を打って下げに転じるものです。この下げに転じるタイミングを逃さず、下がる前に売ってしまうことを「売り逃げ」あるいは「売り抜け」と言います。株取引を行う上でこのタイミングを読むのが最も重要であり、同時に難しくもあります。「底値で買って高値で売り抜ける」のが株の醍醐味であることはわかっていても、現実には売る前に下げに転じてしまったり、売った後でさらに高値をつけるといったことがしばしば起こります。

■吹き値売り
selling on spurt

株価は時に吹き上がるように急騰する場合があります。このようなときに売ることを「吹き値売り」と呼んでいます。突発的に値が吹くような場合には、先々損をしたりするよりも売ってしまった方が良い

用語 逆ザヤと順ザヤ

A社	B社
業績も財務内容も B社に比べれば良好	業績、財務内容とも A社に比べれば劣る

↓

市場の原理から言えば、A社の株の方が
B社の株より高くなるはず！

なのに…

↓

B社の株価の方が高い ──→ **「逆ザヤ」**

A社の株価の方が高い ──→ **「順ザヤ」**

株価はいろいろな
思惑で動くから、
必ずしも業績に連動
しているわけではない
んだ

という意味合いが含まれています。

やれやれの売り

株が買値よりも値下がりしてしまったり、高値で買ったものの思うように動かない（あるいは値下がりしてしまった）ため仕方なく持っていた株が、ようやく戻し始めて買値まで戻ったり、損失幅が小さくなったときに「やれやれ」という気分から売ることを言います。

売りあき

売り物がどんどん出て下がり続けていた相場が、売り物が少なくなって来て下げが鈍くなり、やがて下げ止まるときがあります。このような相場の気分を「売りあき」と言います。

ろうばい売り

panic sale

それまで堅調に動いていた相場が何らかの悪材料がきっかけで急落し始めると、相場全体がパニック状態となり次々に売りが出始める場合があります。これを「ろうばい売り」と言い、相場が天井に近づき警戒感が出始めたときに起こりやすいとされています。

実際の経済状況に関係なく下がりすぎる場合が多いため、往々にしてろうばい売りが落ち着いた後は反発するものです。

いや気売り

「いや気」とは相場の先行きに対して悲観的になることを指しています。株価が思ったように上がらず、いや気がさして売ってしまうことを「いや気売り」と言います。

また、悪材料が出たときにこれを嫌って売ることを指す場合もあります。

戻り売り

selling on a rally

用語　利食いをしてこそ株式投資

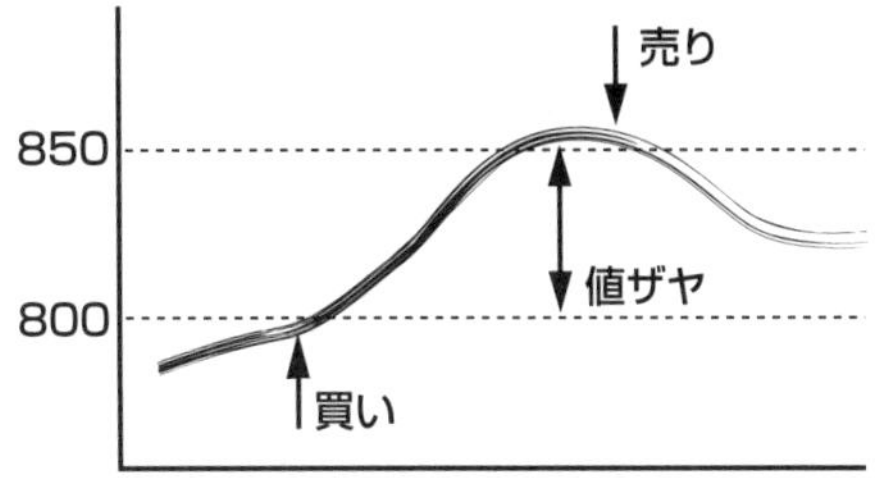
売り
850
値ザヤ
800
買い

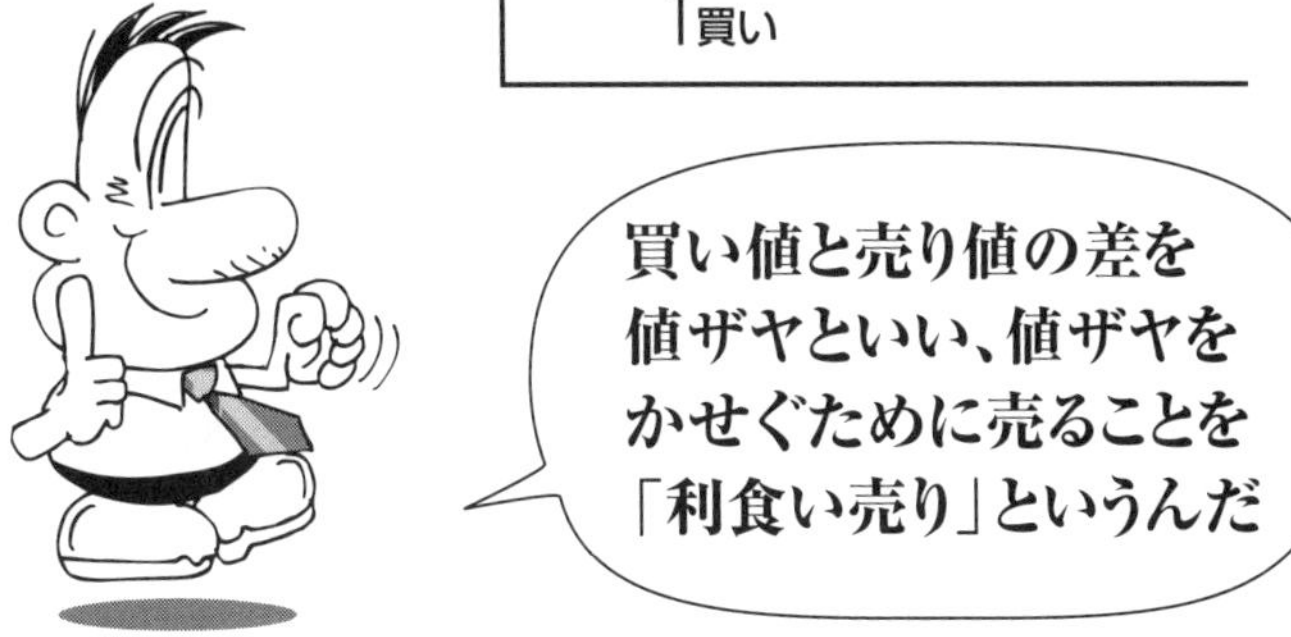
買い値と売り値の差を値ザヤといい、値ザヤをかせぐために売ることを「利食い売り」というんだ

下げていた相場が一時的に戻して高くなった場合には、やれやれの売り物や戻り待ちの売り物が出ます。このような売り方を戻り売りと呼んでおり、「押し目買い」の逆と考えることができます。

■利食い

profit taking

買った株が値上がりしたときに売って利益を得ることです。仮に８００円の株を買い、この株が８５０円に値上がりしたときに売れば50円の利益を得たことになります。この買値と売値の差額のことを「値ザヤ」と言い、この値ザヤを稼ぐのが「利食い売り」です。

利食いができる状態にある株を評価する言葉として「利が乗っている」という表現を使う場合もあります。利が乗っているときは株を売る絶好のチャンスと言えるわけで、いつ下げに転じるか予測は困難です。そのため利が乗っているときが売り時であるとする「利食い千人力」という投資格言もあります。

6 相場の予測と状況を表す用語

曲がる、地合い、いってこい……といった用語の意味も押さえておこう！

■値ごろ

普通の商品と同じように、株価にも適切と思われる売買価格があります。

はっきりとした基準があるわけではありませんが、過去の値動きや相場の状況から適当な価格であると判断することを「値ごろ感」と言い、「値ごろ感から売る」「値ごろ感から買う」といった使い方をします。

■値つき

商いが成立して値がつくことが「値つき」です。相場に動きがあるときは当然多くの商いが成立し値がつきます。このような状態を「値つきが良い」と言い、逆に相場の動きが弱く売買が成立しない場合には「値つきが悪い」と表現します。また、上場している銘柄中いくつに値がついたかを示す数字を「値つき率」（➡P226参照）と言います。

■日計り商い

day trading

一日のうちにひとつの銘柄を売ったり買ったりすることで、値ザヤを稼ぐことを目的として行われる商いを指します。

このような取引を行うのはこれまで業者が中心でしたが、インターネット取引の普及によって個人投資家にも増えつつあるようです。

■強気／弱気

相場が高くなるであろうと予測するのが「強気」、

用語 相場の格言④——「天井三日、底百日」

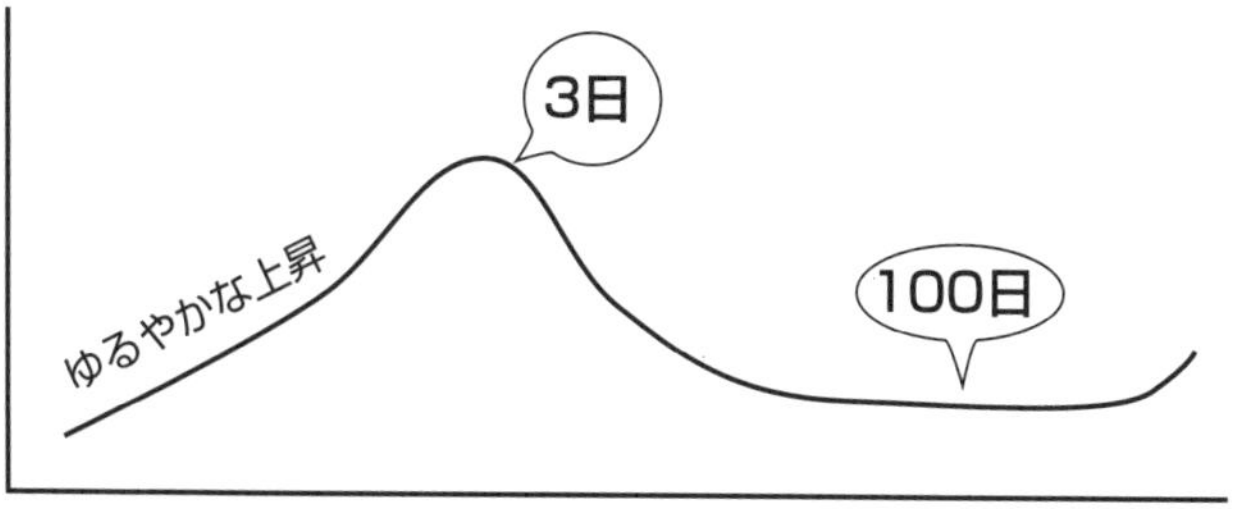
3日
ゆるやかな上昇
100日

短期売買をする人に覚えておいて欲しい格言。
要は売るタイミング、つまり勝負時はわずか
しかないということ

短期売買、長期売買の期間を表す格言として
「小回り三月、大回り三年」がある

必ずしも、三月、三年というわけじゃないけど、景気の循環サイクルなどから考えると、このような期間がメドになるんだ

逆に下がるであろうと予測するのが「弱気」です。常に強気（弱気）を保つ者を「万年強気（弱気）」などと言います。

■目先
near future

1か月程度の、非常に短い将来のことを指しています。このような短い相場の先行き見通しのことを「目先観」と言います。相場見通しを立てることは大切なことではありますが、あまり目先にこだわりすぎず中・長期的（半年程度）な展望を持つことが大切です。短期間に盛んに売買を行う投資家を「目先筋」と呼びますが、これは一般投資家よりも短期の値ザヤを稼ぐことを目的とした業者を指します。

■先見性

株式相場はあらかじめ景気の先行きや企業の状況を織り込んだうえで推移して行きます。このため景気が回復する前に上げ基調となったり、逆に景気が良いときに景気の悪化を見込んで下げ始めたりする場合があります。

このように株価には景気を予測するという特性があり、これを「先見性」と呼んでいるのです。

■曲がる

相場が思惑どおりに動かず、予想が外れることを言います。

■地合い
undertone

相場の状況を表す言葉です。市場に活気があることを「地合いが良い」と言い、逆の状態を「地合いが悪い」と言います。同じような意味の言葉に「場味」があり、「場味が良い（悪い）」といった使い方をします。

■気迷い
mixed

用語　相場にはどんな種類があるの？

業績相場	企業の業績が評価されて動いていく相場
もちつき相場	年末に来年への期待と換金のため上下動を繰り返す相場
クロウト相場	仕手筋がおもに信用取引によって動かしていく相場
熱狂相場	買い人気が異常に高まっている状態の相場
腕力相場	強引に買い上げるなど力づくでつくられている相場

etc.

相場の見通しがつかず、売るのか買うのか迷っている状態のこと。

強気・弱気いずれに出るべきか判断がつかない人気のことを「気迷い人気」と言います。仮に材料が出ていても、果たしてそれが悪材料なのか好材料なのか判断しかねるというような状況で気迷いが生じます。

■いってこい

相場が元の水準まで戻ることを指します。上がった株価が元の価格まで戻ったり、逆に下がっていた株価が元の価格まで戻すことで、一日の値動きを表す場合がほとんどです。

■様変わり

相場が急変することです。上げ相場が急に下落したり、下げていた相場が突然上昇に転じたときなどに使われますが、主として株価が急激な上昇を見せたときに使われます。

買い
売り
手じまい

PART 5

信用取引に関する用語

株券やお金を借りて取引を行う
信用取引の仕組みとテクニックを押さえよう！

★信用取引って何のこと？
★貸借取引とは？
★信用取引には担保が必要？
★「空売り」「空買い」って何だろう？
★「規制銘柄」ってどんな銘柄？
★信用取引の状況を表す用語

1 信用取引って何のこと？

信用取引には「制度信用取引」と「一般信用取引」の2種類がある

信用取引
margin trading

投資家が証券会社から株券やお金を借りて取引を行うことで、短期間のうちにキャピタル・ゲインを得ることを狙った投資方法です。お金を借りて値上がりしそうな気配の株を買う（空買い）、あるいは値下がりしそうな気配の株を選び証券会社から株券を借りて売る（空売り）という方法で行われ、代金の決済は6か月以内。その時点での売却益を得ることが信用取引の目的です。

信用取引は証券会社に担保として一定の「委託保証金」を預託することで取引が可能なため、市場の取引が活発化・円滑化するという効用があります。しかし一方で株券やお金を持たなくとも取引ができることから投機的な側面を強く持った取引と言うこともできます。

期日がきた時点で、たとえ思惑通りの値上がり・値下がりがなく損をしていたとしても、決済をしなければなりません。

信用取引を使って売買できる銘柄のことを「信用銘柄」と呼びます。かつては一部上場銘柄だけが信用取引が可能でしたが、条件付きで二部銘柄や店頭銘柄も信用取引が可能となっています。

一般信用取引

信用取引の種類の一つで、品貸料及び弁済の期限等について証券会社と顧客との間で自由に決めることのできる信用取引のことをいいます。１９９８年12月から新たに導入されました。

一般信用取引の場合、証券会社は貸借取引を行う

用語 信用取引の仕組み

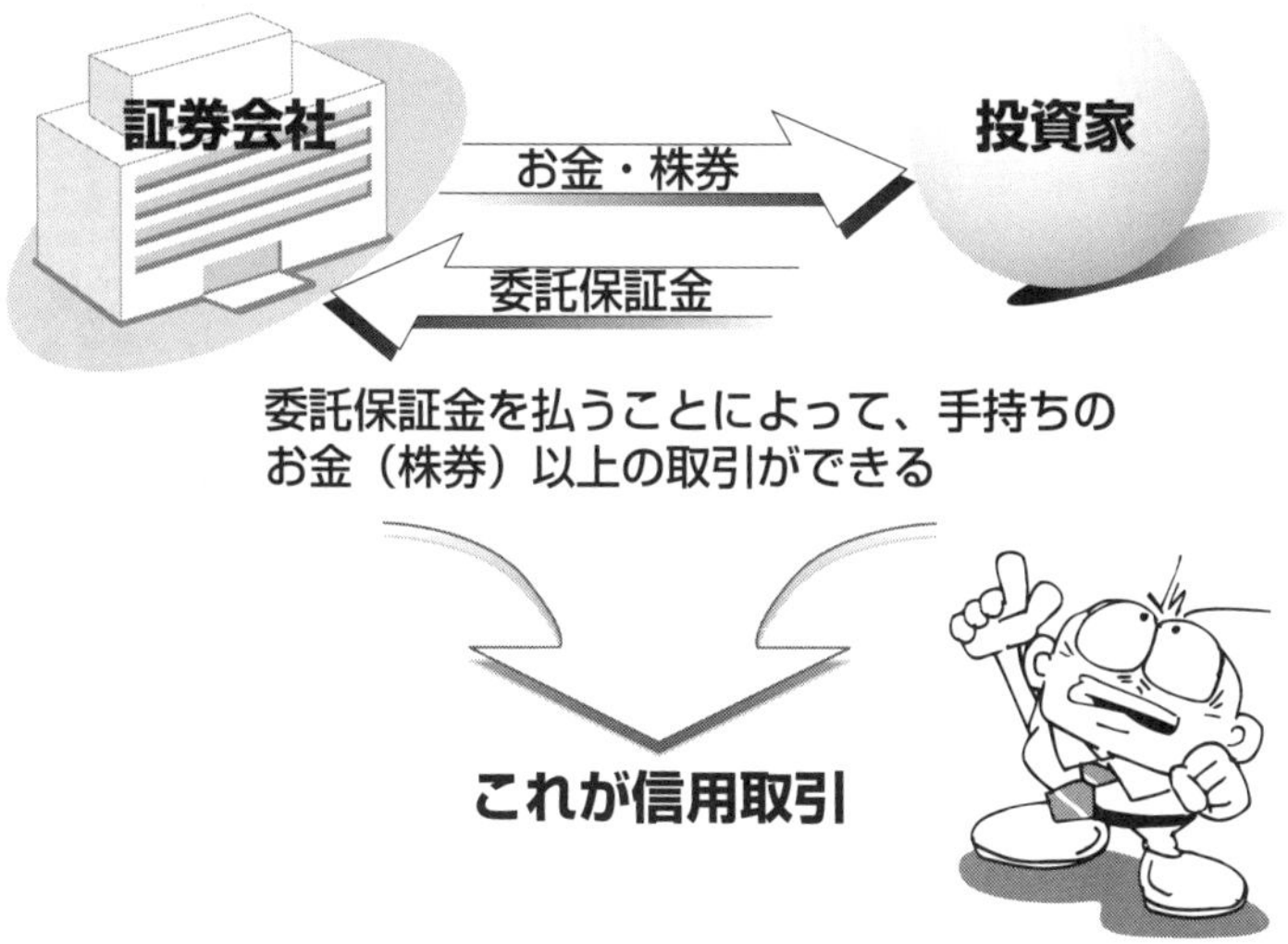
証券会社
投資家
お金・株券
委託保証金
委託保証金を払うことによって、手持ちのお金（株券）以上の取引ができる
これが信用取引

ことはできません。

（貸借取引➡P168参照）

■制度信用取引

信用取引の種類の一つで、証券取引所の規則によって決済の期限や品貸料の金額が決められている信用取引のことをいいます。制度信用取引を行える証券は、証券取引所に上場している株式等に限られています。

1998年12月から、今までの信用取引の名称が制度信用取引となり、決済の期限は6か月以内になりました。また、制度信用取引の場合、証券会社は貸借取引を行うことができます。

■自己融資

信用取引の際に証券会社が自社で持っている株券を貸したり（自己貸株）、資金を融資したりすることです。

2 貸借取引とは?

証券会社が証券金融会社から資金や株券を借り受ける取引

■貸借取引

証券会社が信用取引において自己融資を行う際に、自社で融資できない資金や株券を証券金融会社から借りることです。信用取引が増えると証券会社だけでは投資家からの注文に応じられないためにこの制度ができました。証券金融会社とは、証券会社が信用取引の決済に必要なお金や株券の貸し付けを行う専門の会社のことをいいます。

貸借取引ができる銘柄を「貸借銘柄」と呼びます。すべての信用銘柄が貸借取引できるというわけではなく、証券金融会社と証券取引所が一定の基準を設けて信用銘柄の中から指定します。東京証券取引所の基準では上場株式数が2000万株以上とされており、業績の不信などが原因で指定から外される場合もあります。

■証券金融会社

証券取引法に基づく資本金5000万円以上で金融再生委員会の免許を受けた証券金融専門の株式会社のこと。現在、日本証券金融、大阪証券金融、中部証券金融があります。

証券金融会社の主な業務は次の通りです。

・証券取引所の正会員会社（＝証券会社または外国証券会社であって、取引所において有価証券の売買等を重要な業務とする会社）に対して、信用取引の決済に必要な金銭または有価証券を貸し付ける業務

・証券会社が公社債の引受・売買に伴って必要とする短期の保有資金を貸し付ける業務

・証券会社及び個人投資家等に対する貸付業務

用語 貸借取引の仕組み

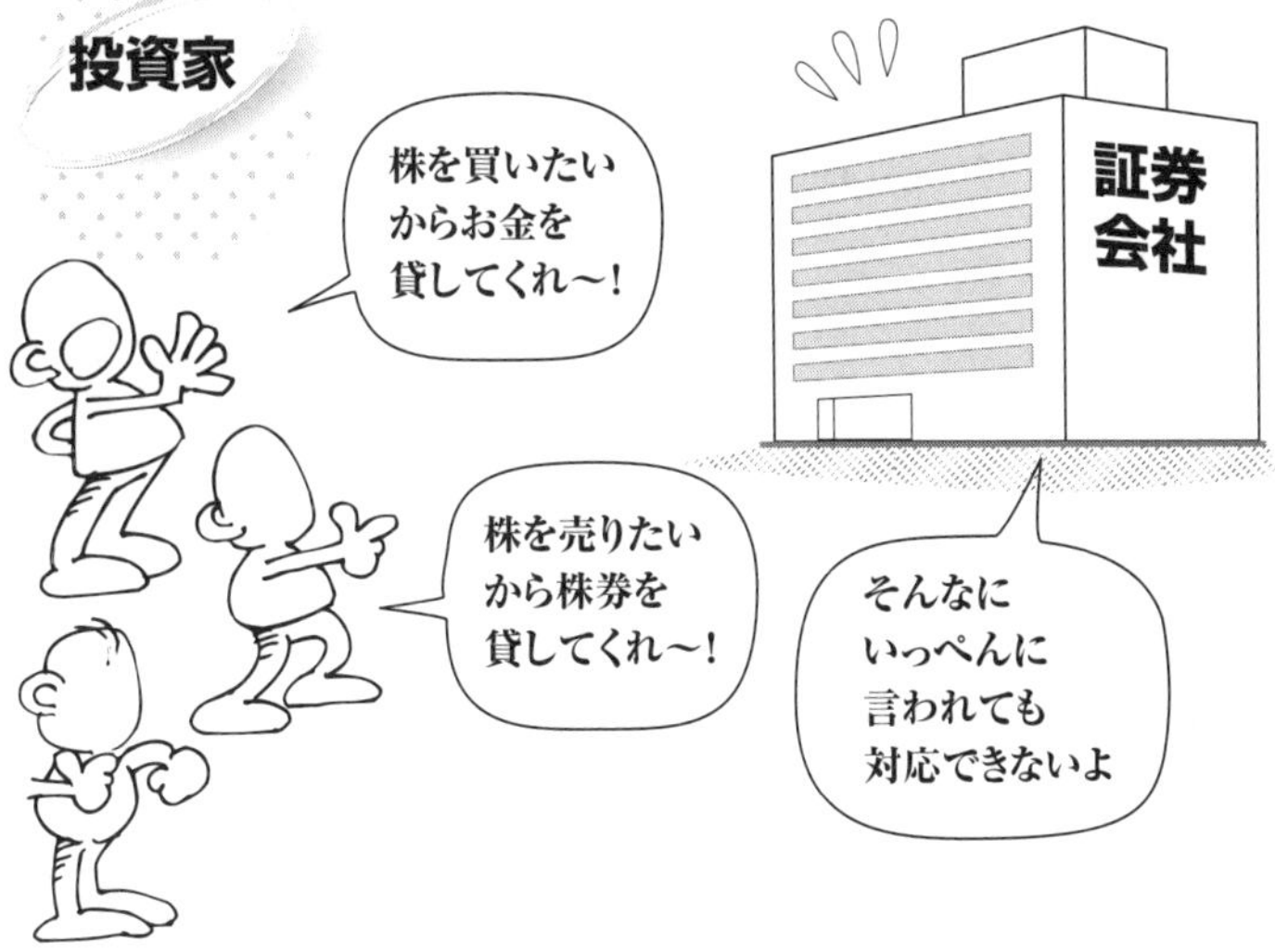
投資家
株を買いたい
からお金を
貸してくれ～！
株を売りたい
から株券を
貸してくれ～！
証券
会社
そんなに
いっぺんに
言われても
対応できないよ

このような場合に、証券会社は証券金融会社からお金や株券を借りてくる

↓

この取引が「貸借取引」

↓

ただし、貸借取引できる銘柄は決まっていて証券会社が証券金融会社と相談して決める

3 信用取引には担保が必要？

信用取引を行うには、借りる金額の30％を証券会社に預けなければならない

■委託保証金
initial margin

投資家が、信用取引を行う際に担保として証券会社に差し入れるお金のことで、その額は借りる金額の30％以上と定められています。この比率（委託保証金率）は取引所が定めるもので、極端に信用取引が過熱した場合などには保証金率を引き上げて調整が行われる場合もあります。

委託保証金は売買約定日の翌々日正午までに差し入れるものとされており、有価証券（株式や公社債など）で代用することも可能で「代用有価証券」と呼ばれます。

代用有価証券とされるものは、上場株のほか、公社債や店頭株なども認められています。

（信用取引➡P166参照）

■担保掛け目

信用取引の際に委託保証金を有価証券で代用した場合、その担保価値は現金よりも低く評価されます。現金を１００としたときの有価証券の担保価値の比率を「担保掛け目」といいます。

掛け目は上場株で時価の70％、店頭株で60％、国債で額面の95％、転換社債やワラント債で額面の80％などとされています。

■貸借担保金

貸借取引において、証券会社が証券金融会社に対して預託する担保のことです。貸付額の30％とされています。

（証券金融会社➡P168参照）

用語 追い証を支払うケース

200万円を借りて、株を買う場合

200万円×30%＝60万円 ← 委託保証金

（60万円－損失分－手数料）が売買金額の

20%を下回ったら、その分を追加保証金として納入する → 追い証

→ 200万円×20%＝40万円

60万円－40万円＝20万円

↓

この額以上の損失を出したら追い証を支払う

追い証

信用取引において、委託保証金が株価の変動などによって不足した場合、証券会社は追加の保証金を顧客に対して求めます。これが「追い証」です。

委託保証金は最初に委託した額から不足分を差し引いた額が約定値段の20％を割らないように決められており、これを委託保証金維持率と言います。20％を割った場合には、その日の翌々日正午までに20％に達する額を追加で差し入れなければなりません。

弁済期限

信用取引で株券の買付けを行った顧客は証券会社から借りた買付資金を、売付けを行った顧客は証券会社から借りた売付け株券を、それぞれ所定の期限までに返済しなければなりませんが、この期限を弁済期限といいます。弁済期限は、制度信用取引においては6か月、一般信用取引においては顧客と証券会社との間で合意した期限となっています。

4 「空売り」「空買い」って何だろう？

証券会社から株を借りて売ったり、お金を借りて株を買ったりすること

■空売り／空買い
short sale

証券会社などから株を借りて売ることです。近い将来下落すると思われる株を売り、値下がりしたところで買い戻し、株券を返却します。売ったときの株価と買い戻したときの株価の差額が利益となるわけです。

一方「空買い」は証券会社からお金を借りて近い将来値上がりしそうな株を買い、上がった時点で売ってお金を返却します。いずれの場合も決済は6か月以内に行われます。

■保険つなぎ

値下がりに対する〝保険〟として行われる空売りのことで「つなぎ売り」とも言います。保有している株式が近い将来値下がりすると思われる場合に、信用取引で売っておくことによって、仮に値下がりしたとしても信用取引で生じる利益で補填することができます。いわばリスクを避けるための保険と言うわけです。

■差金決済

実際には有価証券の受け渡しをせずに、売り買いの価格差による差額を支払い金銭の受け渡しで決済を行うことです。実際に株式などの受け渡しを行うことを「現物決済」と言います。

■融資金利

信用取引によって株を買う際に、投資家が証券会社から借りた資金に対して支払う金利のことで「買い方支払い金利」とも呼ばれます。また貸借取引において証券会社が証券金融会社に対して支払う金利を指す場合もあります。

■貸株

信用取引を行う際に証券会社は顧客に対して株を貸します。これを「貸株」と呼んでいます。証券会社の手持ちの株式だけでは足りない場合は証券金融会社から借り、それでも足りない場合はさらに外部から借り入れることになります。

このような株式の流通する市場のことを「貸株市場」と呼ぶ場合もあります。

用語　カラ売り、カラ買いでの儲け方

信用取引
株を買う
カラ買い
株を売る
カラ売り
お金を借りて株を買う
買った株を売る
差額から利子を引いた分が利益
お金を借りているのだから利子がつく
株が値上がりしそうなとき
この売った代金は証券会社に預ける。預かってもらっている間は利子がつく。
株が値下がりしそうなとき
株券を借りて売る
売った株を買い戻す
差額と利子が利益になる

5 「規制銘柄」ってどんな銘柄？

相場全体が過熱していると判断されたときには、規制が行われる

■信用取引残高

（➡P240参照）

■取組み

信用取引における買い残と売り残の関係を指す言葉で、相場の先行きを予測する材料となります。仮に買い残が増加して売り残が減少したとすると、相場は上がるものと予測できます。

■規制銘柄

取引所では特定の銘柄について信用取引が増えて投機的な取引が過熱化していると判断した場合に、次のような規制を行います。

・委託保証金率の引き上げ
・代用有価証券の担保掛け目の引き上げ
・委託保証金の一部を現金で徴収

これらの規制措置を受けた銘柄を「規制銘柄」と呼びます。なお相場全体が過熱していると判断された場合には、信用取引が可能な全ての銘柄に対して委託保証金率の引き上げや代用有価証券の掛目の引き下げなどの措置が取られます。これを「全面規制措置」と呼びます。

■日々公表銘柄

投資家に注意を促すために個別の銘柄について毎日信用取引の残高を公表することです。信用取引の過熱を防止するための措置で、規制銘柄とは異なります。なお日々公開銘柄以外の信用残高は週に一回公表されます。

用語 信用取引規制の中身

全面規制　信用取引全体を規制するもの。相場が過熱しすぎたときなどに行われる。

個別規制 ＝ 相場過熱の原因になった個別の銘柄を規制するもの。

注意銘柄に指定 ＞ **規制銘柄に！** ＞ **取引停止**

規制の中身

★委託保証金率の引き上げ
★委託保証金の１部現金徴収
★担保掛け目の引き上げ
etc.

6 信用取引の状況を表す用語

「手じまい」「シコリ」「ドテン」など、信用取引特有の用語

■手じまい

evening up

信用取引で、投資家が証券会社から借りている資金や株券を返済することを指します。融資を返済して担保の買い付株券を引き取ることを「現引き」、借株を返済して担保の売付代金を受け取ることを「現渡し」と言います。

また手じまいをするために、売っていた銘柄を買い、あるいは買っていた銘柄を売ることを「反対売買」と言います。

■反対売買

信用取引や先物取引では、買っていた銘柄を売らなくてはならない期日、あるいは売っていた銘柄を買わなくてはならない期日が決まっています。その期日までに、これらの銘柄は反対の売買を行わなくてはなりません。このことを反対売買と言います。

決済は、現物（株券など）や売買代金の総額では行われずに、買いの代金と売りの代金の差額で行われます。なお、信用取引の場合、現引き・現提で決済をする場合もありますが、これは反対売買ではありません。

■現引き／現提

現引きとは、買建ての株式を決済するときに、買い付けた代金を渡して、株式を受け取ることを言います。品受けとも呼ばれます。

一方現提とは、売建ての株式を決済するときに、売り付けた株式を渡して、代金を受け取ることを言います。品渡しとも呼ばれます。

用語 信用取引の決裁のしかた

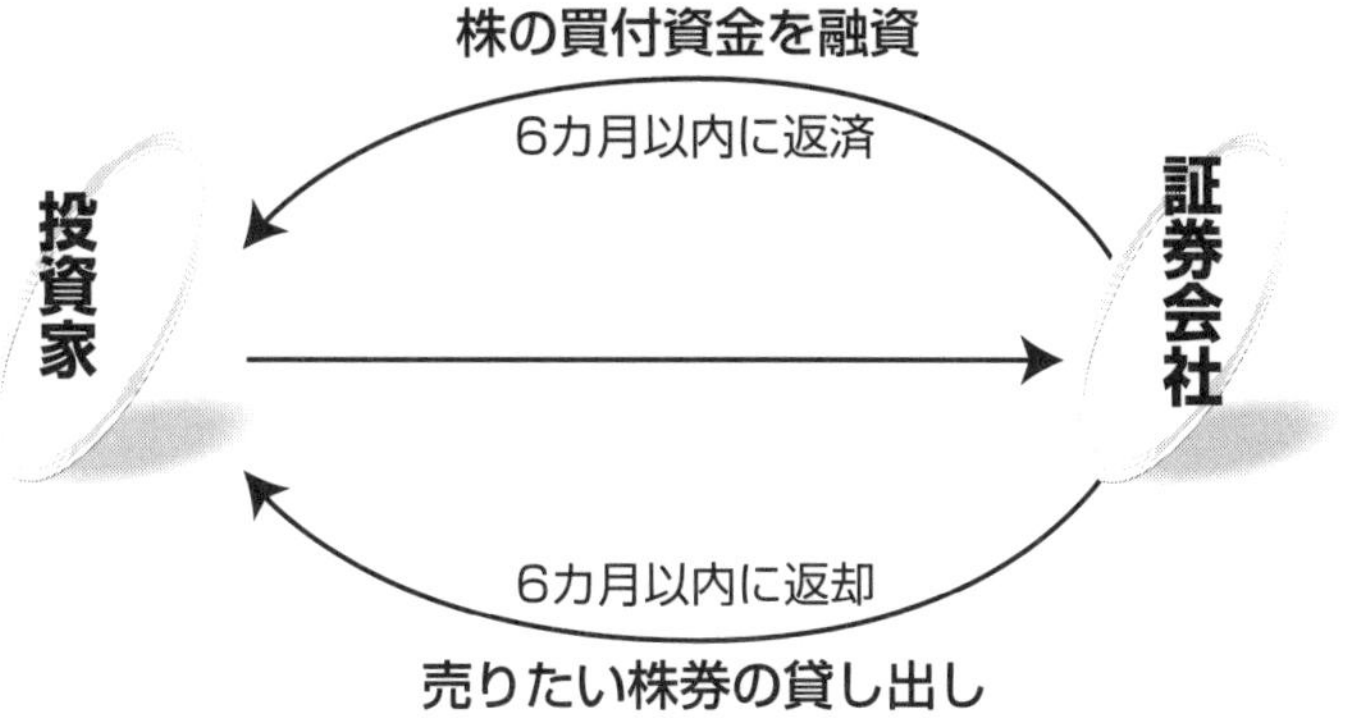
株の買付資金を融資
6カ月以内に返済
投資家
証券会社
6カ月以内に返却
売りたい株券の貸し出し

お金を借りた人

6カ月以内に［買った株を売って］代金を返済する

↕ 反対買売

株を借りた人

6カ月以内に［借りた株を買い戻して］返却する

信用取引では決済日が決められているので「もうしまいにして売って決済するか」という意味で「手じまい売り」というんだ

乗り換え
switch

信用取引において決済日がきた際に、いったん決済を行い再び同じ銘柄を売ったり買ったりすることです。

また単に手持ちの株を売り別の銘柄に買い換えることも指します。

シコリ

信用取引で損をしている買い株が多く、動きが取れなくなっている状態を指します。またそのような状態に陥っている株を「シコリ玉」と呼びます。

買い方／売り方
buyer/seller

信用取引で買っている投資家を「買い方」、売っている投資家を「売り方」と呼びますが、ひとつの銘柄を長期にわたり買い（売り）続けている投資家を指すこともあります。

買い乗せ／売り乗せ

信用取引で買っている投資家が、予想通り値上がりしたため同じ銘柄を買い増すことを「買い乗せ」、売っている投資家が予想通り値下がりした際にさらに売り物を増やすことを「売り乗せ」と言います。

ドテン

信用取引において、売りと買いの残高が逆転することを指しています。それまで買っていた投資家がすべて売って、売り方に回ることを「ドテン売り越し」と言い、逆に売り方が買いに転じることは「ドテン買い越し」と言います。

買い戻し
short covering

信用取引で売っていた株を決済することです。信用売りをしている際に思惑が外れて値上がりしてしまったとき、損を覚悟で買い戻す場合があります。

これを「踏み」と言います。

■踏み上げ

「踏む」とは、信用取引で売った人が、株価が上昇している状態であるにも関わらず、損を覚悟で買い戻すことを言いますが、「踏み上げ」とは、この買い戻しにより株価がさらに上昇することを意味します。「踏み上げ」が起こる要因には、上記のほか、弁済期限の到来による買戻し等が考えられます。

用語 売り本尊と買い本尊

証券会社が特定の株式を買い進めている場合でも、誰が証券会社にその株を買う指示を出しているのかはわからない

売り本尊

実際に売りの指示を出している人

買い本尊

実際に買いの指示を出している人

損益計算書
自己資本

PART 6

企業財務に関する用語

経営状態がわかれば、投資のチャンスが見えてくる！

★会社経営を支えるもの
★決算について考える
★増収・増配の仕組み
★財務諸表にはどんなものがあるの？
★「１株利益」「１株配当」とは？
★粉飾決算って何のこと？
★新しい会計制度を見てみよう！

1 会社経営を支えるもの

会社の経営規模、経営状態を表す数字にはどのようなものがあるのか？

■資本金
capital stock

会社の営業活動の元手になる資金のことで、企業が発行した株式と引き換えに株主が出資した額のことを言います。株主が払い込んだ総額のうち、資本金に組み入れなかった額は、株式払込剰余金になります。

株式会社の最低資本金は１０００万円と規定されています。貸借対照表の資本の部は、この資本金と商法によって規定されている法定準備金、その他の剰余金で構成されています。

（貸借対照表➡P188、192参照）
（法定準備金➡P192参照）
（剰余金➡P194参照）

■経常利益
operating income after depreciation

決算書類で発表される利益の一つで、期ごとの損益計算書で示されます。企業の経営力を見るための、もっとも基本的な指標になります。会社の本来のもうけである営業利益に対し、営業外利益と営業外費用をあわせて算出します。

経常利益は、企業内部では、「経営の通信簿」としての意味を持ちます。また企業外部では、今後の企業の動向を判断するための、重要な投資材料になります。前年度比で経常利益を比べたり、あるいはライバル会社との利益比較をすることができます。

企業活動では、まず「売上高」があらわれます。売上高は、企業活動から得られた全体的な稼ぎです。ここから売上原価、販売費、一般管理費を差し引いて「営業利益」を算出します。営業利益は、企業本来の営業活動から得られた利益です。

次に、営業利益から営業外費用を引き、営業外利益を足して経常利益を算出します。営業外というのは、株券や預金で得られる収入とか、あるいは借入金の支払い利息などです。本来の営業とは関係ないところで生じるので「営業外」といいます。

（損益計算書➡P188参照）
（売上原価／営業外損益➡P196参照）

■当期純利益
net profit

経常利益に特別利益、特別損失を加減して計算された税引前当期利益あるいは税引前当期損失から、さらに税額を控除して計算される利益のことです。マイナスの場合は、当期純損失になります。

特別利益、特別損失とは、火災や水害による建物の破損といった損失、固定資産の売却による利益や損失、前期損益の修正額など、一時的に起こった利益や損失のことをいいます。1997年度には、ゼネコン等の不良資産処理や銀行の不良債権償却といった、巨額の特別損失が計上されるケースが多くありました。

（特別損益➡P196参照）

■営業利益
operating profit

損益計算書に記載されている事項で、売上高から売上原価と販売費・一般管理費を差し引いて計算される利益のことを言います。マイナスの場合は営業損失になります。

販売費・一般管理費とは、本業に欠かせない費用のうち、売上原価以外のもの、給料や福利厚生費、広告宣伝費や事務経費等のことを言います。売上原価と販売費・一般管理費との合計額を営業費用とも言います。

2 決算について考える

投資家に対するディスクロージャーという意味合いを強く持っている

■決算
settlement

決算は企業が自らの経営状態を把握するために行う会計手続きであると同時に、投資家に対するディスクロージャー（情報公開）という意味合いを強く持っています。

決算に際しては「貸借対照表」や「損益計算書」を始めとする財務諸表が作成され、一会計期間（ほとんどの場合一年）における業績や売上高、経常利益、財産が示されることになります。

また同時に配当も発表されます。投資家はこれらの情報によって企業の活動状況を知り、投資の際の参考とするのです。

上場会社は決算発表の際に「決算短信」を作成し公開します。これは決算内容を一定の様式にしたがって簡潔かつ総合的にまとめたもので、上場会社および店頭登録会社全てが作成しています。

（財務諸表➡188参照）
（ディスクロージャー➡88参照）

■中間決算
semi-annual settlement

企業が一会計期間の中間で帳簿を締め、その時点までの業績を発表することを中間決算と呼びます。この際に「中間配当」を行う企業も多く、また企業の事業計画が滞りなく進行しているかどうかを知る指標ともなるため注目が集まります。

（中間配当➡40参照）

用語　決算で発表されること

取締役会の承認を経て証券取引所に報告され、記者クラブで発表される

その期の概要　損益計算書
貸借対照表　部門別動向
受注状況　社内の円レート
為替差益・差損　次期の見通し

社長や経理担当役員などが出席して発表されるんだ

■連結決算
consolidated settlement of accounts

近年は外資の導入や経営の多角化、専門化が進み、企業にとっては自社だけではフォローしきれない分野が多くなっています。そこで合弁会社や子会社を設立することによって様々な分野への進出を図り、企業グループを形成するケースが多くなっています。

グループを形成している企業の場合、親会社がまず単独で決算を行い、次いで子会社や関連会社を含めた決算を行います。これを「連結決算」と呼んでいます。

実際に経営に対する支配力や影響力を持つ場合には持ち株比率にかかわらず連結の対象とされるなど、連結の範囲は拡大される傾向にあります。

連結決算による財務諸表を見ることでグループ全体の状況が浮き彫りとなりより正確な投資情報を得られることから、近年ますます重視される傾向にあります。

3 増収・増配の仕組み

売上高、利益の両方が増えれば「増収増益」、逆に減れば「減収減益」

■増収／減収
increased income/decrease in income

売上高が前の決算期に比べて増加することを「増収」、減ることを「減収」と呼びます。売上高が増え、同時に利益も増えれば「増収増益」、売上高は増加したのに利益が低下した場合は「増収減益」となるわけです。同じように売上高・利益ともに減ると「減収減益」、売り上げは減ったものの利益が上がると「減収増益」となります。

前の決算期に比べ売上高が何パーセント増えたか（減ったか）は「増収率」「減収率」で表されます。

■増配／減配
dividend increase/reduse a dividend

前の決算期よりも配当額が増えることを「増配」、逆に減らすことを「減配」と言います。配当額の増減は企業の業績に左右される場合が多く、増減がない場合は「据え置き」と言います。

■無配／復配
passed dividend/resumption of dividend

決算の際、業績悪化によって赤字を出したり利益がなかったりした場合配当が行われないことがあります。これを「無配」と言います。それまで配当をしていた企業が無配になった場合を「無配転落」と呼び、逆に前の決算期に無配だった企業が業績をもりかえし配当を復活させることを「復配」と呼んでいます。

前の決算期から無配が続いている場合は、「無配継続」と言います。

用語　売上高と利益

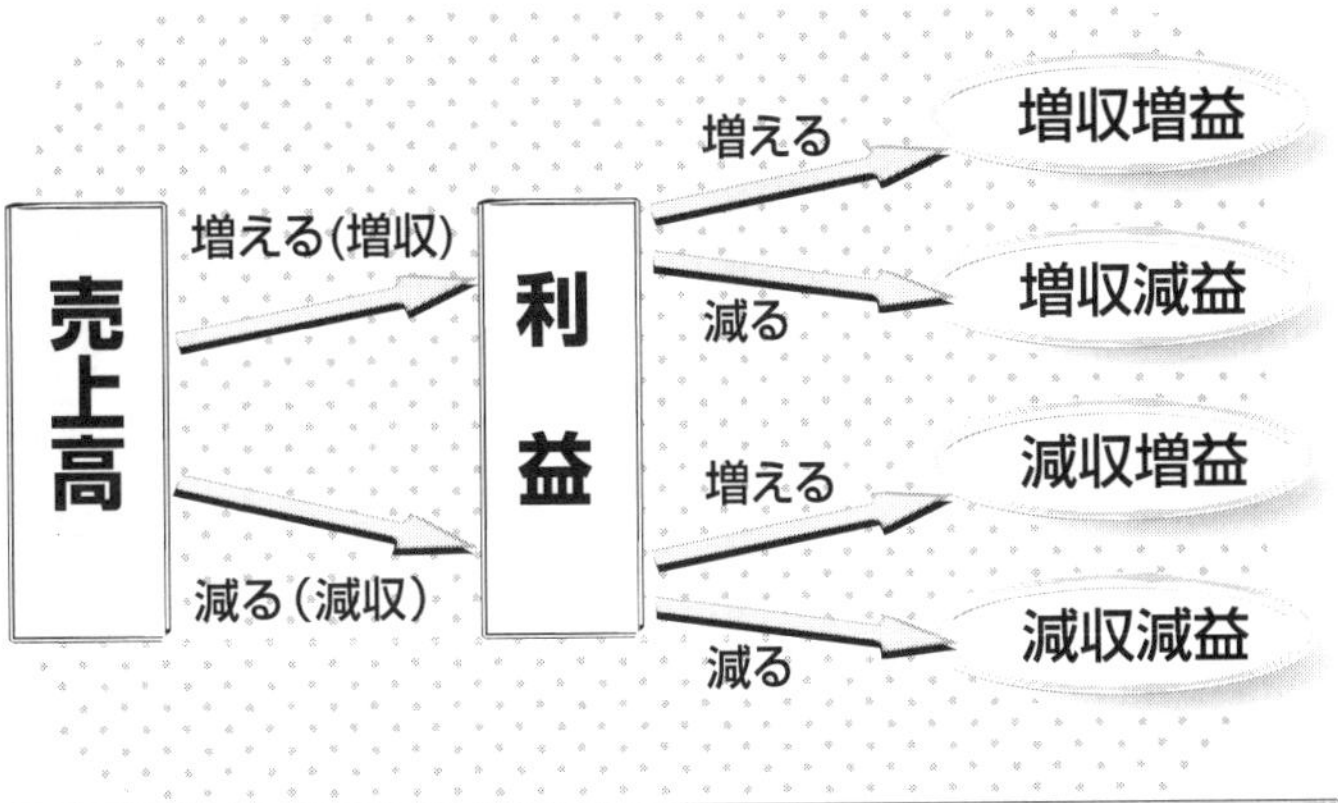
売上高
増える(増収)
減る(減収)
利益
増える
減る
増える
減る
増収増益
増収減益
減収増益
減収減益

売上高がいくら増えても、それにともなって経費も増え続ければ利益自体は減ることもある

逆に、売上高が下がってもリストラや不良債権処理などで財務内容が改善できれば、利益自体は増えることもある

利益は必ずしも売上高と連動してるわけじゃないんだね。財務内容を改善しないとどうしようもないケースもあるんだ!

4 財務諸表にはどんなものがあるのか？

株主などに会社の経営状況や経理の内容を報告するために作成されるもの

■財務諸表
financial statements

企業の財務内容を表す計算書類のこと。商法では「貸借対照表」「損益計算書」「営業報告書」「利益処分案」（または「損益処理案」）を指します。これらの書類は株主を始めとする関係者に経営状況や経理の内容を報告するために作成されます。

■貸借対照表
balance sheet

バランスシートとも呼ばれ、企業の全資産と全負債および資本を左右に分けて記載しています。負債と資本を足したものが資産となり、企業の経営分析を行う際には重要な手がかりとなる書類であるため、投資情報には欠かせない存在です。

これに対し、一会計期間の総収益と総費用を対応させ、純損益を明らかにした書類のことを「損益計算書」（profit and loss statement）と言います。

■損益計算書
profit and loss statement

会社の一会計期間における経営成績を表すために、その期間に生じた収益と費用の内訳を示した計算書のことを言います。

損益計算書では、売上高から売上原価と販売費及び一般管理費を差し引いて営業利益を計算し、さらにそこから受取利息や支払利息などの営業外損失を加減して当期利益を算出します。この計算内容は、次のような式で表すことができます。

収益－費用＝利益

収益は、企業外部に提供された財貨およびサービスの価値で、売上高、受取手数料等がその中心になります。費用は、商品の仕入原価、製品の製造原価、給料、広告宣伝費、支払利息等、収益を生み出すプロセスで必要とされたすべての経費のことを言います。

（営業利益➡183参照）

■営業報告書
business report

決算期ごとに会社の現状を記載した書類のことで、株主総会の通知に添付して株主に送付することが商法によって義務づけられています。このとき他の財務諸表も同時に送付されることになっており、これらの書類によって株主は企業の現況を知ることができます。

一方法による義務づけはありませんが、ほとんどの企業が株主総会終了後に「事業報告書」を作成し株主などに配布しています。

■利益処分案

配当、役員賞与、社内保留分など、利益の処分内容を記載した書類のことです。正式には「利益の処分または損失の処理に関する議案」と言います。この処分案は、株主総会の承認を得て確定します。

利益の配当は商法で制限されていて、貸借対照表の純資産額から資本の額、資本準備金、利益準備金などを控除した額を限度として行うことができます。

■キャッシュフロー計算書
cash flow statement

キャッシュフローとは、現金の流入と流出のことです。キャッシュフロー計算書では、キャッシュフローについて、①営業活動によるキャッシュフロー（経常的な事業活動によって企業が年間に稼ぎ出した資金の量）、②投資活動によるキャッシュフロー（設備投資や有価証券投資などに資金がどれだけ使われたかを示す）、③財務活動によるキャッシュフロー（資金の調達と返済や配当金支払などの資金調整項目を示す）の3つに分けて表示します。

ここでいう資金とは、現金と現金同等物です。現金には普通預金や当座預金なども含まれます。また、現金同等物とはいつでも現金に換える事ができ、あまりリスクを負わない短期的な投資のことを言います。具体的には定期預金や譲渡性預金、コマーシャルペーパー、公社債投資信託などです。

なお、営業活動によるキャッシュフローの表示方法としては、直接法と間接法の2つの方法の選択適用が国際的にも認められています。

直接法は、主要な取引ごとに収入総額と支出総額を総額表示する方法で、わかりやすい半面、実務上手間が掛かると言う問題があります。

これに対して間接法は、税金等調整前当期純利益に必要な調整項目を加減して表示する方法で、会計上の損益とキャッシュフローの関係が明瞭に表示されます。ほとんどの会社は、こちらの方式を採用しています。

ディスクロージャー

disclosure

（➡P88参照）

有価証券報告書

株式市場で資金を調達している会社は、証券取引法の規定に従って、会社の営業活動や財務内容を記載した有価証券報告書を、決算期ごとに内閣総理大臣に提出することになっています。

内容は、監査報告書が付された財務諸表（連結財務諸表にウエートがおかれている）、その他の財務情報が記載されている「経理の状況」が中心となりますが、そのほか企業の概況、事業の状況、設備の状況、提出会社の状況、株式事務の概要など、内容は多岐にわたっています。

単に数字を見るのではなく、他社のものと比較してみると、その企業の実力や長所といったことがわかってきます。株式投資の重要な判断材料となる資料です。証券取引所などで閲覧することができます。

用語 財務諸表の種類

貸借対照表

バランスシートとも呼ばれ、企業の全資産と全負債および資本を左右に分けて記載してる。負債と資本を足したものが資産となり、企業の経営分析を行う際には重要な手がかりとなる書類

損益計算書

会社の一会計期間における経営成績を表すために、その期間に生じた収益と費用の内訳を示した計算書のこと

営業報告書

決算期ごとに会社の現状を記載した書類のことで、株主総会の通知に添付して株主に送付することが商法によって義務づけられている

利益処分案

配当、役員賞与、社内保留分など、利益の処分内容を記載した書類のこと。正式には「利益の処分または損失の処理に関する議案」という

有価証券報告書

監査報告書が付された財務諸表（連結財務諸表にウェートがおかれている）、その他の財務情報が記載されている「経理の状況」が中心となりうるが、そのほか企業の概況、事業の状況、設備の状況、提出会社の状況、株式事務の概要など、内容は多岐にわたっている

5 貸借対照表の中身

企業の経営分析を行う際に、重要な手がかりとなる書類

■流動資産／固定資産

貸借対照表の資産は、まず流動資産と固定資産に分けて計上します。

流動資産は、現金預金、短期保有の有価証券、商品、製品、仕掛品、原材料などの棚卸資産がありま す。また、債権には受取手形、売掛金、前払費用、仮払金などがあります。

一方固定資産は、1年以上の長期にわたって使用される資産のことで、会社の営業活動の基盤になるものです。これ自体は、販売を目的とはしていません。

この固定資産は、有形固定資産、無形固定資産、投資等の3つに分けて、貸借対照表に計上されます。

■流動負債／固定負債

流動負債は、貸借対照表の負債の部に記載されるもので、短期間内に支払期限が到来する負債です。買掛金、支払手形、未払金、借入金などがあります。

一方固定負債は、1年以上経過した後に支払いが発生する負債です。長期借入金、社債などのほかに、1年以上先に支払われる見込みの退職給付引当金なども、固定負債になります。

■資本金

（⬇P182参照）

■法定準備金

法定準備金には、「資本準備金」と「利益準備金」

用語 バランスシート（貸借対照表）の構成

貸借対照表

資産の部	負債の部
現金預金・受取手形・売掛金などの流動資産と建物・機械などの固定資産を計上	支払手形・未払金などの流動負債と長期借入金などの固定負債を計上
	資本の部 資本金・法定準備金・剰余金を計上

勘定式の例

貸借対照表

平成×年3月31日現在　（単位:千円）

資産	金額	負債・資本	金額
現金	40,000	支払手形	109,000
当座預金	50,000	買掛金	55,000
受取手形	80,000	未払金	32,000
売掛金	120,000	借入金	170,000
商品	30,000	資本金	200,000
建物	90,000	当期利益	24,000
機械装置	110,000		
備品	70,000		
合計	590,000	合計	590,000

があります。

資本準備金には、株主の払い込みから生じる「株式払込剰余金」や、合併から生じる「合併差益」などがあります。

利益準備金は、商法により積み立てが強制されています。資本金の4分の1に達するまで、毎決算期ごとに、利益の処分として支出する金額の10分の1以上、中間配当する場合は、金銭の分配金の10分の1以上を積み立てなくてはなりません。

■剰余金

商法では、会社の純資産のうち、資本金および法定準備金の額を超える部分を「剰余金」といいます。この剰余金は、通常配当の原資に充てられます。

この剰余金がマイナスとなった場合は「欠損金」といいます。

■任意積立金

利益準備金以外の剰余金を「任意積立金」といいます。これには、配当準備積立金や記念事業積立金のように使用目的が決まっているものと、特に目的を定めない別途積立金があります。

■未処分利益

株主総会で処分の対象になる利益で、前期に処分されなかった繰越利益に当期利益を加えたものを「未処分利益」といいます。この未処分利益の処分後の残高が、次期繰越利益になります。

■債務超過

会社の負債額が資産額を超える状態を「債務超過」といいます。債務超過になると自己資本がマイナスになるわけですから、会社の資産価値はなくなり、株主にとっては株式の価値がないことを意味します。

また、貸借対照表で債務超過を示していなくても、不良債権や含み損失のある有価証券を所有していたりして、時価評価に直すと債務超過に陥る可能性のある会社もありますので、注意が必要です。

用語 貸借対照表と損益計算書の関係

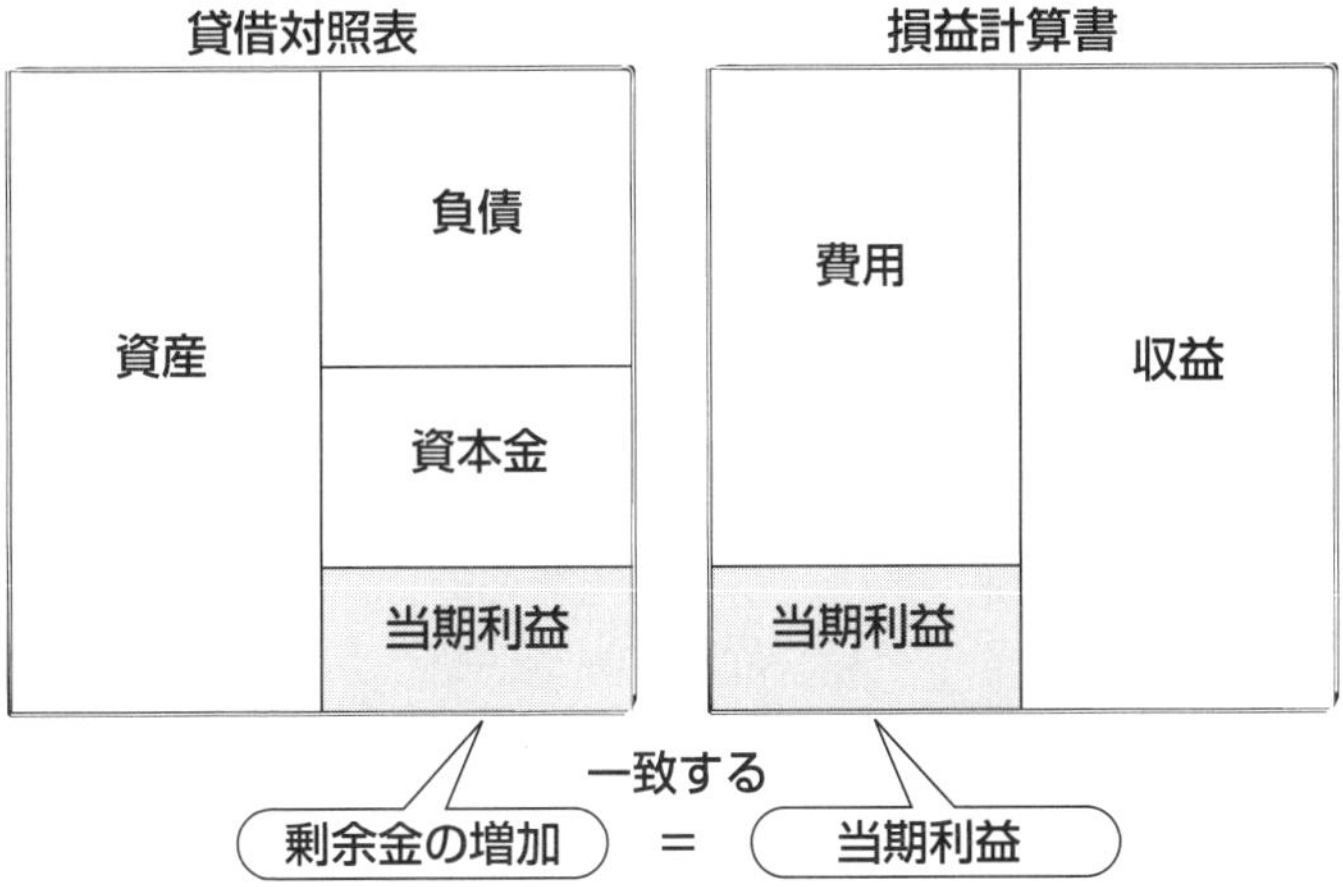

用語 貸借対照表と損益計算書の違い

損益計算書	貸借対照表
表の上に会計期間を記載する ⇒会計期間中の「儲け」を表す	表の上に決算日を記載する ⇒期末の「財産」の状態を表す
「当期純利益」は借方の費用の下に記入する	「当期純利益」は貸方の資本金の下に記入する

6 損益計算書の中身

会社の一会計期間における経営成績を表したもの

収益／費用

収益は、企業外部に提供された財貨およびサービスの価値で、売上高、受取手数料等がその中心になります。

費用は、商品の仕入原価、製品の製造原価、給料、広告宣伝費、支払利息等、収益を生み出すプロセスで必要とされたすべての経費のことをいいます。

売上原価

製造業なら製品の製造に関する費用、販売業なら商品の仕入れに関する費用のことです。

製造業の売上原価は、**期首製品棚卸高＋当期製品製造原価－期末製品棚卸高**となり、販売業では、**期首商品棚卸高＋当期商品仕入高－期末商品棚卸高**になります。

売上高からこの売上原価を差し引いた残りが売上総利益、つまり粗利益になります。

営業外損益

企業の投資活動や財務活動など、本業以外から生じる損益のことをいいます。受取利息や配当金、支払利息などがこれに該当します。

特別損益

火災や水害による建物の破損といった損失、固定資産の売却による利益や損失、前期損益の修正額など、その年度だけ特別に起きた費用や収益のことです。この額に、法人税等を加味したものが、当期損益になります。

用語 損益計算書の構成

損益計算書

費用	収益
売上原価	売上高
販売費及び一般管理費	
当期利益	

勘定式の例

損益計算書

自平成×年4月 1日
至平成○年3月31日

（単位:千円）

費用	金額	収益	金額
売上原価	200,000	売上高	260,000
販売費及び一般管理費	21,000		
支払利息	10,000		
有価証券評価損	5,000		
当期利益	24,000		
費用計	260,000	収益計	260,000

7 株主資本＝自己資本？

株主資本のことを企業が自分で調達した資金という意味合いで自己資本とも言う

■株主資本比率

rate of equity

総資産に占める株主資本の割合で、**株主資本（純資産）÷総資産×100**で計算されます。会社の長期的な経営の安定性を見る指標で、比率が高いほど安定性があると評価されます。

日本企業は戦後の復興期、成長期を通じて慢性的な資金不足に直面していました。設備をはじめ総資産の原資をどうやって調達するかが経営者の悩みの種だったのです。

銀行など外部から調達する資金を外部資金、他人（外部）資本などと呼び、株主からの増資払込金や利益の蓄積などで調達した資金を自己資本と呼んできました。

このため、株主資本比率をかつては自己資本比率と表現することが多かったのです。

■株主（自己）資本利益率（ROE）

Rate of Return On Equity

株主資本に対する税引後利益（年間純利益）の割合のことで、自己資本利益率とも呼ばれ企業の収益力を見る上で重要な財務指標です。

企業が上げた全収益の中から税金などを支払われた後の税引き利益が株主に対して支払われる配当の元となるため、株主資本利益率は株主が出資した資金がどの程度の利益を上げているか（収益率）を表す数字と言うことができます。

また、株主資本が有効に活用されているかどうかを知るための指標ともなるため、企業の経営姿勢が表れるデータでもあります。このため投資を行う際

用語 ROEの計算法と日米の比較

ROE（株主資本利益率）

$$= \frac{1株当たり利益}{1株当たり純資産} \times 100\%$$

日米のROE別平均配当性向を比較すると……

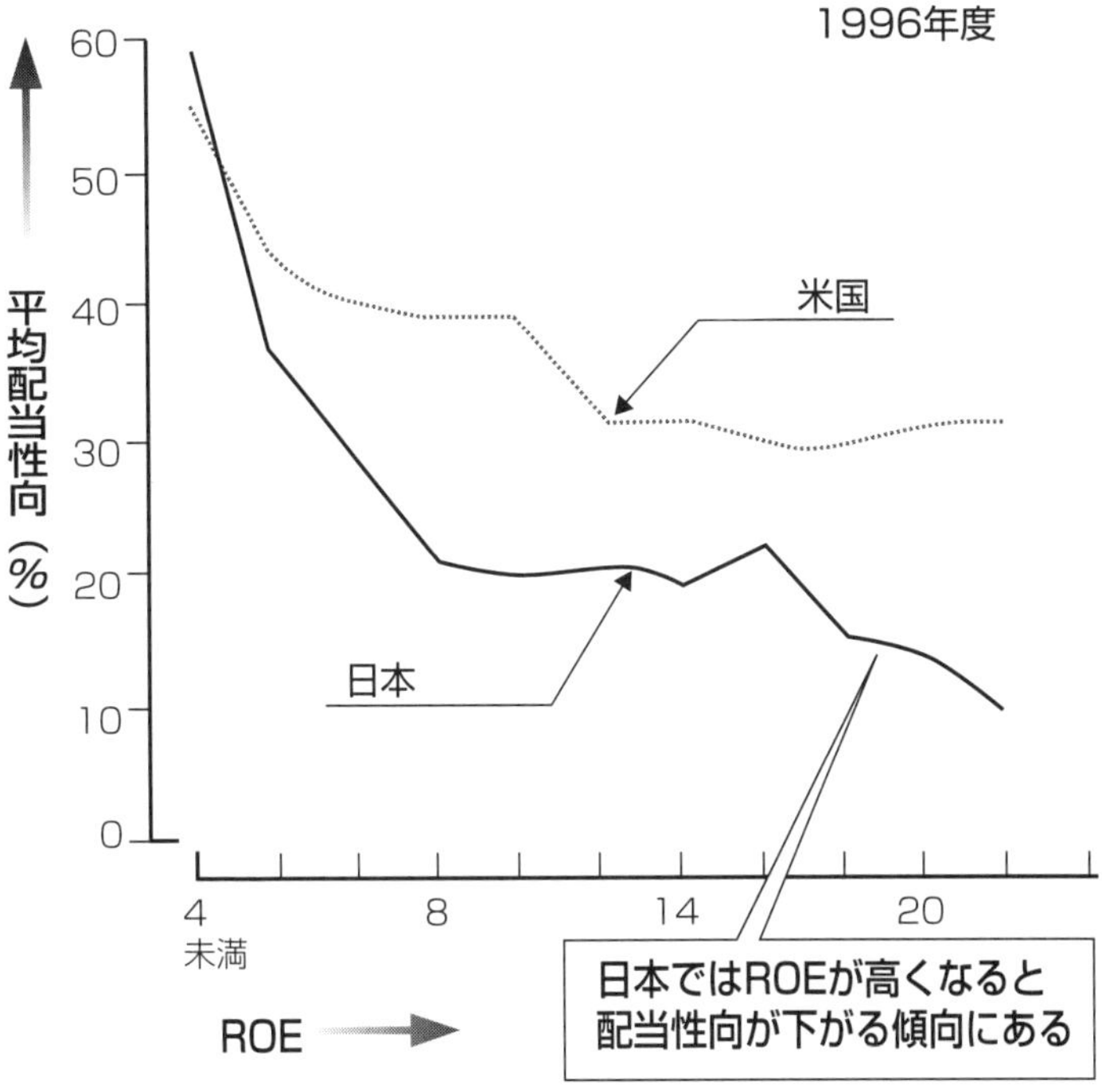

（出所：東証要覧）

の重要な尺度となります。

ＲＯＥの計算式は、

$$ROE = \frac{1株当たり利益（EPS）}{1株当たり純資産（BPS）} \times 100$$

となります。

この数値が高ければ高いほど、１株当たりの利益が高い＝収益性が高いと言うことになります。

■自己資本規制

企業の総資本は「自己資本」と「他人資本」に分けられます。自己資本の中には資本金、法定準備金や、任意積立金、当期未処分利益などの剰余金が含まれ、これらを「純資産」と呼びます。自己資本比率は、総資本に対する自己資本の割合を表した数字です。

従って自己資本比率が高いほど他人資本（借入金や社債）が少なく、企業の経営体質が健全であると言えるわけです。

特に証券会社に対してはその経営安定を図り金融不安を払拭するために金融監督庁によって厳しい「自己資本規制」が課せられています。これは証券会社に一定の資本確保を義務づけるもので、自己資本規制比率が１２０％以下になった証券会社に対しては、業務の一部または全部の停止を始めとする厳しい措置が取られます。

証券会社は毎月自己資本規制比率を金融監督庁に届け出るほか、これを営業所などに配布して公開する義務があります。

■損益分岐点
break-even point

利益や損失、すなわち損益が発生する分かれ目となる売上高を指します。企業の活動においては、総費用が売上高を下回っていれば黒字となり、逆に売上高を総費用が上回っていれば赤字となります。仮に売上高と総費用が同じならば損益は発生していないことになり、このときの売上高を損益分岐点売上と呼んでいます。

損益分岐点売上を実際の売上高が超えれば利益が生まれます。損益分岐点売上が、実際の売上高に対して何％に当たるかを示した比率（損益分岐点比率）が低ければ低いほど、その企業は体力があり採算性も高いと見ることができるわけです。

このような分析を損益分岐点分析（またはＣＶＰ分析）と呼んでいます。

用語　損益分岐点とは？

損益分岐点 ＝ 収益と発生する費用が等しくなる売上高のこと

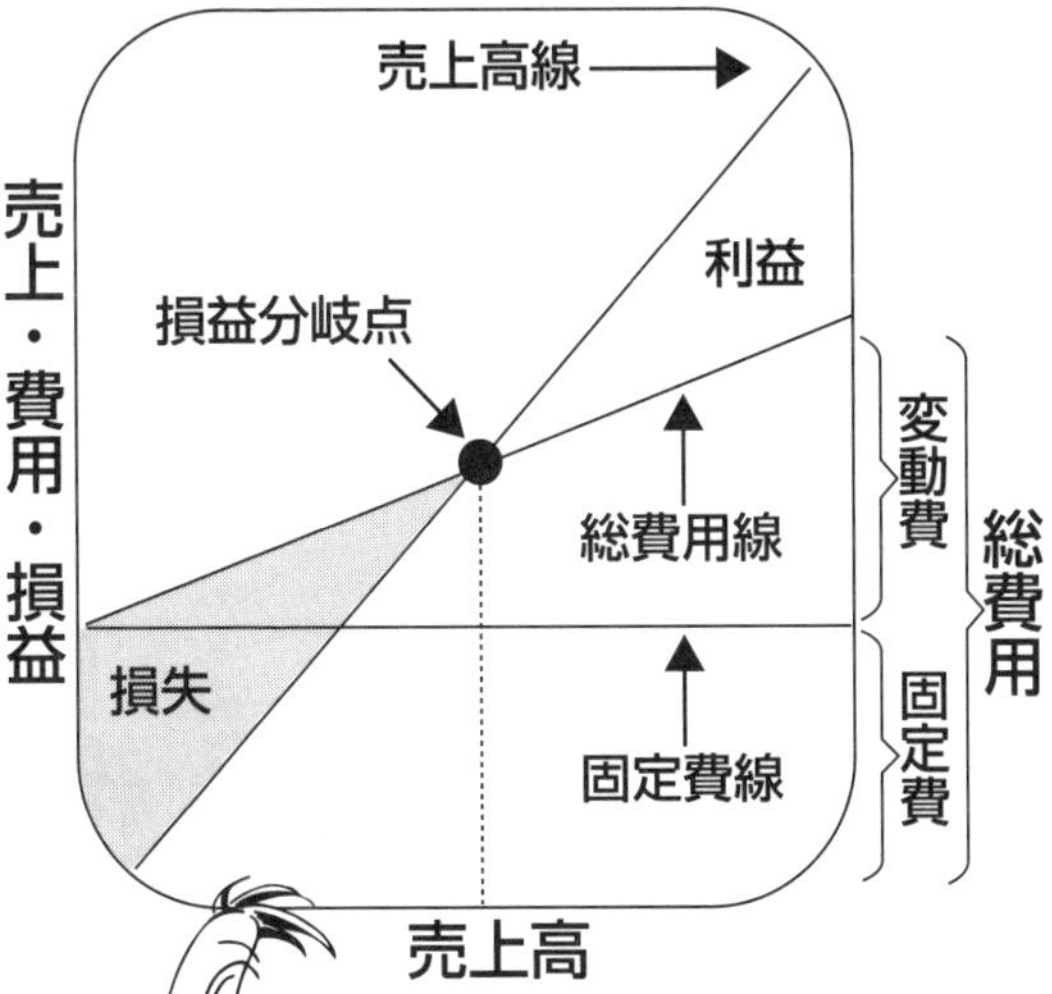

8 「1株当たり利益」「1株当たり配当」とは？

PERなどを計算するときの基礎となる数値で投資の目安になる

■1株当たり利益

Earnings Per Share

英語で「Earnings Per Share」というため、1株当たり利益といわずに英語の頭文字3つを組み合せて「EPS（イー・ピー・エス）」と表記することもあります。

企業の収益力を最もよく示すのは税引き利益（純利益、当期利益ともいう）ですが、様々な企業活動を通じ、年間に1株当たりいくらの利益を稼いだかを見る指標が1株当たり利益です。

市場では、1株当たり利益が多いほど高く評価されます。また、PER（株価収益率）を計算する際の基礎となる数値でもあります。

■1株当たり配当

配当とは、株主に対する利益の分配のことです。利益の分配は保有する株式数の数によって増減しますが、分かりやすく持ち株1株についていくらの配当が支払われるかを示したのが1株当たり配当です。

ある会社の株式を1000株保有していて、1株に年10円の配当が支払われれば、株主は年1万円の配当を受け取れることになります。

■1株当たり純資産

企業の貸借対照表（バランスシート）にはいろいろな表記方法がありますが、よく目にするのは左側が「資産の部」、右側が「負債・資本の部」に分かれた表です。「資本の部」は資本金、資本準備金、

用語　株と企業の関係を表す3つの数値

1株利益＝年間に1株当たりいくら稼いだか？

1株配当＝年間に1株当たりいくらの配当があるか？

1株当たり純資産＝1株当たりどのぐらいの純資産を持っているのか？

1株利益や純資産はPERやPBRを計算するときの基礎となるんだ

利益準備金、剰余金などで構成され、これらはいずれも株主に帰属する資産とみなされます。このため、株主資本といったり純資産といったりします。

1株当たり純資産は、この純資産を発行済株式数で割った数値で、PBR（株価純資産倍率）を計算する際の基礎となります。

（貸借対照表➡P188参照）

■年初来高値・安値

その年の株式売買取引の初日を大発会といい、通常の年は1月4日がその日に当たります。土曜・日曜日に重なる場合は翌日に延びます。大発会から12月末の株式売買取引最終日（大納会）までの期間を対象に、取引時間中に付いた最高値を年初来高値、最安値を年初来安値と呼びます。

現在の株価が年初来高値・安値に比べどのくらい下・上の水準にあるのか、あるいは年初来高値や年初来安値を更新しそうなのかを知るのに便利な指標です。

9 粉飾決算って何のこと？

企業が発表している数値は、必ずしも本当の数値ではない？

■監査証明
audit certificate

公認会計士または監査法人は、その企業の財務諸表が公正なものであるかどうかについて意見を述べます。これが監査証明と呼ばれるもので、有価証券報告書の中に「監査報告書」として添付されます。

株式公開をしている企業は、決算期ごとにこの報告書を財務大臣に届け出なければなりません。

■監査法人
audit corporation

5人以上の公認会計士によって構成される法人で、企業の決算を監査することを業務としています。従来は個人の公認会計士が監査を行っていましたが、企業が大きくなればなるほど一人では限界が生じます。そこで1968年から監査法人の設立が認められるようになりました。

これによって監査の徹底化が図られるようになり、同時に粉飾決算などの不正を防止できるという点から、現在では多くの企業が監査法人の会計監査を受けるようになっています。

■粉飾決算
window dressing

企業の会計において、貸借対照表や損益計算書の数字を操作し虚偽の決算を行うことを「粉飾決算」と呼びます。一般に売上を水増ししたり経費を少なく見せかけるなどして、利益を大きく見せることを指します（これに対し利益を過少に計上することを「逆粉飾」と呼びます）。

用語　なぜ、粉飾決算が行われるのか？

経営者が責任を問われる

会社の信用がそこなわれる

銀行からの融資を取りつけるため

売り上げの水増し

経費の圧縮

子会社の利用

決算方法の変更　etc.

↓

あたかも会社の利益が大きかったように見せかける

反対に、会社の利益を小さく見せることを「逆粉飾」と呼んで区別することもあるんだ

利益があがっていないと経営者の責任を問われるばかりでなく、市場や投資家、融資を受けている金融機関に対する印象が悪くなり、結果として信用の低下や株価の下落を招くことになります。これを避けるために実際は赤字であっても書類上の操作によって黒字に見せかけるのです。

　このような行為は結果として債権者や投資家の信頼を裏切ることであり、しばしば問題の先送りによる株価の下落や倒産といった事態に発展します。

　過去においても多くの企業で粉飾決算が明らかになり、そのたびに監査のあり方や企業の姿勢が問題となっています。

10 会社の危機を見分けよう！

「債務超過」や「会社更生法」などの用語も押さえておこう！

上場企業が会社更生法の適用を申請した場合には3か月後に上場廃止となります。

■債務超過

excessive liabilities

（➡P194参照）

■減資

reduction of capital

資本金を減らすこと。株式を一定の割合で消却する方法で行われる場合が多く、会社が出した損失の穴埋めとして実施されます。

ただし減資の実施は株主や債権者の利益を損なう可能性があるため、株主総会での特別決議を要するなどいくつかの制約が設けられています。

■会社更生法

Corporation Reorganization Low

経営危機に陥ってはいるが再建の可能性を持つと考えられる会社の維持・更生を図るために１９５２年に制定された法律です。会社が裁判所に会社更生法の適用を申請し、これが認められると手続きが開始されます。

会社の持つ財産の管理は管財人の手にゆだねられることとなり、管財人は株主や債権者の立場や利害を調整しつつ更生計画を作ります。

企業が破産によって崩壊してしまうと、株主や債権者、従業員が多大な損害を受けることになります。会社の事業規模が大きければ大きいほど損害も広範囲にわたるため、極力会社を倒産させずに更生させるという目的でこの法律が作られました。

用語 会社更生法と民事再生法を比較する！

	民事再生法	会社更正法
対象	中小企業、医療・学校法人など。大企業も利用できる	大企業を中心とした株式会社
再建計画が裁判所に認められるまでの期間	約6カ月	約2年
申し立て条件	破産原因が発生するおそれがあること	破産原因が発生するおそれがあること
再建計画案の提出時期	開始決定後、裁判所の定める期間内に提出	開始決定後1年以内に提出（延長可能）
再建計画案の可決要件	債権者の2分の1、総債権額の2分の1以上の同意	一般更生債権額の3分の2、更生担保権額の4分の3以上の同意
経営主体	旧経営陣	事業管財人（旧経営陣は退陣が事実上の前提になる）
担保権行使	担保権の行使は原則、禁止できないが、申し立て後の一定期間、個別に競売などの中止命令を出せる	担保権はすべて再建手続き内に取り込まれる（事業継続に不必要な資産も再生計画内で処理しなければならない）

11 新しい会計制度を見てみよう！

改正商法では義務づけられる可能性が高い新しい会計の仕組みとは？

■税効果会計

会社は税務申告を行う際、会計上の損益に申告調整した課税所得をもとに、税額の計算を行っています。これは、会計上の損益と税務上の損益が異なっているからです。こうした操作を行っているために、会計上の損益と税金の対応関係がとれなくなっています。

これに対して税効果会計は、この会計上の損益と税金の対応関係を正しく財務諸表上に表現しようというものです。具体的には、会計上の利益については、調整を行わずそのまま税率をかけ、算出された税金を損益計算書での税金費用とします。

また、申告調整によって計算された税務上の加減分については、別に税率をかけ、当期の税金費用として認識せずに繰延税金資産・負債として繰延処理をします。

税効果会計の導入には2つの意味があります。1つは税法の規定にしばられがちであった従来の会計を、本来の企業会計の姿に戻すということです。もう1つは、期間間の比較をより正確なものにするということです。

後者の要請は、近年における不良債権問題の発生によって高まりました。この時、金融機関のもつ多額の不良債権処理額が、その期の税務処理で損金として認められなかったために、損益計算書における法人税等と最終利益が大幅に食い違うということになったのです。こうした事態を早急に改善し、不良債権処理を迅速に進めるために、税効果会計の導入が急がれたのでした。

用語 国際会計基準と税効果会計

国際会計基準

世界各国の企業を同一の会計基準で比較できるように策定したもの

- 金融商品は時価で評価
- 税効果会計の採用
- キャッシュフロー情報の充実
- 連結決算をベースにした情報開示

税効果会計

会計上の損益と税金の対応関係を正しく財務諸表上に表現しようというもの

- 税法の規定に縛られていた企業会計を、本来の形に戻す
- 会計期間の比較を明確にする

バブル崩壊後の不良債権問題が税効果会計の導入を急がせた

時価主義会計

資産を、決算時点での市場価格である時価で評価しようというのが「時価主義会計」です。

これに対して、日本の従来の会計制度は「簿価主義会計」を採用してきました。簿価主義とは、取得時の価格、つまり帳簿に記載された金額によって、資産を評価しようというものです。時価主義会計が採用されるようになった背景には、金融商品の多様化、デリバティブの登場などによる、時価変動リスクの拡大があります。

こうした事態の変化を受け、投資リスクを最小限にとどめるため、投資家は、時価に関する情報をより強く求めるようになりました。このニーズに応えることが、時価主義会計の大きな目的です。

退職給付会計

退職一時金と企業年金の積み立て不足を明らかにし、その穴埋めを義務づける新しい会計基準のことで、企業経営の透明性を高めるために、2001年3月期の決算から導入されています。

退職給付とは、一定の期間、労働を提供したことの対価として、退職後に従業員に支給される給付のことを指します。具体的には、退職時に支払われる「退職一時金」と退職後に定期的に支払われる「企業年金」に分けられます。従来は、この2つの会計を別々に処理していましたが、退職給付会計の導入により、一体として処理することになりました。

通常、企業は従業員への退職給付に備えて、年金基金などの形で資産を運用しています。ところが、低迷する株価や低い金利の長期化の影響として、予定利回りを達成できず、積み立て不足が問題化しています。

これまでの会計基準では、積み立て不足が表面に出ることはありませんでした。しかし、新しい退職給付会計では、財務実態を開示すると同時に、15年以内に積み立て不足を解消することが求められています。企業の保有株式を退職給付信託に拠出して、不足分の穴埋め（償却）をするところが多いようです。

退職給付会計の導入により、給付額に合わせて掛け金を設定する「確定給付型年金」から、給付額の変動を伴う「確定拠出型年金」に移行する動きが目立っています。企業が掛け金を拠出した段階で、退職給付のための支払い義務を果たしたとみなされるからです。

用語　退職給付会計の特徴

退職金+企業年金＝退職給付

退職一時金制度と企業年金制度の両方を包括的にカバーする規定。新会計基準では、両方を「退職給付」という概念で統一的に把握している。

退職給付＝全勤務期間の労働対価を予測

この退職給付は、全勤務期間を通しての労働の対価を予測して計算される。将来を予測するので複雑な数理計算が必要となる。

積立不足額を負債として計上

積立不足額を貸借対照表に負債として計上する。将来の会計基準では、将来従業員に支払わなければならない負債がオフバランスになっており、投資情報として不足しているとの批判があった。

年金資産などの財務状況を開示する

年金資産、年金負債などに関する詳細な情報を、注記によって開示する。具体的には、次の事項についてである。
①企業の採用する退職給付制度に関する説明
②退職給付債務および退職給付費用の内訳
③退職給付負債等の計算基礎

12 年金制度の仕組み

「確定拠出型年金（401k）」は日本に根付くのか？

■公的年金制度

老後の生活を不安のない安定したものとするために年金があります。働ける状態の時に得たお金を、老後のために蓄えておこうというもので、これを社会的なシステムとしたのが「年金制度」です。

この年金制度のうち、政府が行っているものを「公的年金制度」と呼んでいます。公的年金制度は、最初、軍人や公務員を対象として創設されましたが（恩給制度）、次第にその扱う領域が拡大されていきました。

日本の公的年金制度は、国民年金、厚生年金、共済年金を3つの柱として発展してきました。国民年金は自営業者や主婦、厚生年金は民間企業に雇われている人、そして共済年金は国家公務員や地方公務員、農林漁業の団体職員などがその対象でした。

しかし、これらの制度はお互いに分立しており、制度間の格差が問題となっていました。そこで、1985年に制度が改正され、給付と負担の公平化をはかるために、国民年金を改組して、そこから全国民に共通した年金である基礎年金を支給することになりました。これを1階部分といいます。

そして、どこかに雇われている人に対しては、それに上乗せする形で、報酬に比例した年金を給付する体制にしたのです。たとえば民間企業で働いている人には厚生年金保険が、そして国家公務員などには共済年金が上乗せされて支給されるのです。これを2階部分といいます。つまり、日本の公的年金制度は2階建ての構造をしているのです。

年金の種類としては、老齢年金、障害年金、遺族

用語 年金制度は3階建て？

3階	**個人年金、財形年金** 個々が任意に加入する **厚生年金基金または適格退職年金** 社外積み立ての年金制度として、企業が任意に設立する。
2階	**厚生年金保険または共済年金** 基礎年金の上乗せとして、加入期間中の貸金、加入期間に応じて年金を給付する。
1階	**国民年金（基礎年金とも言う）** 20以上の国民全員が加入

公的年金の種類

	国民年金	厚生年金	共済年金
老後	老齢基礎年金	老齢厚生年金	退職共済年金
病気やけが	障害基礎年金	障害厚生年金 障害手当金	障害共済年金 障害一時金
死亡	遺族基礎年金 寡婦年金 死亡一時金	遺族厚生年金	遺族共済年金

年金の3つがあります。

年金に関する大きな問題は、高齢化の進展によって、こうした公的年金制度自体が維持できなくなってきているということです。つまり、人口バランスが崩れているために、高齢者を支える若者層の経済的負担が限界に近づいており、現状の制度が今後もずっと続いていくならば、負担をまっとうすることができなくなり、いずれ近い将来に年金財政は破綻してしまうだろうと見られているのです。

■日本版401k

「確定拠出型年金」の一種で、アメリカで80年代に一般化した年金制度。加入者となる従業員ごとに口座を設けて給与などの所得から掛け金を積み立てて、事業主も一定額を拠出する仕組みです。従業員は投資信託や自社株など複数の金融商品を組み合わせた運用方法を選択し、運用益は口座に蓄積されます。これをもとに退職後の年金額が決定するというもので、運用が成功すれば多くの年金を手にできる反面、従業員の側がリスクも背負うことになります。

日本の企業年金は原則として年金の給付額を事前に決め、従業員の積立金をもとに運用を行って不足分を企業が補う「確定給付型」でしたが、この方式は企業の負担が大きく経営を圧迫しかねないため、にわかに日本版401kの導入が進みました。従業員にとっては自らの年金を自分で運用できるうえ、途中で転職をした場合にも口座はそのまま継続することができるというメリットがあります。

ただ、こうして見ると明らかなように、401Kプランというのは純粋な年金というよりも、老後の生活保障を目的とした個人貯蓄といった方が正確です。特に個人運用がうまくいかなかった場合、どこまで社会的に面倒を見るのかということが、この制度だとまだはっきりしていません。

ですから、企業年金としては議論できても、401kプランを公的年金制度の代替案として採用しようとする意見に対しては、両者の質的な違いを認識し、その限界性を理解しておく必要があります。

用語 日本版401Kの特徴

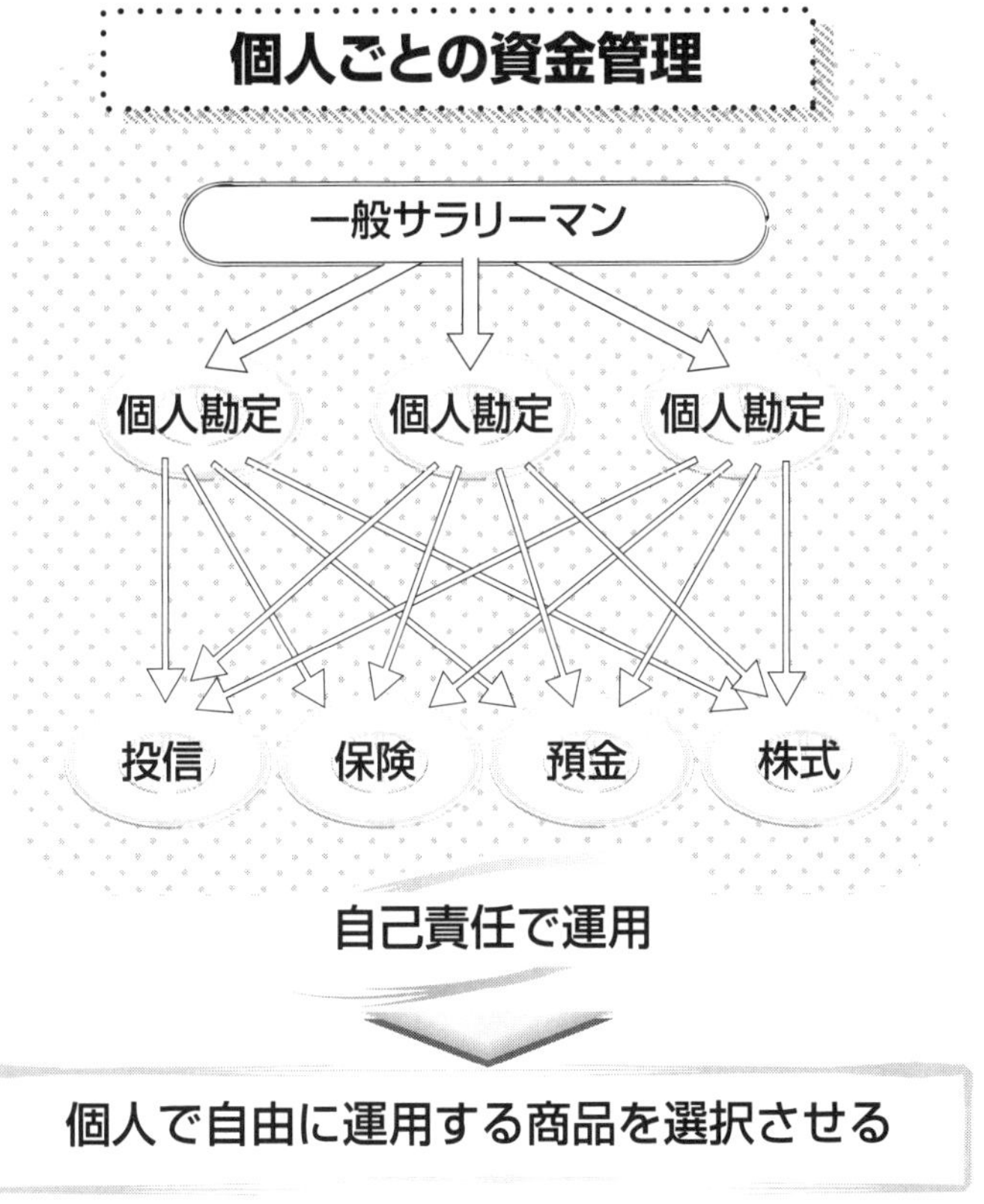
個人ごとの資金管理
一般サラリーマン
個人勘定
個人勘定
個人勘定
投信
保険
預金
株式
自己責任で運用
個人で自由に運用する商品を選択させる

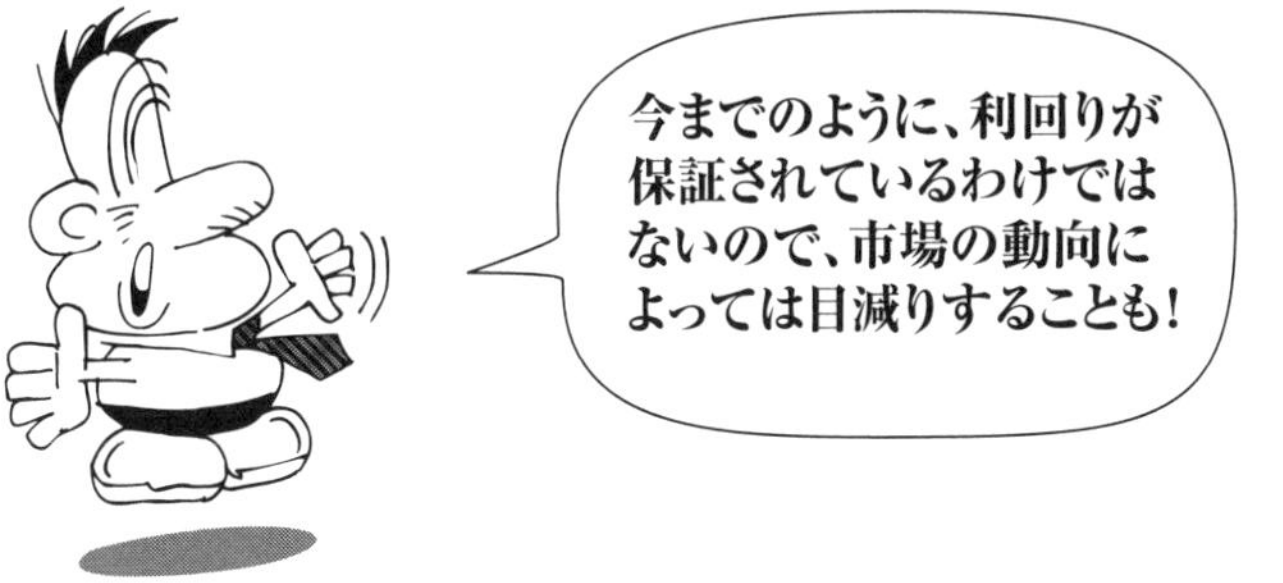
今までのように、利回りが保証されているわけではないので、市場の動向によっては目減りすることも！

日経平均
トピックス
利回り
移動平均線
EVA

PART 7

投資指標・分析に関する用語

株価が動く法則を、投資情報の中から見つけよう！

★「TOPIX」「日経平均」とは？
★「利回り」って何のこと？
★チャートを読み解く！
★「移動平均線」何がわかるか？
★取引の残高も投資の目安になる？
★国の予測はアテになるか？
★「プライムレート」「公定歩合」とは？

1 「TOPIX」「日経平均」って何だろう？

株式市場全体の流れを読む上で最も重要な指標

■東証株価指数（TOPIX）
Tokyo Stock Price Index

基準日となっている1968年1月4日の時価総額（全上場株を終値で評価したものの合計）を100として、その日の時価総額がどの程度増減したかを表して相場の動きを知るための指数です。東証第一部全銘柄を対象に毎日発表されるため、相場の実情を正確に把握できるとされています。

■単純平均株価
simple arithmetical stock price average

各銘柄の1株当たりの株価を合計して銘柄数で割った指標。

東証第一部全銘柄、第二部全銘柄を対象に毎日発表しています。単純かつ現実的な指標ですが、権利落ちなどが修正されないため、相場の連続性を表すことができないという欠点があります。

■日経平均株価
NIKKEI stock average

「日経平均」「日経ダウ」などと呼ばれ、株式市場の動きを示す指標としては最も一般的なものです。

東証第一部銘柄の中から225銘柄を選び、ダウ式修正法を用いて権利落ちなどを修正して指標に連続性を持たせています。

日経平均株価の計算式は、

$$\text{日経平均} = \frac{\text{日経平均株価合計}}{\text{除数}}$$

となります。

用語 株価指数の仕組み

まず、基準点を決める

例えば、15年前、1984年3月24日の時価総額を基準点とする

基準点を100として指数化する

1999年3月の時点で、時価総額が15年前を上回っていれば、指数は100を越えることになり、相場が上昇していることを示す。

中長期的な目で株価の水準がわかる
毎日発表されているので、日々の株価の動きもひと目でOK!

現在発表されている東証株価指数は、68年1月4日の時価総額を100として指数化している

１９４９年5月に東京証券取引所が開所して以来毎日継続して算出し発表されており、当初は東証が発表していたものを後に日本経済新聞社が引き継いで現在に至っています。

ＩＴ（情報技術）革命による産業構造や株価形成の変化を、より的確に反映させるといった目的で、２０００年4月に30銘柄の入れ替えが行われました。

■日経５００種平均株価

とはいえ、日経平均株価は通常大幅な銘柄の入れ換えを行わないため、時代の変化が反映されにくいという面があります。これを解消するために対象銘柄を５００種類に増やして、毎年銘柄の入れ換えを行って市場の変化に対応したのが「日経５００種平均株価」です。

■日経株価指数３００

１９８２年10月1日の時価総額を１００として算出される株価指数。企業の業績の良し悪しや業種間のバランスを取りつつ３００銘柄を選出し、毎年銘柄の入れ換えを行います。93年から採用された指数で、少ない銘柄で市場全体の推移・動向を表せるという点に特徴があります。

■ダウ平均（ＮＹダウ工業株30種）

Dow Jones 30-Stock Industrial Average

日経平均と並んで、読者の方に一番馴染みの深いインデックスがこの「ニューヨークダウ」ではないでしょうか？

ダウ・ジョーンズ社が１８９６年に12種平均として作成、１９２８年10月1日からは30種平均として公表しており、米国の株式市場動向や世界経済の方向性を考える上で欠かせない指標となっています。

ニューヨーク証券取引所に上場された、各セクターの代表的な30の優良銘柄を対象として、連続性を持たせる形で株価の単純平均を算出しています。

（単純平均株価➡P 218参照）

日経平均株価

東証1部に上場している主要銘柄225種をもとにした、修正平均株価。

$$\text{日経平均} = \frac{\text{日経平均株価合計}}{\text{除数}}$$

① 株価の合計は、50円額面以外は50円額面に換算

② 株価の採用優先順位は、現在の気配値、現在値、基準価格の順

③ 除数について、採用銘柄中に市況変動によらない株価変動があった場合、原則として除数修正する。また、銘柄の入れ替えがあった場合も除数を修正する。

225種の銘柄は原則として入れ替えない。長期にわたる株価変動をみるときに便利な指数。

2 「利回り」って何のこと？

配当金が株価に対してどのぐらいの比率になっているのかを示したもの

■利回り yield

配当金は、株式を買うという行為によって企業に資金を提供している株主に対して、利息を払っているようなものです。株はいつ売られるかわからないわけですから、資金を提供しているというより、企業に資金を一時的に預けているといった表現の方が、配当金を中心にして考えた場合は、適切かもしれません。

その意味では、銀行などの金融機関にお金を預けているのと同じことになります。

この配当金が、株価に対してどのぐらいの比率になっているのかを示したものが「利回り（配当利回り）」です。

たとえば、1000円の株価をつけている企業の配当金が5円だったとすれば、利回りは5÷1000で0・5％になります。

かつては投資効果をはかる重要な基準となっていましたが、近年は東証一部上場会社の平均利回りが1％前後という状況であるため、さほど重視されなくなりました。最近では配当金を求める投資家よりも、元本の値上がり利益（キャピタル・ゲイン）を求めて投資する人が増えています。

■総合利回り

配当に値上がり益を足した金額を投資年数で割り、1年当たりの利益を投資金額で割って求める投資収益率です。

投資の結果どのくらいの利益が得られたかを算出するもので投資の尺度とはなりません。

用語 なぜ日本の企業は利回りが低いのか？

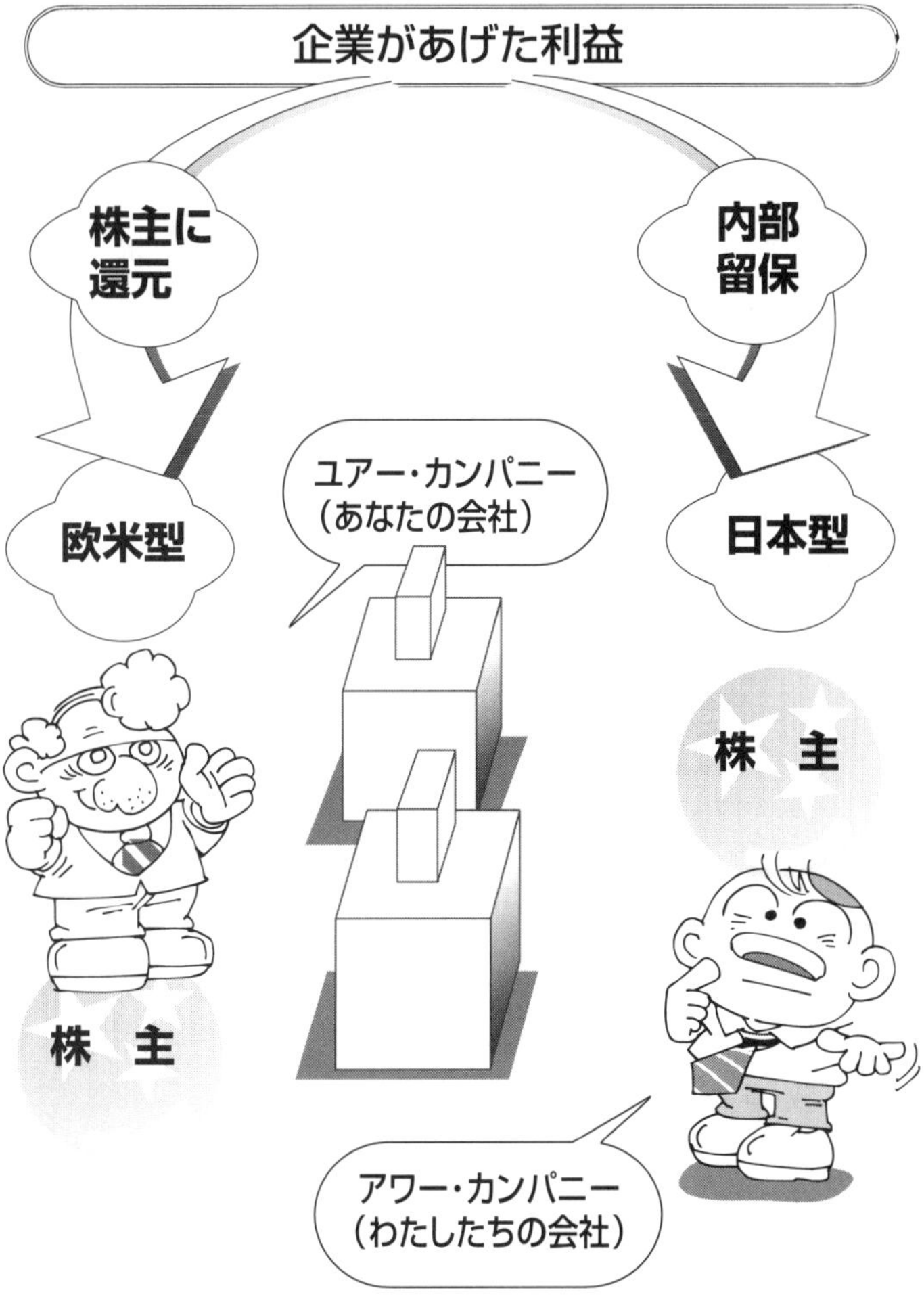

こんなところにも日米の違いが！

3 相場の厚みを表す指標

相場全体の流れをつかめば、投資チャンスも増えてくる！

■時価総額
market capitalization

上場株式のある時点における評価や企業の価値を表すもので、各銘柄の時価総額は株価に上場株式数をかけて求めます。たとえば、時価10万円の値をつけている株式を1万枚発行していれば、時価総額は10億円になるのです。

一方、市場全体の時価総額は市場規模を示す指標となるもので、各銘柄の時価総額を合計して算出します。

東京証券取引所の時価総額は、バブル全盛の頃はニューヨーク証券取引所を凌ぐほどの規模を誇っていましたが、99年末の段階では、ニューヨーク証券取引所、ナスダックに続いて世界第3位になっています。

時価総額が高い＝市場規模が大きければ、そこに流れ込んでいる資金の量も多いわけですから、資金運用の拠点としても重要な位置にあることを示しています。ただ、将来への期待だけで時価総額が膨らんでいる場合もあるので、注意が必要です。

■出来高
trading volume

証券取引所での株式の売買高のことを「出来高」といいます。新聞やテレビなどで「今日の東京証券取引所での出来高は……」などと報道されているので、聞いたことがある人も多いはずです。

この出来高は、株式の枚数で示されていて、通常売り買いの片道計算になっています。つまり、売りが１０００株、買いが１０００株あった場合は、出

用語 時価総額No.1はどこだ！

時価総額＝株価×上場株式数

順位	銘柄名	時価総額（百万円）	株価（円）
1	NTTドコモ	34,569,360	3,610,000
2	日本電信電話	21,217,560	1,340,000
3	トヨタ自動車	20,134,305	5,370
4	ソニー	11,259,320	12,410
5	セブン・イレブン・ジャパン	11,077,424	13,300
6	ソフトバンク	8,790,050	26,600
7	日本オラクル	7,435,194	87,000
8	東京三菱銀行	6,631,056	1,394
9	武田薬品工業	6,322,724	7,110
10	富士通	6,006,593	3,060

※2001年4月現在の情報をもとに作成

「ITバブル」のころは上位に顔を見せていたインターネット関連産業もずいぶん少なくなったなア
ほんとにィ

来高は２０００株でも、相殺されて「ゼロ」になるわけでもなく、片道の１０００株で計算されます。

出来高が多く、なおかつ株価が高いときは相場が全体的に上昇する傾向にあると見ることができます。相場の上昇傾向（あるいは下降傾向）をとらえることができれば、投資のタイミングを知る上で非常に参考になります。相場が高値圏にあるのか安値圏にあるのかといった相場全体の流れは「移動平均線」によって判断されます。

また、出来高が増加している銘柄には何かしら好材料があると考えられますから、個々の銘柄についても予測を立てることができます。

■売買代金

約定代金に出来高をかけた全ての銘柄の合計額のことで、取引所における商いの量を金額で示したものです。売買代金が高いときは市場に資金が流入していると考えられるため、株式市場に勢いがあると見なされます。

■値つき率

上場銘柄のうち、売買が成立した銘柄の数を全上場銘柄数で割った比率のこと。この比率が高いときは商いが活発であることを示すため、市場も活況であると判断されます。

計算式は、

$$\frac{\text{売買成立銘柄}}{\text{全上場銘柄}} \times 100\%$$

となります。

■手口

どの銘柄を、どの証券会社が何株売買したかを示すもので、「売り手口」「買い手口」とも呼ばれます。証券会社がどのような銘柄を売買しているかといった傾向を見ることができるため、投資の際の参考となります。

用語　出来高にみる投資のタイミング

売り
売買成立
買い

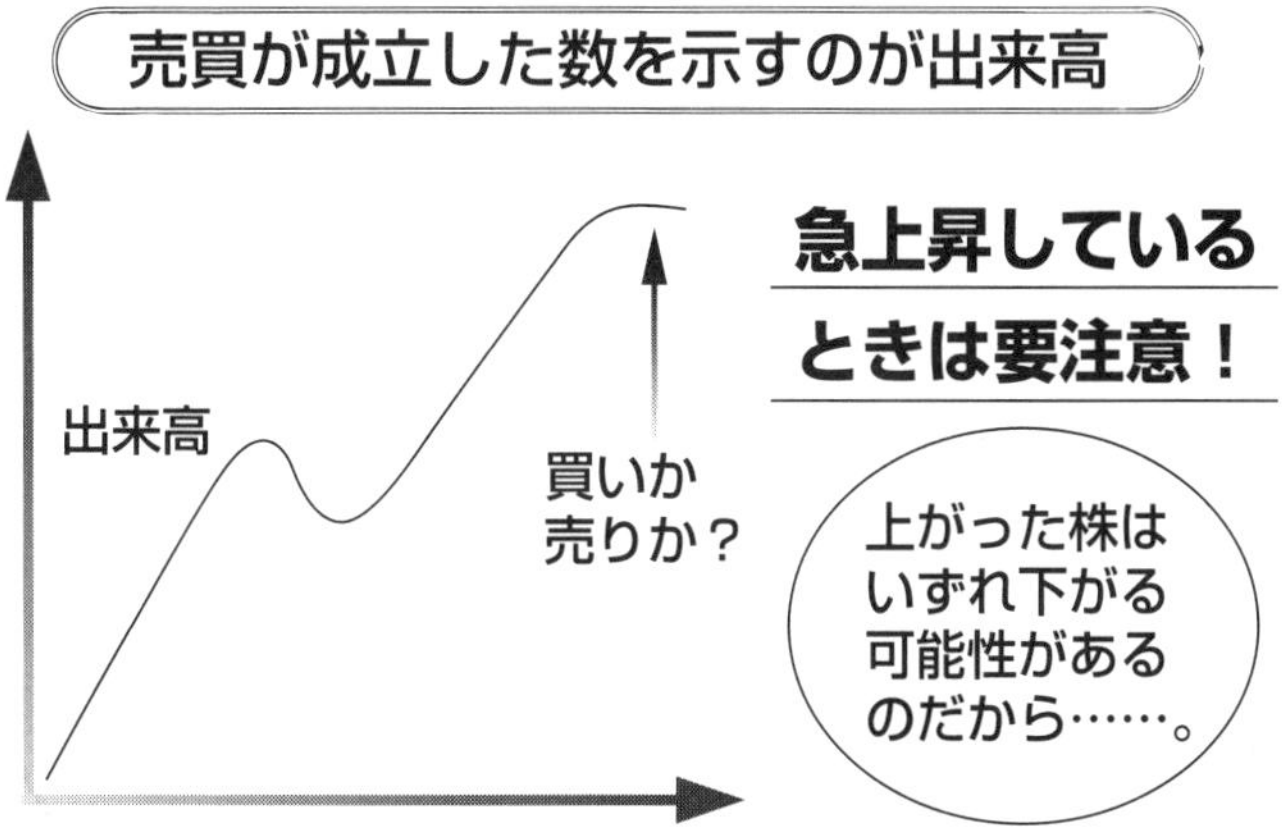
売買が成立した数を示すのが出来高
出来高
買いか売りか？
急上昇しているときは要注意！
上がった株はいずれ下がる可能性があるのだから……。

出来高はその日によってバラつきがあるんだ。1日だけ急に伸びたからといってあわてないこと。長い目で判断することが大切。

4 企業の収益と株価の関係を表す指標

投資の目安にするときはＰＥＲとＰＣＦＲを併用する

（1株当たり利益➡P202参照）

■株価収益率（ＰＥＲ）

price earnings ratio

株価を1株利益で割って算出する、投資判断のための指標です。

1株利益は、税引後利益を発行株式の総数で割って算出します。株価収益率は株価が1株利益の何倍まで買われているかを表すもので、株価収益率が高いほど、利益に比べ株価が割高であることを示すことになります。逆に株価収益率が低いということは企業の収益性が優れているにもかかわらず株価が安い、つまり割安であると言えます。

株価収益率を投資の尺度とする場合、どの程度の数字が適当かはっきりとした基準はありませんが、一般に市場全体の平均株価収益率と比べて20倍から30倍が安全圏とされています。

■株価キャッシュフロー倍率（ＰＣＦＲ）

price cash-flow ratio

キャッシュフローとは、企業の税引き後利益から配当や役員賞与を引き、これに減価償却費を加えたもののこと。ＰＣＦＲは株価を1株当たりのキャッシュフローで割った数値で、この倍率が高ければ株価は割高、低ければ割安ということになります。減価償却費を加えることで企業の将来性をも織り込んでいるうえ、減価償却の方法が違う同業他社との比較にも利用できます。

投資尺度とする場合には、株価収益率（ＰＥＲ）と併用することによってより正確な判断をすることが可能となります。

用語 PERとPCFRを比較する！

$$\mathrm{PER} = \frac{\text{株価}}{\text{1株当たりの税引後利益}}$$

利益がどんどん伸びている会社ほど、
PERが高い水準まで買われていく

$$\mathrm{PCFR} = \frac{\text{株価}}{\text{1株当たりのキャッシュフロー}}$$

倍率が高ければ割高になり、逆に倍率
が低ければ割安となる

投資マン
投資の目安にするときはPCFRとPERを併用することが大切なんだ

5 企業の資産内容と株価の関係を表す指標

不況の時はＰＢＲが投資の目安になるといわれてきたが……

■株価純資産倍率（ＰＢＲ）

price book-value ratio

株価を１株当たりの純資産で割った数字です。投資の判断基準となるのは基本的に企業の収益ですが、企業の資産内容も検討する必要があります。

純資産（株主資本・自己資本ともいわれるもので資本金や法定準備金などが含まれる）は資産から負債を引いた残額であり、企業の財務体質や経営状態を最もよく表します。株価純資産倍率が高ければ純資産に対して割高であり、低ければ割安と考えることができます。

ただし不動産などの固定資産は時価ではなく簿価で計算されることがほとんどなので実際の価値とは異なる場合があり、実際の投資の尺度として使われることはあまりありません。

（１株当たりの純資産⬇Ｐ203参照）

■Ｑレシオ

企業の保有資産から株価を判断するもので「実質純資産倍率」といいます。

株価純資産倍率（ＰＢＲ）では簿価で計算される企業の資産価値を時価で計算するように修正を加え、バブル経済期にはＰＢＲにかわる投資尺度として注目を集めました。

しかしバブル崩壊によって固定資産を始めとする企業の資産価値は急速に低下。時価と簿価との開きが小さくなってしまったため、Ｑレシオそのものも意味をなさず投資尺度として使われることはありませんでした。

PBRの算出法

株　価
―――――――
1株当たりの純資産

純資産（株主資本）＝ 資産 − 負債

Qレシオの算出法

Qレシオ ⇒ ＰＢＲが資産を簿価で計算している点を、時価で計算するように修正したもの。

株　価
―――――――
1株当たりの実質純資産

不況の時はPBRが目安になるとされてきたけど、資産価値そのものが、バブルの崩壊によってくずれてしまったために、この尺度も風前の灯火。

6 チャートを読み解く！

チャートには時系列で示されるものと非時系列のものがある

ケイ線

「チャート」と呼ばれ、相場全体の転換点を判断するために株価の動きをグラフ化したものを指し、株価の予測や売買のタイミングを計るために利用されます。チャートによって株価の動きを予測することを「テクニカル分析」と呼び、企業の業績などから分析する方法を「ファンダメンタルズ分析」と言います。

株価の動きをチャート化した際に、毎日の動きを示したものを「日足」、週単位で示したものを「週足」、月単位のものを「月足」と呼びます。

ローソク足（陰陽足）

チャートは時系列で表現されるものと、非時系列のものとに分けられます。前者の代表的なものがローソク足、後者の代表的なものが新値足です。

ローソク足は陰陽線とも呼ばれ、ローソク状の形をしていて、始値、高値、安値、終値が示されています。始値より終値の方が高い場合は、白（陽線）で表します。逆に始値より終値の方が安い場合は、黒（陰線）で表します。

陽線は、上げ相場のときに出る傾向があり、陰線は、下げ相場のときに出る傾向があります。

新値足

時間的な概念はいっさい無視して、新高値と新安値が出たときにだけ、図表に記入するというものです。３本新値足（３線転換法）を用いて表現します。新高値のときは白、安値のときは黒で表します。新

用語　ローソク足、新値足はこんな形

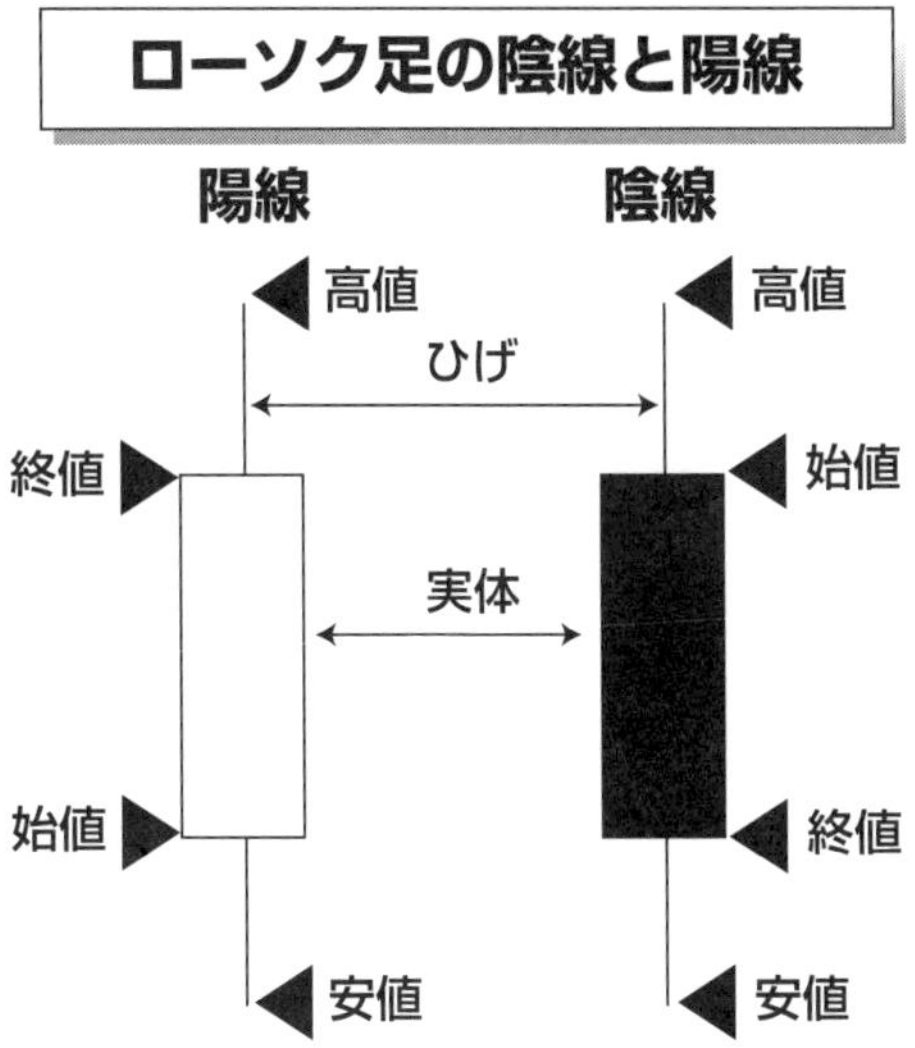

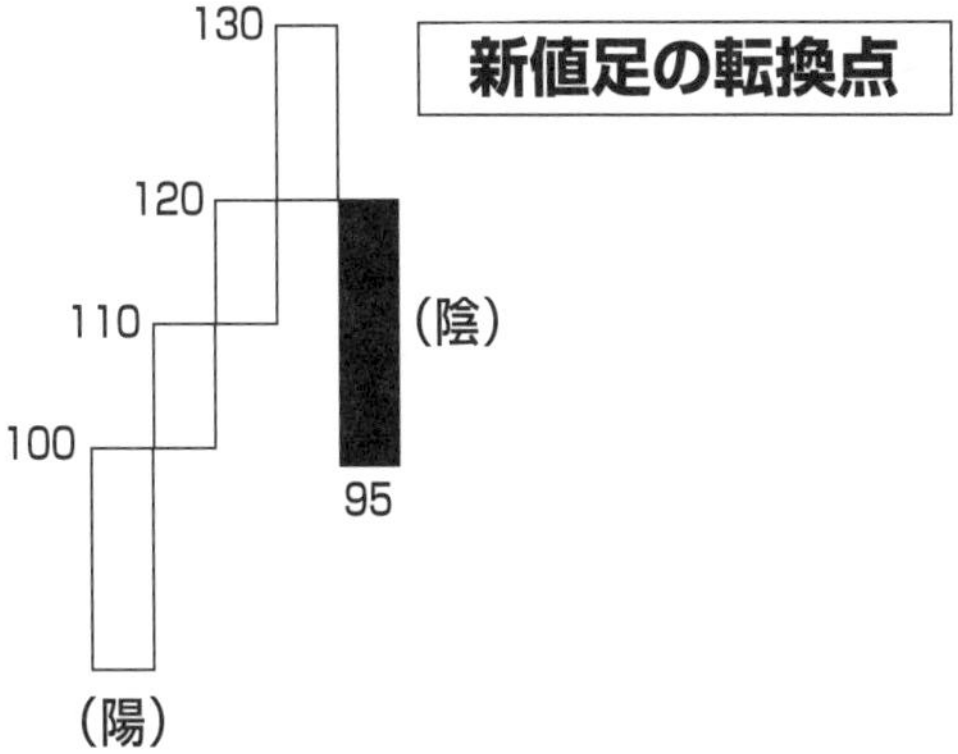

陰線は3本前を下回った場合だけ書き込む。もし、95円ではなく、105円だったら書き込まない。

高値、または新安値がつくたびに記入するのですが、たとえば高値が4度続いたとします。このときは白の陽線が4本つながっています。次の日、安値が出ました。この数字が3本前の始めの数字より低ければチャートに記入しますが、高いときは記入しません。これが3本新値足で、陽線から陰線、または陰線から陽線への転換は、過去3本の線を上回るか下回るかしたときのみ、記入されるのです。

この方法は相場の転換点をつかみやすいというメリットがありますが、加熱した相場では、陰線が出る前に急落するといった欠点を持っています。あくまで、参考程度にとどめておくべきでしょう。

7 「移動平均線」で何がわかるか？

●中長期的な相場の動向や転換点をとらえるのに適し、出来高などにも応用される

■移動平均線／ゴールデンクロス／デッドクロス

過去のある一定期間の平均株価をグラフにして売買のタイミングを計るもの。平均する期間には短期（5日、25日）、中期（75日、100日）、長期（200日）があり、期間が長いほど確実性が高いとされているため中長期的な相場の流れや転換点を判断するのに適しています。

短期線・中期線・長期線を交差させて、交差の状態から株価の動きを判断する方法も取られます。株価が上昇に転じるときは短期線・中期線・長期線の順に上昇して行きますが、このとき中期線が長期線よりも上に突き抜けることを「ゴールデンクロス」といい、相場が強気に上昇する信号とされています。

逆に中期線が長期線を下に突き抜けた場合は「デッドクロス」と呼ばれ、相場が下降する信号です。同じような現象が短期線と中期線の間で起こることをそれぞれ「ミニゴールデンクロス」「ミニデッドクロス」と呼びます。

■騰落レシオ

値上がり株の数と値下がり株の数に注目して相場を判断するのが「騰落レシオ」です。過去一か月の値上がり銘柄数を値下がり銘柄数で割った比率を出し、100％を超えると相場が強気傾向にあると判断します。逆に70％以下は底値ゾーンとされ、120％以上は相場が加熱していると判断されます。

■逆ウォッチ曲線

株価を縦軸に、出来高を横軸にしてそれぞれ同じ期間の移動平均値を使い、株価と売買高の交わる点をつなぐと、左回りの図表ができます。これを逆ウォッチ曲線と呼び、陽転（反転）信号・買い信号・買い・買い見送り・警戒信号・売り信号・売り・売り見送りといった売買のタイミングを判断するための図表となります。

用語 ゴールデンクロスとデッドクロス

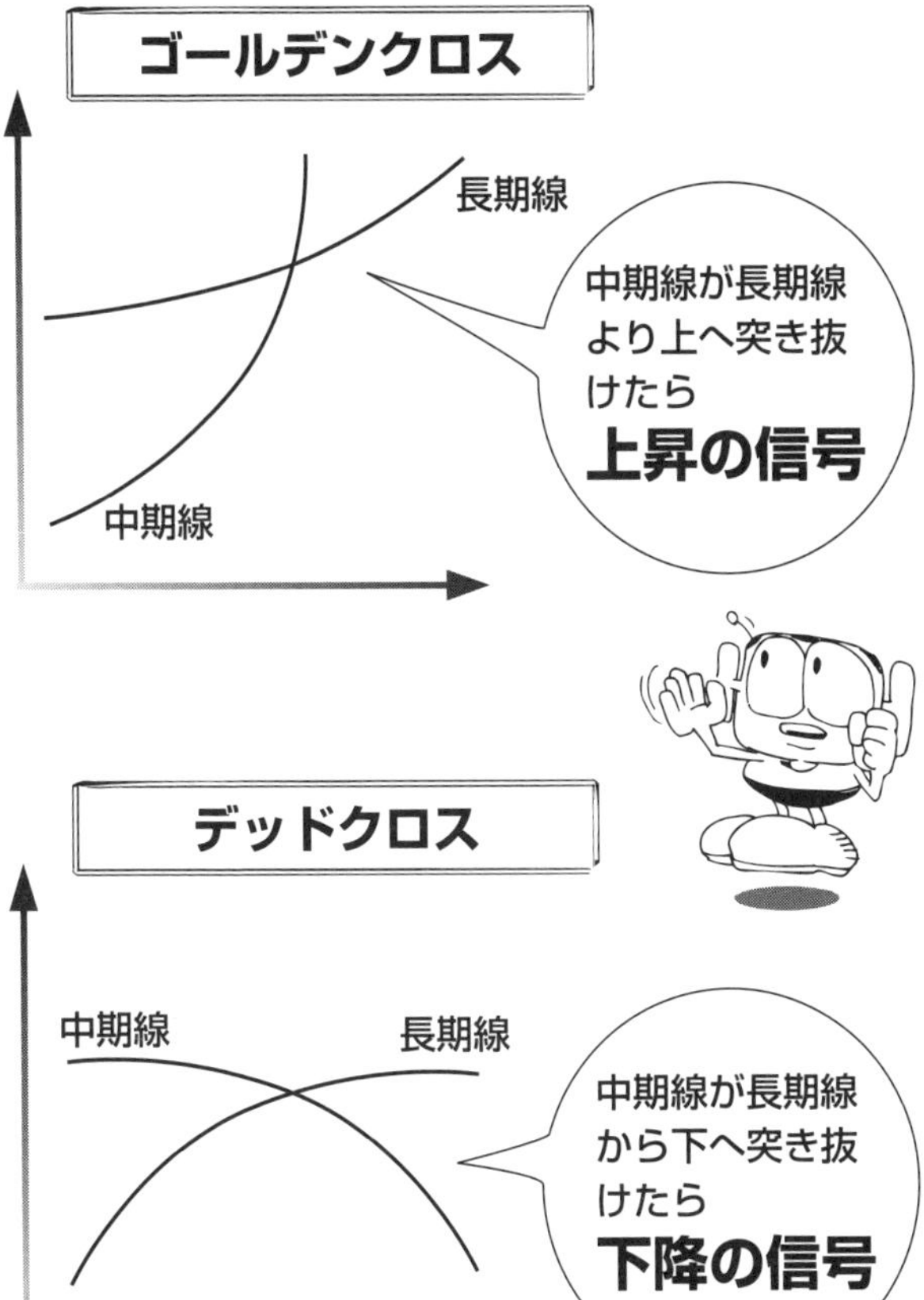
ゴールデンクロス
長期線
中期線
中期線が長期線より上へ突き抜けたら
上昇の信号
デッドクロス
中期線
長期線
中期線が長期線から下へ突き抜けたら
下降の信号

このほか、短期線と中期線の間で同じような現象が起きることを、ミニ・ゴールデンクロス、ミニデッドクロスという

8 「EVA」や「格付」って何のこと？

投資の目安となる指標には業績や資産内容などのほかにもいろいろある

EVA

Economic Value Added

企業が資本を使って生み出した価値を示す指標です。具体的には、税引き後の営業利益から税金、配当金、金利などの資本コストを差し引いて求めます。ちなみにEVAは米コンサルティング会社のスターン・スチュワート社が商標登録しています。

EVAの最大の特徴は、株主が投下した資本に求められる期待収益率を、資本コストとして人件費などと同様に扱っている点です。株主重視の指標とも言えるでしょう。この数値がプラスとなったとき、初めて企業は価値を生み出したと判断します。

市場ではEVAを採用している会社の評価はおおむね高く、日本でも花王やソニー、松下電工、オリックスなどが採用を決めています。特に花王は、社内の業績評価や人事評価、戦略策定といった様々な分野で全面的に採用しています。

日本では従来から企業が株主を軽視する傾向があると批判されてきました。21世紀を迎えて「株主価値経営」への方向転換が叫ばれています。

EBITDA

Earnings Before Interest, Taxes, Depreciation and Amortization

損益状況によって企業を評価する指標。税金や支払利息、減価償却費を引く前の営業利益のことを指します。

現在、多くの企業がグローバル化によって海外に拠点や支社を設けたり、国を問わず企業買収や提携が行われており、国際的な投資価値の比較が必要となっています。しかし海外の会計基準と日本のそれ

用語 EVAの計算式

EVA＝税引き後営業利益－資本コスト

税引き後営業利益はアメリカ会計でいうNOPAT（税引き後事業利益）の概念で、営業利益に貸倒引当金など非資金的項目の増加額などを加えたものから税金の支払額を差し引いたもの。また、営業利益は日本の財務諸表規制でいう観念とは違い、アメリカSEC方式でいう営業利益。

資本コスト＝
負債コストと株主の期待収益の合計

※負債コスト＝
有利子負債の金額×負債の利子率

※株主の期待収益＝
株主資本の金額×期待収益率

EVAを採用している企業の評価は高い！

「EVA」は米コンサルティング会社のスターン・スチュワート社が商標登録している方法なんだ

の間には差があったり、税制の違いなどから単純に比較することはできません。また海外の同業の企業と比較する際にも正確な比較をすることが難しくなります。

そこで税制や会計基準の違いに影響を受けないEBITDAが、国際的な投資価値の比較に利用されるようになっているのです。

■イールド・スプレッド

長期国債利回りから株式益利回りを差し引いて算出する株式と債券の相対的な投資価値を見るための指標で、イールド・スプレッドを過去の平均と比較することにより株式や債券の投資機会を判断することが可能となります。株式益利回りとは一株当たり税引き利益を株価で割ったもの（PERの逆数、EPS÷株価）です。

一般にイールド・スプレッドが大きくなるということは株式への投資意欲が落ちていることを意味し逆に債券は割安となるため、株式よりも債券への投資が有利ということになります。

（PER➡P228参照）

■格付

rating

会社が発行する債券の元本や利払いに関する安全性や確実性を判定してランク付を行うことを「格付」といい、投資家の判断材料となります。

格付は民間の格付け機関が債券を発行する企業の収益力や財務内容を調査して行い、上からAAA、AA、A、BBB、BB、B、CCC、CC、Cといった記号によって段階評価されます（ちなみにAAAは最高評価で債務履行の信頼性が最も高いことを示し、Cは債務不履行状態で格付ができないことを示します）。

格付機関としてはムーディーズやスタンダード&プアーズ（S&P）、フィッチIBCAなどが世界的に有名であり、国内では日本格付研究所や日本格付投資情報センターなどが知られています。

用語 格付けランクの例

格付けランクの例
（日本格付投資情報センターの場合）

AAA	＝ 債務履行の確実性は最も高い
AA	＝ 債務履行の確実性は極めて高い
A	＝ 債務履行の確実性は高い
BBB	＝ 債務履行の確実性は十分である
BB	＝ 債務履行の確実性は当面問題ない
B	＝ 債務履行の確実性に問題がある
CCC	＝ 債務不履行の可能性が大きい
CC	＝ 債務不履行の可能性が極めて大きい
C	＝ 債務不履行かその懸念が極めて強い

（注）ランクは全部で9つだが、同じ格の中での信用度の差を細かく表わすため、必要に応じて＋（プラス）もしくは－（マイナス）を付けている。

格付けはあくまでも投資価値をランク付けしたもの。企業そのものの格付けとは違うんだ。

9 取引の残高も投資の目安になる？

信用取引と裁定取引、まだ決済されていない残高をチェックしよう！

■信用取引残高

信用取引では、信用買いを行った場合には証券会社から借りた株、信用売りを行った場合には証券会社から借りた資金を最長6か月以内に決済しなければなりません。

これら未決済の取引の残高の合計が「信用取引残高」で、それぞれ「信用買残高」と「信用売残高」とに分けられ、東京証券取引所から毎週公表されます。

信用取引残高は主として個人投資家の売買の動きを示す指標であり、特に買残高はそれぞれの銘柄に対する投資家の人気を表します。一方で機関投資家や外国人投資家の動きを知る指標とはなりませんので、他の情報とあわせて総合的に投資判断を行う必要があります。

■裁定取引残高

株価指数先物の現物指数と先物指数の市場には、それぞれの需給の関係などから価格のゆがみやズレが生じることがあります。この現物と先物の価格に差が生まれたときに、割高の側を売り割安の側を買って値ザヤを稼ぐのが「裁定取引」です。

裁定取引はあらかじめ決められた最終売買日（取引期限）までに反対売買によって差金決済が行われますが、この際に現物の大量売りなどがあると株価に大きな影響を与えることになりますし、場合によっては相場を混乱させる要因となることもあります。そこで投資家は裁定取引を行っている証券会社がどの程度の現物株を保有しているかという点に注意する必要があるわけです。

東京証券取引所では毎日「裁定取引に伴なう現物株売買及び残高」を、毎週水曜日に「会員別の裁定取引状況」を発表し投資家のニーズに応えています。

用語 買残高と売残高

買残高 ＝ まだ返済されていない買は資金の量

株価が将来上昇すると予測 → 信用買いが増える → 買残高も増えていく

売残高 ＝ まだ返済されていない売は株券の量

株価が将来値下がりすると予測 → 信用売りが増える → 売残高も増えていく

信用取引では証券会社から借りた買付資金や売付株券を弁済期限までに返さなくちゃいけないんだ

10 国の予測はアテになるか？

国が発表する数値や予測は、経営者の積極性に反映される

■GDP
gross domestic product

国内総生産のことで、一定期間に一国の中で生み出された付加価値の合計を指し、国全体の経済活動を表します。発表は内閣府から四半期、一年、年度ごとに行われ、経済の規模や前年度との経済規模の比較が正確であるため、景気の動向を知る上で重要な指標とされています。

かつてはＧＮＰ（国民総生産）が経済指標として重視されていました。しかしＧＮＰは「海外の日本企業が得た所得」を含み、一方で「日本国内の海外企業が得た所得」を含まない数値です。このため日本の企業が日本で生産した価値をより正確に示し、国内経済の実態を表すＧＤＰの方が重視されるようになりました。

ＧＤＰの変化は「経済成長率」として景気の指標となります。総額よりも伸び率など変動の程度が重視され、ＧＤＰの伸び率が高ければ景気は上向き、伸び率が低ければ景気が後退していると考えられます。

ＧＤＰは「名目値」と「実質値」とに分けられます。名目ＧＤＰは推計時の時価の金額をそのまま表示したもの、実質ＧＤＰは物価変動の影響などをなくすために基準とする年の価格水準で推計して表示したものです。

通常は実質ＧＤＰをもとにした「実質経済成長率」によって景気を判断します。

■日銀短観

正式な名称を「主要企業短期経済観測調査」とい

用語 GNPとGDPの違い

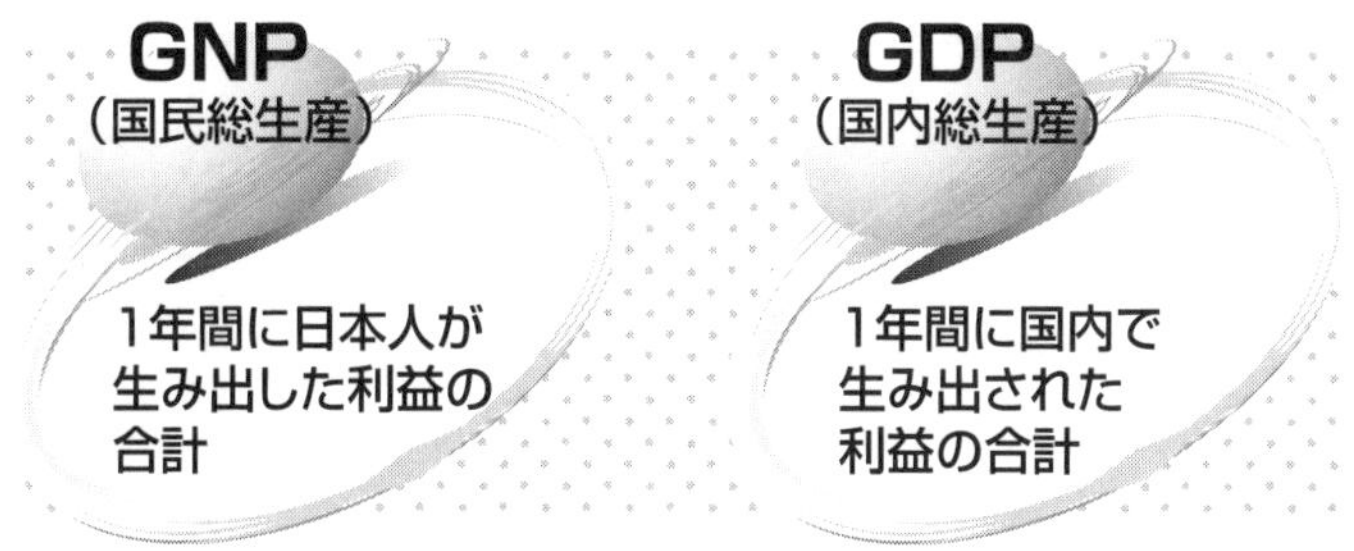
GNP
（国民総生産）
1年間に日本人が生み出した利益の合計
GDP
（国内総生産）
1年間に国内で生み出された利益の合計

名目GDP＝GDPの時価評価額
実質GDP＝基準年（1990年）の物価をもとに評価し直したもの

※基準年は2000年の時点のもの

93年から政府が国民所得でGDPを用いたので、それ以降定着しているんだ

い、日本銀行が四半期に一度発表している経済指標です。調査は大企業を中心に行う主要企業調査と、中堅中小企業を加えて行う全国企業調査とがあります。

各企業の経営者による景気の現状認識と先行きに対する判断をアンケートを通じてまとめるもので、主要企業調査は約７００社、全国企業調査は約１万社とサンプル数が多く回収率も高いため多くの指標の中でも最も信頼のおけるものと考えられています。

企業の景気に対するマインドは当然経営に対する積極性に現れますから、投資を行う際にも頭に入れておくべき指標といえるでしょう。

11 国民生活を表す指数

景気動向指数の先行系列は、株価と連動する場合が多いので要チェック

■景気動向指数

景気が上向いているのか、それとも下向きなのかをはかる指標のことを「景気動向指数」といいます。これは32種類ある景気指標を分類、統合して景気全体の動きを観測するもので、毎月の数値が内閣府から発表され3か月前の数値との比較を行います。

それぞれの景気指標は以下のような系列に分類されています。

①先行系列

景気を先取する動きを見せる指標。「新規求人数」や「マネーサプライ」など。

②一致系列

景気の現状を表し、ほぼ景気と一致した動きを見せる指標。「百貨店販売額」や「大口電力使用量」など。

③遅行系列

景気よりも遅れて動く指標。「家系消費支出」や「完全失業率」など。

これら3系列の指標の値が拡張しているか減少しているかを見て、次の計算式に当てはめて指数化したものが景気動向指数です。

$$\frac{\text{拡張系列数}+1/2\times\text{横ばいの系列数}}{\text{採用系列数}}\times 100$$

この指数を3か月前のものと比較して景気の前進・後退が判断され、原則として一致指数が50%を越えているかどうかが判断の分岐点となります。

特に先行系列は景気の先行き判断の重要な指標となるため株価と連動する場合が多く、投資判断とし

用語 失業率はアメリカを超えた？

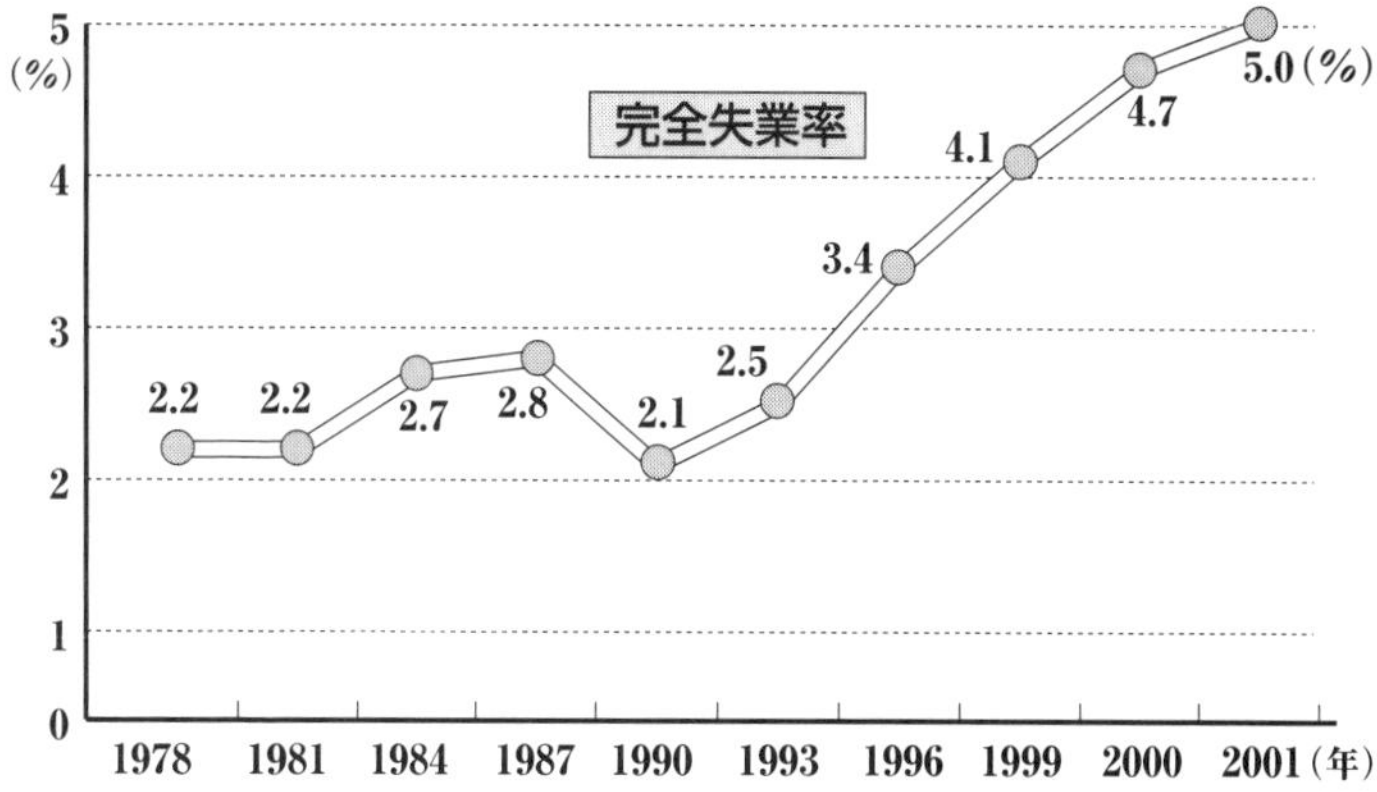

90年の倍の失業率。今やアメリカ以上に事態は深刻

て見逃すことができません。

■完全失業率

総務庁が毎月発表している「労働力調査報告」によって算出される「完全失業率」も政府の金融政策に対する転換を招く場合が多いため注目しておくべき指標です。調査は全国から無作為に選んだ４万世帯・10万人を対象に行われ、就業者と求職者の割合から算出されます。景気の悪化とともに失業率が上昇するのが一般的ですが、最近の傾向としては女性の社会参加や若年層の労働に対する意識変化といった構造上の変化によって、企業の求める人材と求職者との折り合いがつかず失業率が増加傾向をたどっているという面もあります。また景気が上昇傾向に転じた場合求職者が増加し、これが一時的に（職を得るまでの間）「失業者」とカウントされるため失業率が上昇することもあります。

完全失業率は景気の動向からは遅れた動きを見せることから、常に景気の先行きを見据えて行われる株式投資を行う際には直接の判断要因とはならないという点に注意すべきでしょう。

■消費者物価指数
consumer price index

全国の消費者世帯が購入する商品やサービスの価格水準を指数化して、物価の変動によって家計がどのような影響を受けたかを知るための指数です。調査する品目は食料品・住居費・光熱費・水道費・教育費・教養娯楽費・被服費・家具・家事用品・保険医療費・交通通信費・教養娯楽費・雑費の十項目580品目を対象とし、基準時を設定してこれらの価格変化によって家計の総費用がどのように変化したかを数値化します。ただし消費構造は変化するため、5年ごとに基準時の改正が行われます。

発表は毎月総務庁が行いますが、食料品やエネルギー価格は季節による変動が大きいため一概に比較することは困難となります。そこでこれら季節や天候に影響を受けやすい品目を除いた「生鮮食品を除く総合指数」を採用する場合もあります。

消費者物価指数や卸売物価指数は政府の財政・金融政策に連動し、物価安定時は政策金利の下げに転じることが多く、株や債券市場にとっては好材料となりますが、逆に物価上昇は市場にとって悪材料となる場合があります。

■卸売物価指数
wholesale price index

消費者物価指数と並び、物価水準の変動を表す代表的な指標です。企業と企業の取引や貿易取引などの卸売り段階における価格を指数化したもので、日本銀行によって月間値・旬間値が発表されます。

企業と企業の取引の中でも最も重要と思われる品目を選定して、基準年次の取引金額の割合をもとに指数を算出します。より生産者に近い販売価格をもとに調査が行われるため先行性のある指数と考えられています。

原材料などの生産財や設備に関する資本財をも含

用語 消費者物価指数と卸売物価指数

むため経済の動きや商品の動きをいち早く知ることができるという反面、一般サービスに関する価格が含まれていないために経済の実態を正確に把握できないという欠点もあります。

消費者物価指数

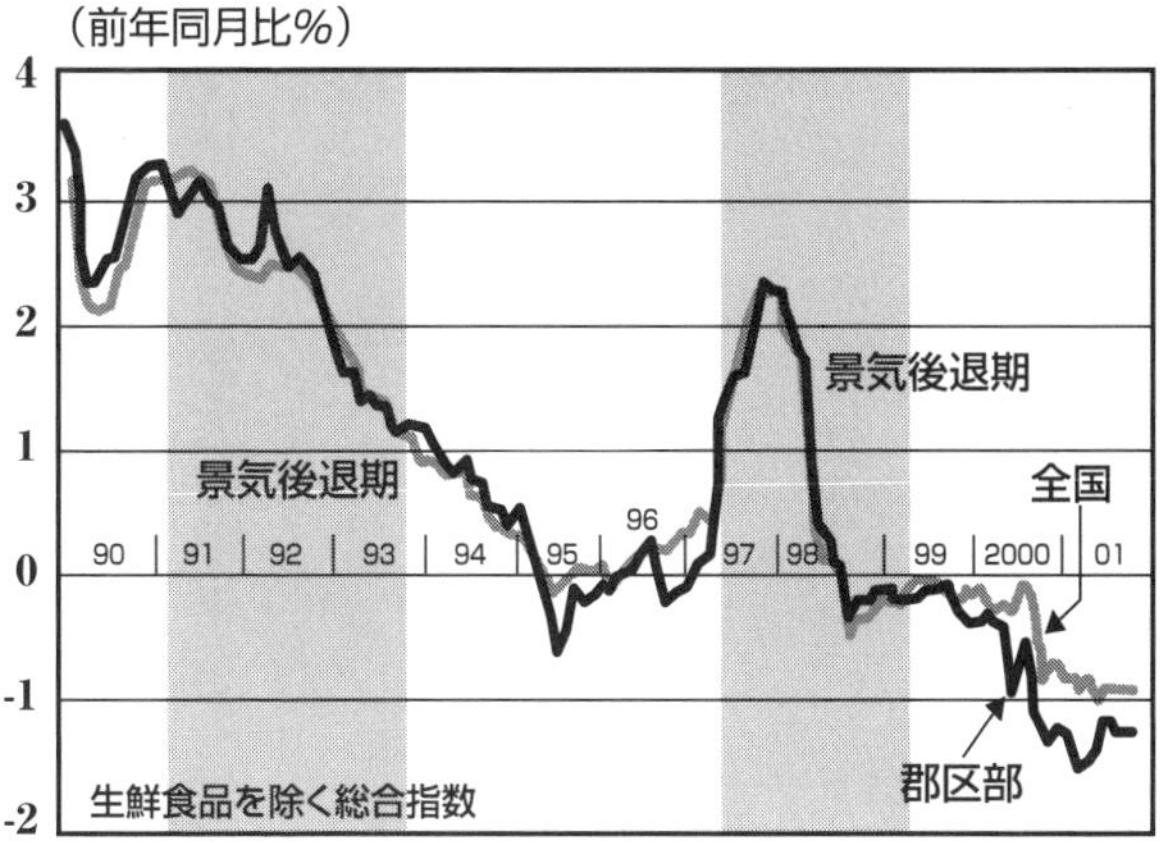

出典:総務省

卸売物価指数

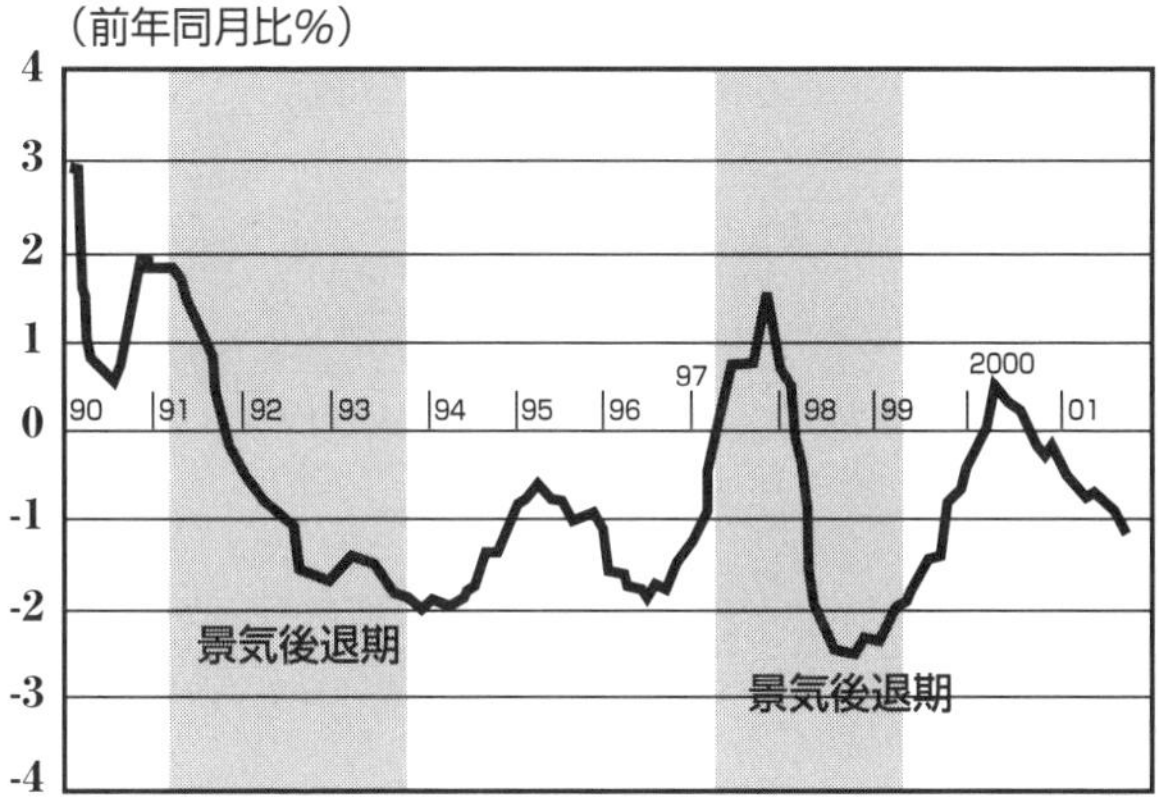

出典:日銀

12 「プライムレート」「公定歩合」とは？

かつては市場に絶大な効果があった公定歩合も今や威力は半減？

■プライムレート
prime rate

「最優遇貸出金利」と訳され、銀行が信用力の高い優良企業などに貸出しを行う際に適用する金利のことです。貸出し一年未満の「短期プライムレート」とそれ以上の「長期プライムレート」とに分けられています。

貸出先の信用力によって銀行側はプライムレートに一定の金利を上乗せして貸出しします。このため企業側にとってはプライムレートが上がれば資金を調達するためのコストが上昇してしまうわけです。これは企業の設備投資に対する意欲を削ぐことにつながるため、企業業績の先行きに対してはマイナス要因となります。逆にプライムレートが低ければ企業の投資意欲を誘うこととなり、企業の株価にとってもプラス要因となるわけです。

ただし近年は企業側の資金調達方法にも変化が現れており、プライムレートを下回る金利での貸出しも増加しているため、必ずしも銀行からの借り入れが全てというわけではありません。このためプライムレートの動きが直接企業の設備投資に対する意欲に影響を与えることは少なくなっており、最近では株価の先行きを見る上でプライムレートを重要視することはあまりなくなりました。

■公定歩合
official discount rate

中央銀行（日本では日本銀行）が市中金融機関（都市銀行、地方銀行など）に対して貸出を行うときの基準金利のことです。

用語 マネーサプライと物価の関係

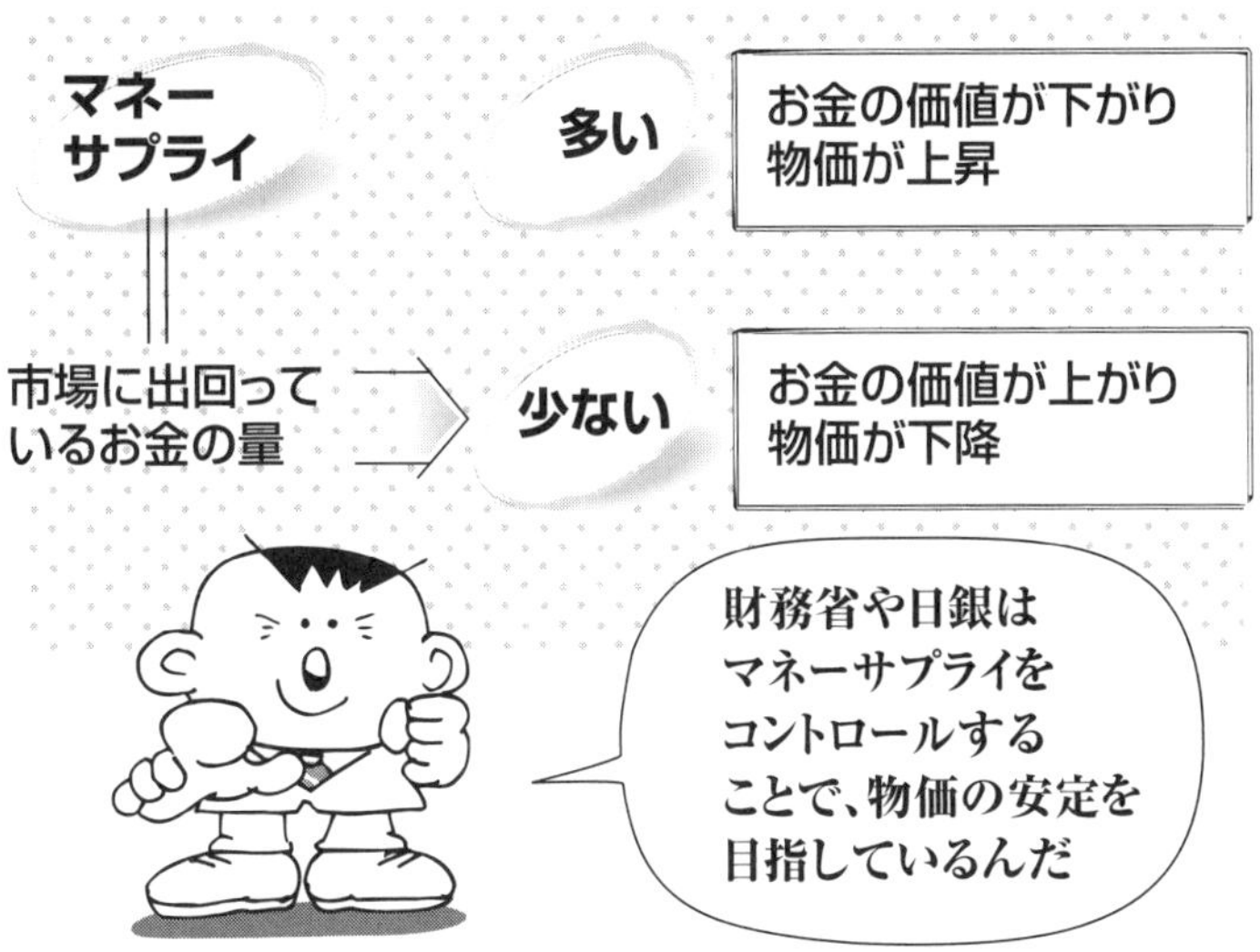
マネーサプライ
市場に出回っているお金の量
多い
お金の価値が下がり物価が上昇
少ない
お金の価値が上がり物価が下降
財務省や日銀はマネーサプライをコントロールすることで、物価の安定を目指しているんだ

公定歩合が変更されることによって銀行の貸出金利が変わるため、企業は資金調達のコストに影響が生じ、企業活動自体に直接影響を与えることになります。これを「コスト効果」と呼んでいます。

一方、公定歩合の変更は中央銀行の金融政策を端的に示すものであるため、その方針や中央銀行からのメッセージを知る上でも重要な指標です。これを「アナウンス効果」と呼びます。

ただ、金利が自由化された現在では、かつてほど金利が公定歩合の変更によって動くことはなくなり、影響力は次第に弱まっているといえるでしょう。

■マネーサプライ

money supply

国や銀行以外（民間）が保有している現金・預金・定期預金などの残高の合計で、毎月日銀によって発表されます。「貨幣（通貨）供給量」または「通貨残高」と呼ばれ、世の中に流通しているお金の供給量を指しています。

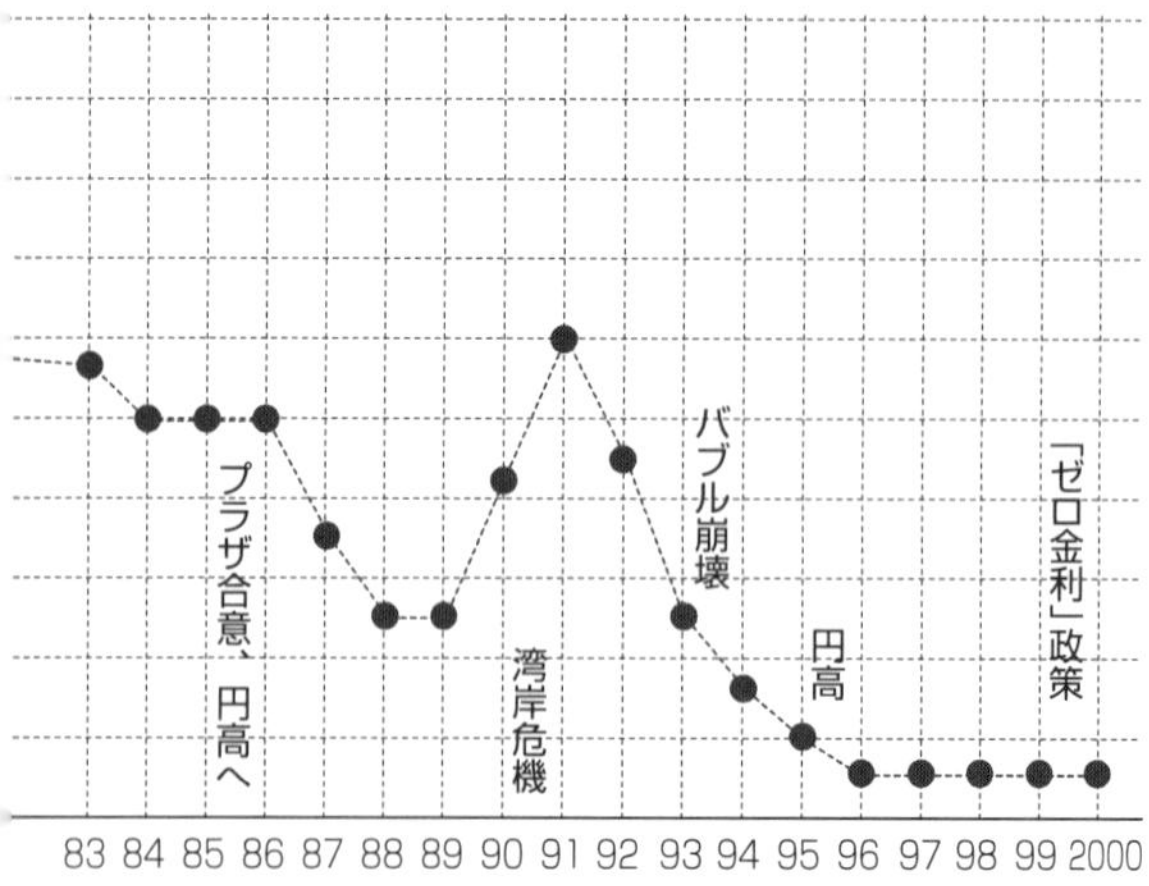

出所:日本銀行「統計便覧ーメモー」

銀行が積極的に貸出しを行うと貨幣の流通量が増える（マネーサプライが増加する）結果となりますから好景気を呼ぶことになりますが、あまりに過剰になるとバブル期に見られたようにインフレを呼びます。逆にマネーサプライが減少するということは銀行の貸出しが減っていることを意味しますから、景気も後退する傾向にあります。日銀は公定歩合の引き上げ・引き下げによってマネーサプライの増減を操作し、景気刺激策としたりインフレ抑制を行ったりします。

マネーサプライには換金のしやすさから「Ｍ１」「Ｍ２」「Ｍ３」に分類されています。「Ｍ１」は現金と預金の合計。「Ｍ２」は「Ｍ１」と定期性預金との合計。「Ｍ３」は「Ｍ２」と貯蓄性預金の合計を指します。一般にマネーサプライと呼ばれているのは「Ｍ２」にＣＤ（譲渡性預金）を足したものを指しています。

マネーサプライの伸び率は株価と連動する場合が多く、景気に対しても先行性があるため投資指標と

用語 公定歩合の推移

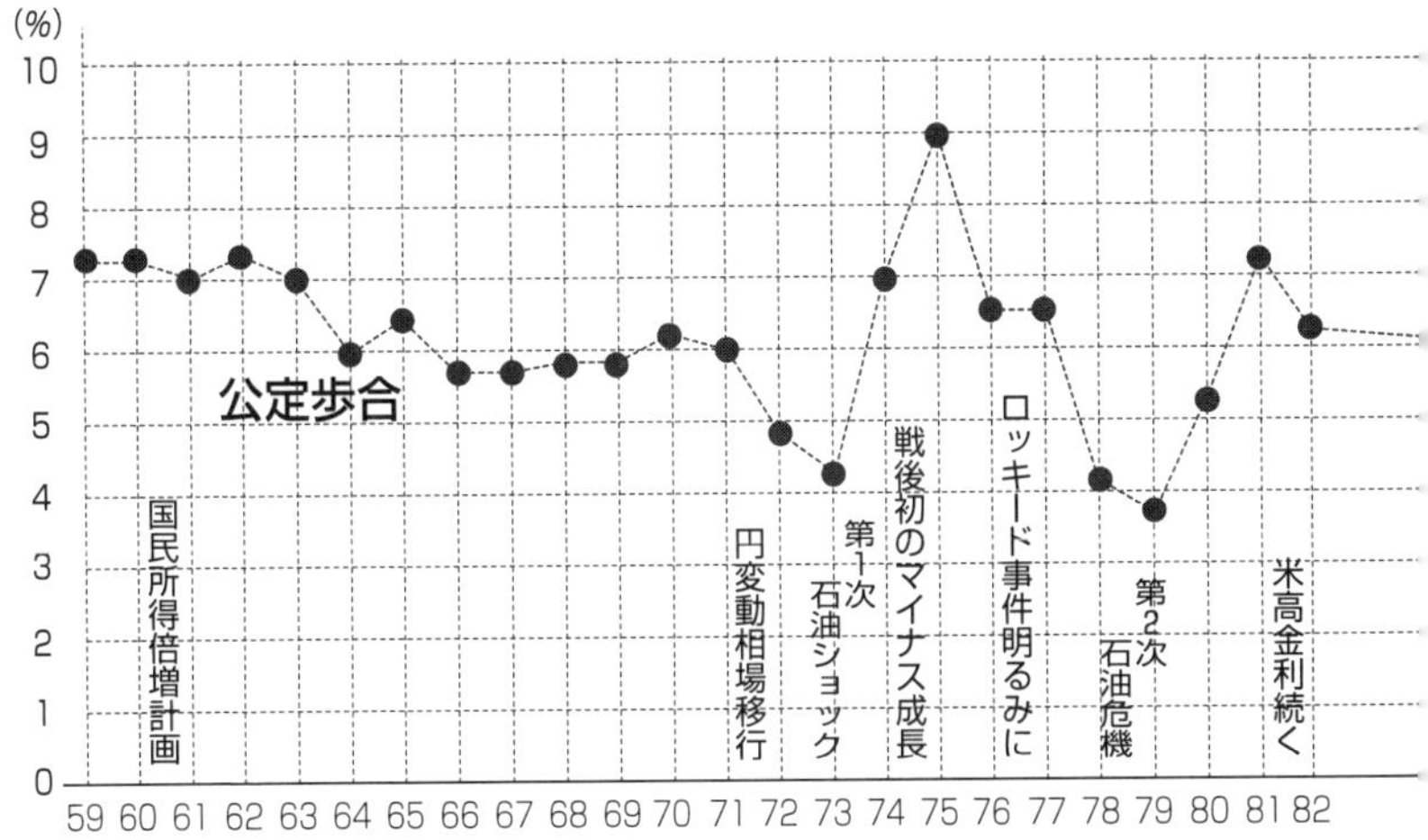

して重視されます。また、株式投資を行う際に重要となる「景気の転換点」を見極める材料としても注目すべき指標です。

（CD➡P252参照）

■市中短期金利

期間一年以内の短期資金の調達や運用を行う市場である「短期金融市場」で取引されている金利を指します。短期金融市場は金融機関だけが参加することのできる「インターバンク市場」と、一般の企業も参加することができる「オープン市場」に分かれており、扱う金融商品によってさらに各市場に分かれています。

通常株価は短期金利と逆の動きを見せるとされており、金利が下がると株に対する期待度が増すために株価が上昇すると考えられています。このため株式投資を行う場合には短期金利の動向にも気を配ることが大切です。

コール市場

インターバンク市場のひとつで、無担保と有担保の取引があります。短期金融市場の代表的なものであり、非常に短い機関での貸し借りが行われます。「無担保コール翌日物」は文字通り今日借りて翌日返済するという非常に短期の取引で、この金利は経済全体や日銀の政策にも大きな影響を与えます。

株式市場に与える影響も当然大きいため、注視する必要があります。

TIBOR（タイボー）

Tokyo Inter-bank Offered Rate

全国銀行協会連合会が公表している短期金利の指標です。都銀や長期信用銀行などの18の金融機関に対して聞き取り調査を行い、これを元にして銀行間取引の平均値が公表されます。

CD

Certificate of Deposit

「譲渡性預金証書」のこと。これを売買する市場を「ＣＤ市場」と呼び、オープン市場の一つに数えられます。ＣＤの金利も短期金利の重要な指標となります。

長期金利

取引期間が一年以上の金利のことを「長期金利」と呼び、国債の利回りや一年以上の定期預金金利のことを指します。

長期金利は、将来の経済成長やインフレ率を予測し決定されます。景気の低迷はそのまま株式市場の低迷につながりますから、金融市場が将来の景気をどのようにとらえているかを知ることは、株価の動向を判断する材料ともなるのです。

用語　「ゼロ金利政策」とは？

1999年2月

短期金融市場の無担保コール
翌日物金利の目標水準を0.15%に！

1999年2月末

日銀総裁が「翌日物金利はゼロでもよい」と発言

↓

デフレ危機脱出が狙い

以降、この日銀の対策を
「ゼロ金利政策」と呼ぶ

↓

1999年3月下旬に翌日物金利は0.03%
まで低下。手数料を差し引くと実質**ゼロ**

↓

先進国では例のないこの政策は普通預金
の金利を0.05%まで下げる結果に!!

2000年8月

政府・自民党の反対を押し切って「ゼロ金利政策」解除を決定!

2001年3月

いっこうに景気が回復せず、およそ7カ月ぶりにゼロ金利復活!

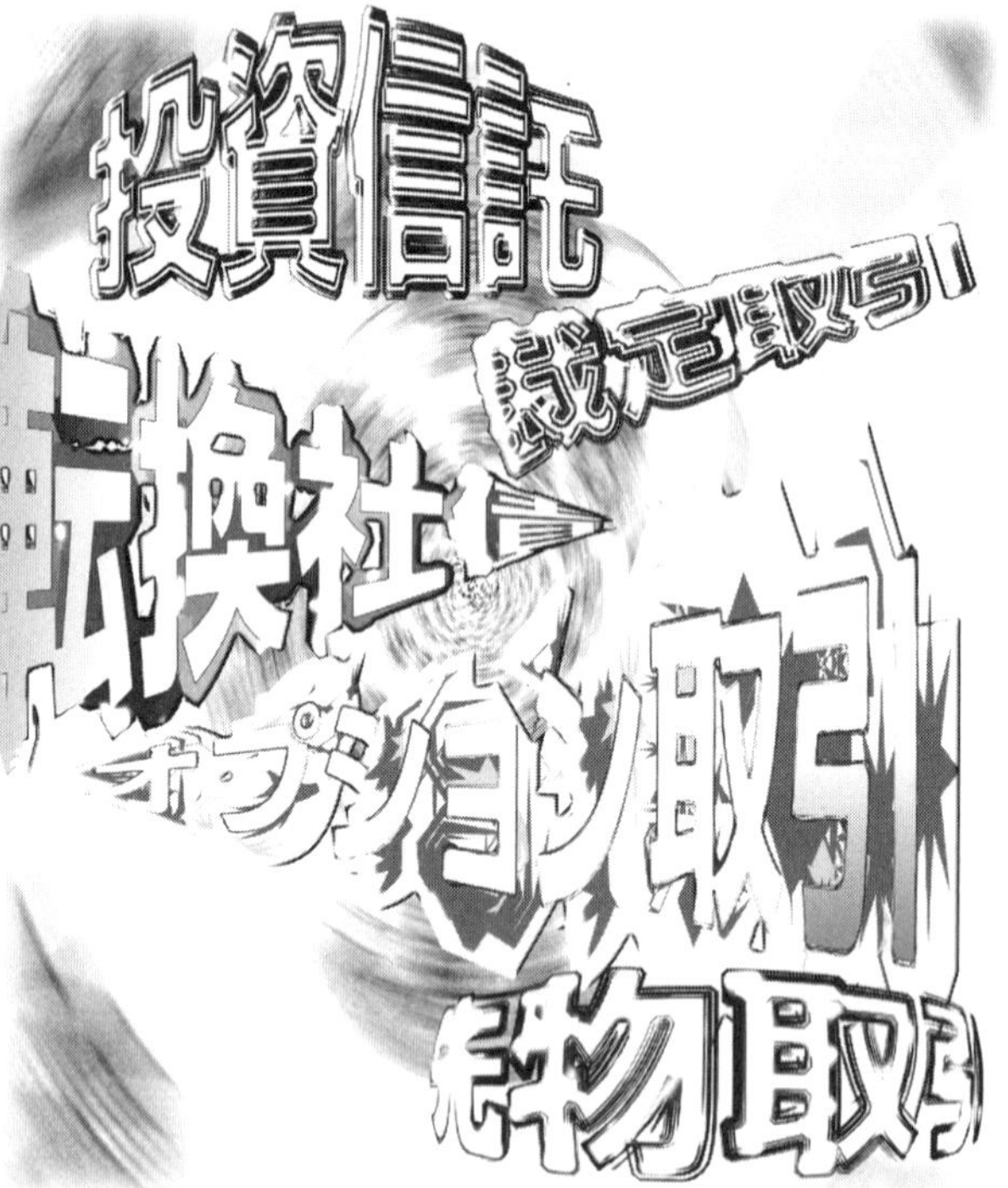
投資信託
オプション取引

PART 8

取引の形態と金融商品

普通取引以外の
様々な取引についても押さえておこう！

★投資信託の仕組み
★ユニット型とオープン型
★先物取引の仕組み
★裁定取引の仕組み
★「デリバティブ」と「オプション取引」
★「転換社債」と「ワラント債」
★「ミニ株」「るいとう」とは？

1 投資信託の仕組み

多数の投資家から資金を集め、それをまとめて投資の専門家に運用を委託する

投資信託（投信）
investment trust

複数の投資家から資金を集め、投資の専門家が有価証券に分散投資してその利益を投資家に投資額に応じて分配するものです。集められた資金は「ファンド(信託財産)」と呼ばれ、投資信託委託会社が運用を行います。リスクは投資家が負い、元本保証はありません。信託財産の管理は信託銀行が行い、投資信託の販売・換金は証券会社や金融機関などが行います。

そのメリットは巨額の資金が集まるため多様な運用が可能な点にあり、株式を始め、国債、公社債、転換社債などに分散投資することでリスクの軽減を図れます。運用状況に関しては「運用報告書」などによって、投資家に対し情報が開示されます。

投資信託委託会社
investment trust management company

投資信託の運用を行う会社。かつては証券会社が投資信託の運用も兼ねていましたが、１９６０年代初めに分離が進み大手証券会社系列の投資信託委託会社が設立されました。金融ビッグバンによる規制緩和によって金融機関を始め様々な業種からの参入が相次いでいます。

基準価格

投資信託の一口当たりの価格のことです。変動する投資信託の純資産価格を投資信託委託会社が評価して売買基準価格を公表するもので、単位型は毎日曜日、追加型は毎日公表され買付けや換金の際の基

用語 投資信託はこうなっている！

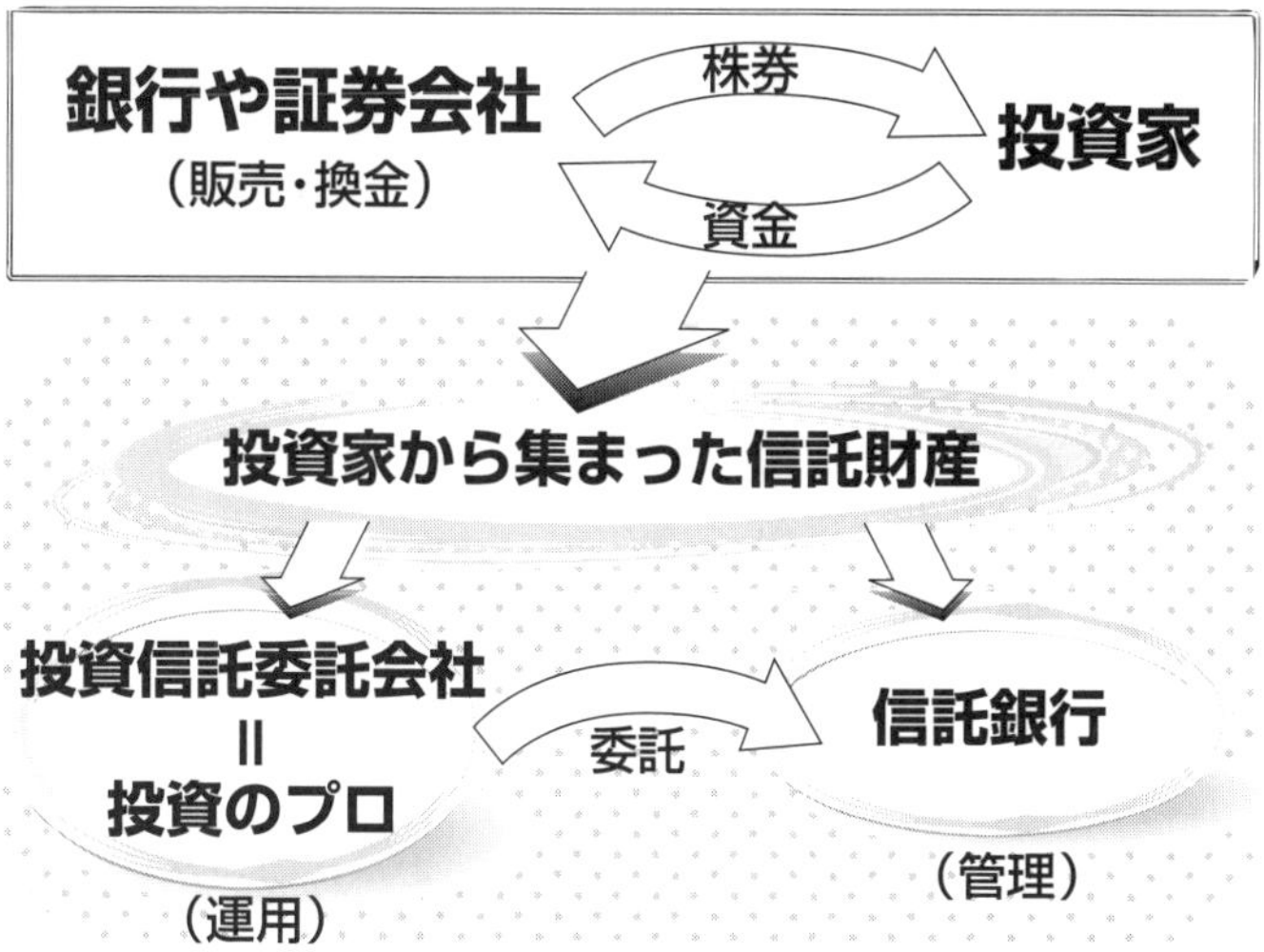

準とされます。

■分配金

投資信託の配当金のことです。投資信託の収益は、株式の配当や公社債の利子から生ずるインカム・ゲイン、有価証券の売買損益（キャピタル・ゲイン）によって生み出され、決算の際に投資家に分配されることになります。

■償還／繰り上げ償還

単位型投資信託の信託期限（3年から7年）に投資家に対してお金を返すことを償還といいます。信託財産に運用によって得られた収益を加え、投資口数に応じて償還金が支払われます。

一方、信託期間中に解約が増加するなどして運用が困難になった場合などに、信託期限を待たずに償還することがあります。これを「繰り上げ償還」と呼びます。多くの場合、残存する元本が約款に定めた一定の額を割った際に繰り上げ償還を行います。

2 投資信託の種類

資金の追加ができるかできないかで、「単位型」と「追加型」に分けられる

■オープンエンド型投資信託
open-end trust

投資家が自由に換金することが可能な投資信託のことで、信託財産は時価で解約を受け付けます。

■クローズドエンド型投資信託
closed-end trust

投資家から集めた信託財産が閉じられており、原則として投資家からの買い取りに応じない投資信託のことです。投資家は換金ができないので、証券会社が買い取って取引所などで他の投資家に売られることになります。

この場合価格は信託財産の一口（あるいは一株）の価格とは一致せず、低く評価される場合がほとんどです。しかし信託財産が動かないために安定的な運用が可能となります。

■会社型投資信託／契約型投資信託
corporate type/contractual type

投資信託の種類。投資を目的とした会社（証券投資法人）を設立して運用することを「会社型投資信託」と呼びます。主にアメリカに多いタイプで投資家はその会社の株に投資して配当を受け取る形を取ります。

一方の「契約型投資信託」は日本に多いタイプで、投資信託委託会社（委託者）と信託銀行（受託者）が信託契約を結ぶことによって設立される投資信託です。投資家から集められた資金は信託銀行が管理を行い、投資信託委託会社によって運用されます。

■株式投資信託
stock fund

契約型の投資信託のうち、株式を組み入れる投資信託のこと。少しでも株式が組み込まれたものはすべて株式投信です。株式を組み入れる比率によって「安定型」（50％以内）、「安定成長型」（70％以内）、「成長型」（70％以上）に分けられます。リスクは大きくなりますが高い収益が望めます。

■公社債投資信託
bond fund

契約型の投資信託のうち、公社債を組み入れる投資信託のこと。株式は一切組み入れずに運用されます。株式投信に比べると安定性にポイントを置いたものといえます。

■単位型投資信託（ユニット型）
unit type

購入できるのは募集期間だけで、追加募集されることのない投資信託です。契約後は追加投資することはできません。一定の信託期間（クローズド期間）が決められており、その間は解約も不可。

株式投資信託と公社債投資信託があり、代表的な商品には「ファミリーファンド・ユニット」（株式投資信託）や「長期国債ファンド」（公社債投資信託）などがあります。

■追加型投資信託（オープン型）
open type

運用が開始された後でも購入することができる投資信託のことで、契約後も追加投資が可能です。運用期間が定められておらず、株式のように売買差益を得るために運用することも可能です。

代表的な商品に「ミリオン（従業員積立投資プラン）」があります。これは従業員持ち株会が自社株以外に投資する場合に利用される商品で、株式投資信託にあたります。公社債投資信託の代表的なものとしては「ＭＭＦ」があります。

■MMF（マネー・マネジメント・ファンド）

money management fund

短期公社債やコマーシャルペーパー（短期・無担保の約束手形）など国内外の一年未満の短期金融商品で運用される、追加型の公社債投資信託です。証券会社などが販売を行い、投資信託委託会社が運用を行います。毎日決算が行われ、運用実績に従って利益は全額投資家に分配されます。また分配金は基本的に毎月末の最終営業日に一括して再投資されます。

92年に発売された当時は預入金額が１００万円以上・1万円単位でしたが現在は申し込み・換金ともに1円単位に引き下げられました。最高５００万円までは申し出当日に換金が可能で、それ以上は翌営業日となります。

ただし30日未満で換金する場合には1万円につき10円の信託財産留保額が差し引かれることになっています。銀行の通常の定期預金などよりも有利なため未曾有の低金利時代を反映していっそう人気が高まっており、個人投資家や企業の資金が流れ込んでいます。

■中期国債ファンド（中国ファンド）

二年から四年の中期国債を主に組み入れた追加型公社債投資信託。収益は1か月単位で再投資され複利で運用します。１９８０年に創設された当時は中期国債の組み入れ率が50％以上とされていましたが、後に30％以上に引き下げられています。

いつでも換金が可能ですが、30日未満で換金する場合には1万円につき10円の信託財産留保額が差し引かれます。株式を組み入れないことで利回りが安定しているという長所があり、80年代に個人を中心に人気を得ましたが、徐々にＭＭＦにその座を明け渡しつつあります。

■長期国債ファンド

長期国債を中心に組み入れた単位型の公社債投資信託です。信託期間は5年。収益を毎年受け取る

用語 投資信託の種類は？

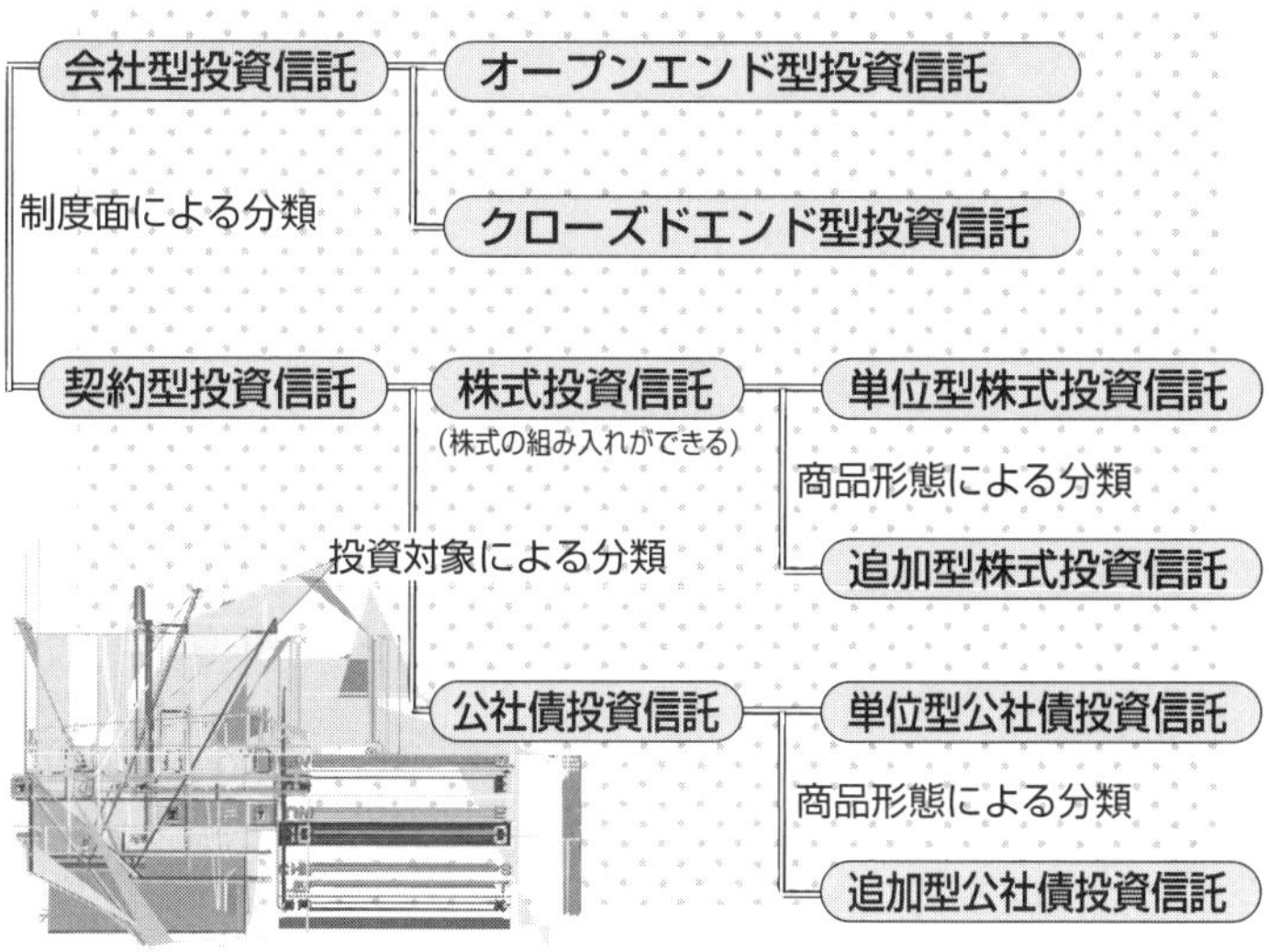

「分配型」と、再投資して満期に一括して受け取る「無分配型」があります。一口1万円単位で、一年後からは自由に換金可能ですが一年未満で換金する場合には一口１５０円の信託財産留保額が差し引かれます。長期国債の組み入れにより中国ファンドよりもいっそう安定した収益確保を目指す商品です。

インデックスファンド
index fund

日経平均株価や東証株価指数（ＴＯＰＩＸ）などの平均株価指数（インデックス）に連動して運用成果を上げることを目的とした追加型投資信託です。申し込みは1万円単位でいつでも換金でき、年一回分配金を受け取ります。東証第一部株式２００銘柄以上に投資するため、市場全体に投資する商品と考えることができます。売買のタイミングがつかみやすく煩雑な情報収集がさほど必要ない点が特徴で、アメリカなどの平均株価指数を対象とした商品もあります。

3 先物取引の仕組み

前もって決められた日に売買を行うことを決めておく取引の形態

■先物取引

1982年にアメリカで導入された制度で、ある株式を、将来特定の日にあらかじめ定められた数量、価格で受け渡しをすることを決めておく取引の形態を「先物取引」といいます。

日本では87年に大阪証券取引所で「株式先物五〇」が発売されたのを皮切りに、88年に東京証券取引所が「TOPIX先物」、大阪証券取引所が「日経二二五先物」を発売しました。これはともに株価指数を株式のように取り扱って売買するものです。

つまり「ダウ（日経平均）という名の株」が登場したのです。株価指数といっても、先物取引の場合は実際の株と同じように扱いますから、将来日経平均が上がると予測する人は買えばいいし、下がると予測するなら売ればいいわけです。

これらをまとめて「株式先物取引」といいます。先物取引とは、実際に株の売買を行なうのではなく、「将来この株を必ず買うよ（売るよ）」という約束をしておく制度のことです。

この約束は必ず守らなければなりませんから、約束した日までに株価が上がると予測するなら、「売り契約」を結んで、その株を現時点で買い入れます。そして約束の日がくるまでに、タイミングをはかって売るのです。実際に株価が上がれば、差額が利益になります。

株の売買は信用取引のように、委託証拠金を入れるだけで行えます。委託証拠金は売買金額の9％、最低600万円以上となっています。小さな資金で、大きな取引ができるわけです。

用語　先物取引の流れ

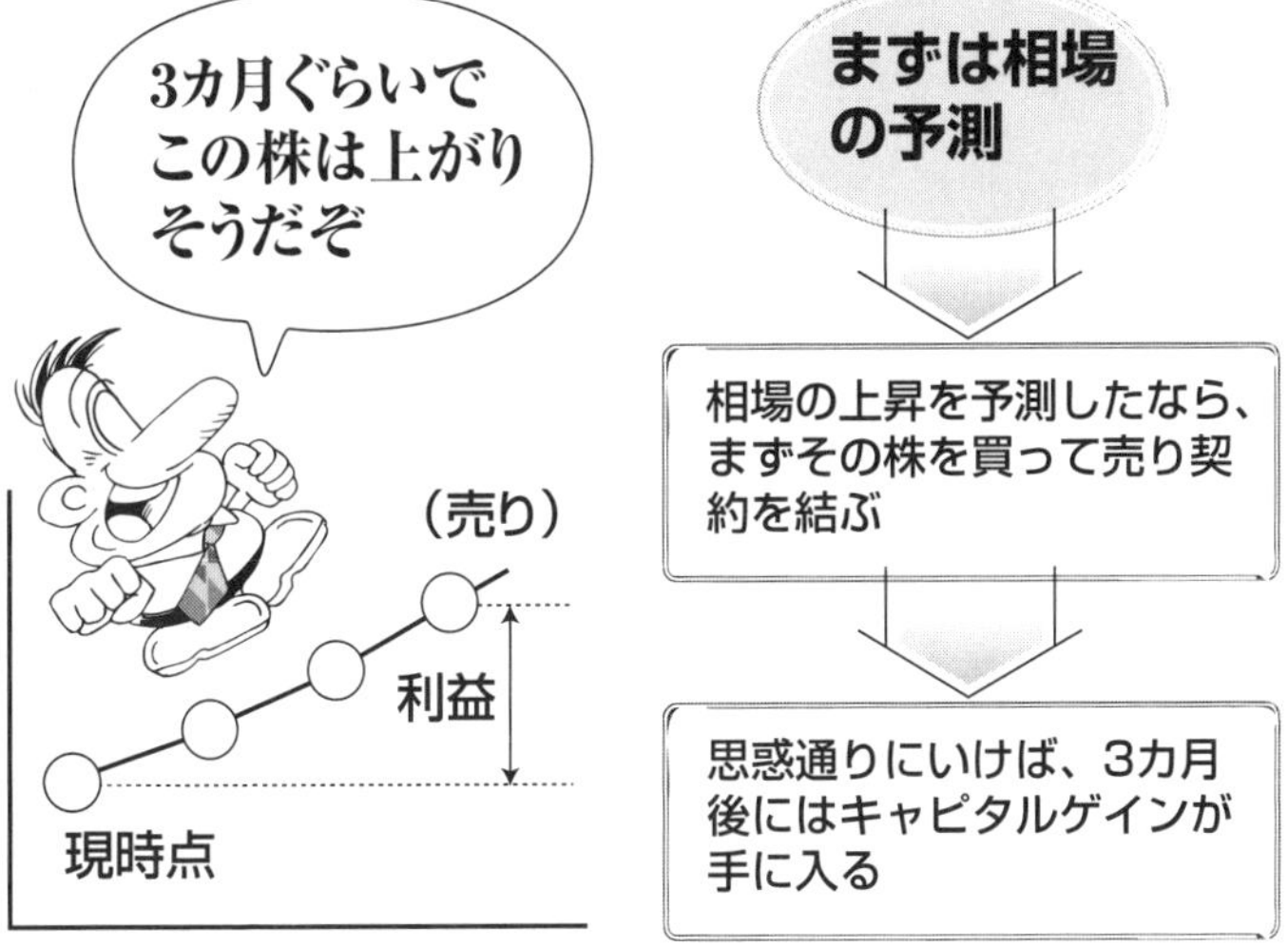
3カ月ぐらいで
この株は上がり
そうだぞ
（売り）
利益
現時点
まずは相場
の予測
相場の上昇を予測したなら、
まずその株を買って売り契
約を結ぶ
思惑通りにいけば、3カ月
後にはキャピタルゲインが
手に入る

■差金決済

売った価格と買った価格の価格差で、利益を受け取ったり、逆に損失分を支払ったりする決済方法のこと。

■限月

先物取引は、株価指数のように実際にはない商品を扱っているわけですから、売ったものは買う、買ったものは売るというように、反対売買によって契約が終了します。

「つまり売ったものはいついつまでに買い戻さなくてはいけませんよ」というように、締め切りが決まっているわけです。

この最終期日のことを「限月」といいます。もちろんこの期間内であれば、自由に売買できます。

この限月は、通常3、6、9、12月の第2金曜の前日と決められていて、最長1年3か月の5限月取引制をとっています。

4 裁定取引の仕組み

先物取引を利用したリスクなしの取引方法

■裁定取引

先物市場と現物市場の価格差を利用して、確実にしかもリスクなしで取引を行う方法が「裁定取引」です。先物取引を利用した取引ですから、取引最終日（限月）までに、反対売買によって差金決済します。

それでは、具体的に説明していきましょう。

例えばAという銘柄が、先物市場では1000円、現物市場では800円で取引されていたとします。

このときは割高な先物市場のものを売って、指定する限月までに買い戻す契約をします。一方、現物市場では同じ銘柄を買っておきます。

そうすると先物市場の方は徐々に価格が下がり始め、現物市場の方は徐々に上がり始めます。売り注文が多ければ株価は下がり、買い注文が多ければ株価が上がるのは市場の原則でしたね。

最終的に、理論上は現物市場の価格と先物市場の価格は一致します。先物とはあくまで投資家の予測によって動いているわけですから、予測された日が近づけば、現実に近づいていくのは当然のことです。

こうして両者の差が縮まったときに、反対売買、つまり先物市場では買い戻し、現物市場では売り抜けるのです。そうすれば、利ザヤが稼げることになります。

（限月➡P263参照）

■裁定解消売り

裁定取引を解消するために現物を売ること。当然現物の株価は下がっていきます。

もし、日経二二五の銘柄全部を大量に売りに出せば、株価が大暴落する恐れもあります。実際に、90年に株価が急落した原因は、この裁定解消のための現物売りが引き金になっていたといわれています。

用語 裁定取引の2つの方法

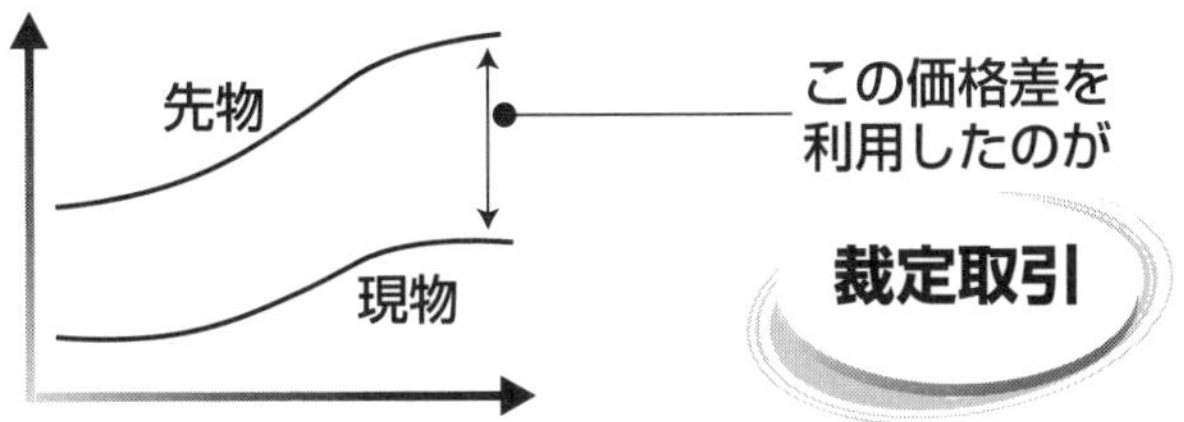

先物が現物より上なら…

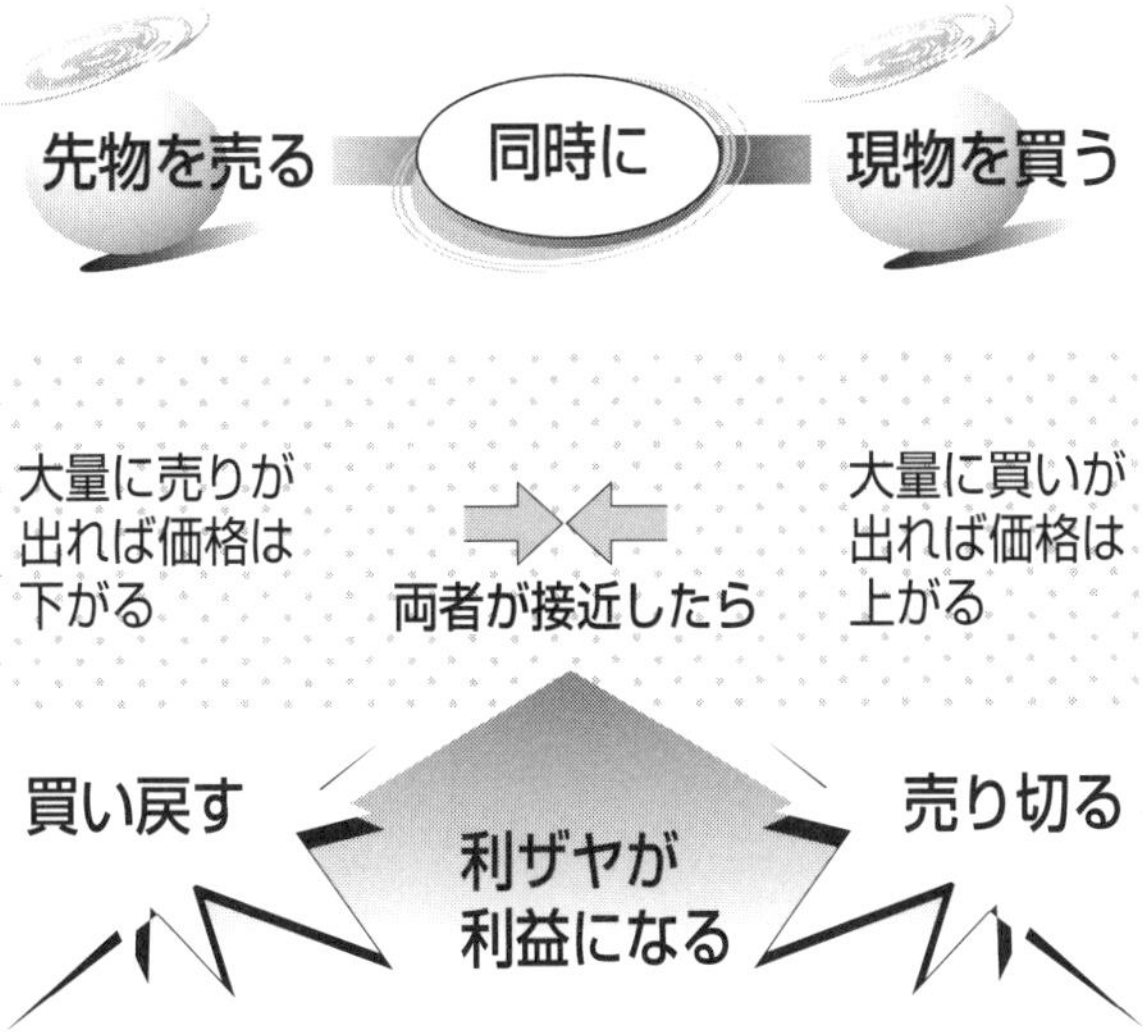

5 「デリバティブ」と「オプション取引」

先物、オプション、スワップ……これらの商品の投資価値は？

■デリバティブ
Derivative

「金融派生商品」を指し、株式や債券といった現物（原資産）から派生した金融商品であるためこのように呼ばれており、1998年に日本版ビッグバンの一環として全面解禁となりました。株式を売買する権利を取引材料とするオプション取引や、将来の相場の変動を予測して「売買の予約」を取引材料とする先物取引、異なる通貨の債権・債務や異なる種類の金利を交換するスワップ取引（交換取引）などがあり、いずれも高収益を望める取引として個人投資家からも注目されています。

ただしリスクが高く巨額の損失を出す企業などが相次いだこともあって、市場に混乱を招くとして規制の方向に動いている国もあります。

■オプション取引
option

株式や債券などを、特定の期日までにあらかじめ設定した価格で売買する「権利」を取引することです。

売買の価格は市場価格に左右されることはありません。買う権利を「コール・オプション」、売る権利を「プット・オプション」といい、あらかじめ設定した価格のことを「権利行使価格」といいます。また、権利を買う際に支払う料金を「オプション料（またはプレミアム）」と呼びます。

期日が来た際に買い手はそのときの価格によって、権利を行使するか、転売するか、あるいは放棄するという選択肢があります。仮に予想がはずれ株価が下がったとしても、権利を放棄すれば損失はオプシ

用語 オプション戦略とは？

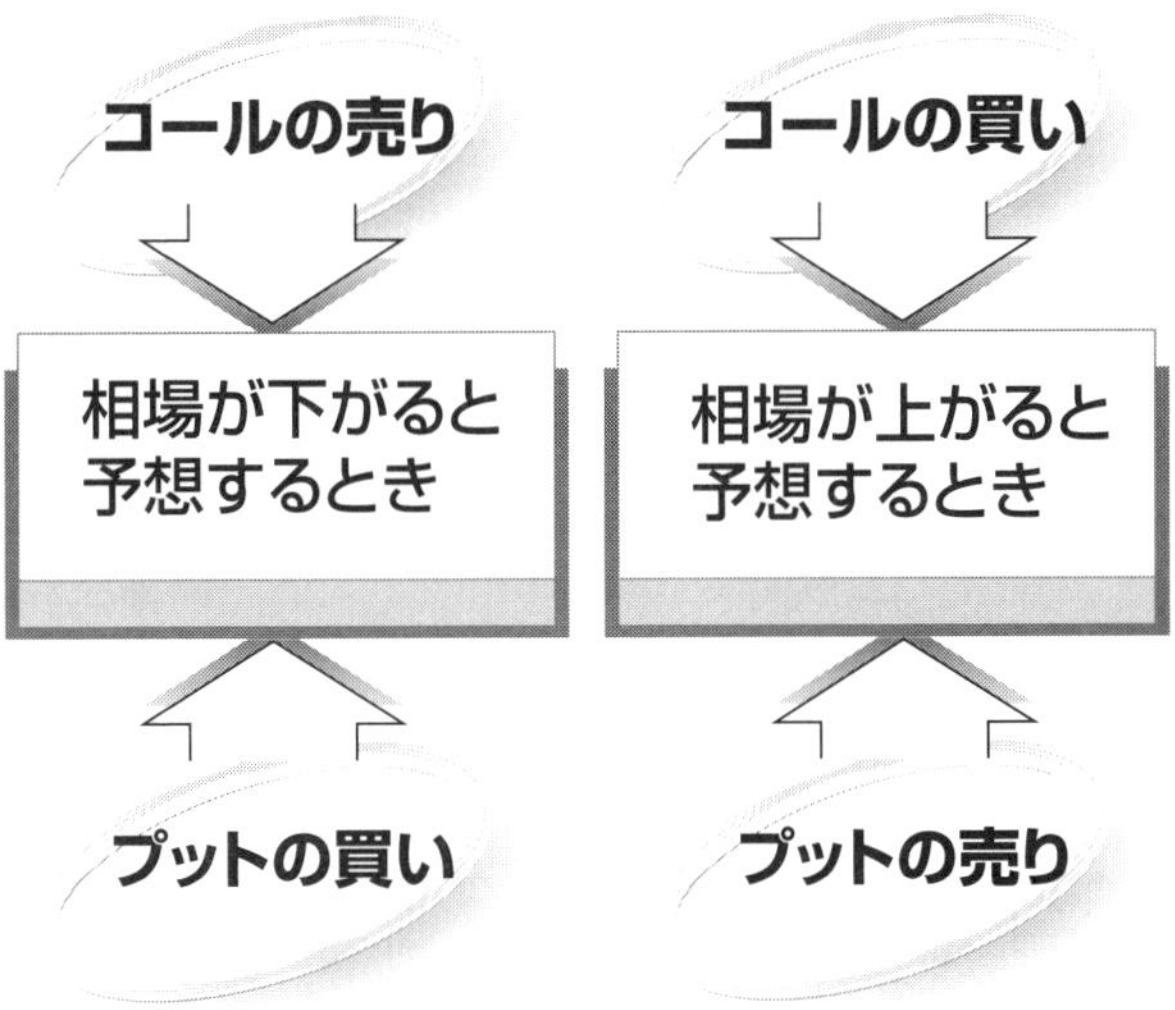

例 コールの買い

現在17,000円をつけている日経平均を、17,500円で「買う権利」を取得。プレミアム料は300円

相場が18,000円まで上がったところで権利を行使

17,500円で買う契約をしているのだから、
18,000−17,500=500円が儲け。
プレミアム料300円を差し引いても、200円の儲け

上昇すればするほど、この利益の幅は大きくなる。
逆に売った方は、その分だけ損失が大きくなる。つまり、
行使価格によるので、損失は無限大。

ョン料のみとなります。一方売り手は予想が当たればオプション料を手にすることができますが、はずれた場合でも価格に関係なく権利行使に応じなければならず大きな損失が出る可能性があります。

現在上場されている株式オプションには、東京証券取引所の「日経平均オプション」や大阪証券取引所の「TOPIXオプション」、東証と大証の「個別株オプション」などがあります。

■個別株オプション取引

equity option

1997年からスタートした取引で、個別の銘柄を対象としたオプション取引のことです。スタート当初は東証、大証とも20銘柄を採用し、後に銘柄数の拡大が行われました。

オプション取引は取引高が大きく個人投資家が取引を行うことは事実上不可能でした。しかし金融資産の海外流出に対する懸念から、日本でも魅力的な個人向けデリバティブ商品開発を望む声が高まりようやく実現にこぎつけました。「株券オプション」とも呼ばれ、市場の活性化に期待が集まっています。

■ストックオプション

stock option

会社の経営者、役員、従業員があらかじめ定めた価格（行使価格）で自社株を購入できる権利のことです。

日本では当初ベンチャー企業などに限って認められていましたが、1997年の商法改正で全ての企業に導入することが認められました。数年間の権利行使禁止期間が設定されているのが普通ですが、この期間を過ぎたときの株価が行使価格よりも高ければその差額を報酬として受け取ることができます。自然、従業員に目的意識が生まれ業績の向上にもつながりますし、経営者も株主や株価に対してより目を配るようになると考えられています。

（**従業員持ち株制度➡P38参照**）

用語 ストックオプションの2つの方式

自己株式方式

ストックオプションを与えると同時に、会社が市場から自社株を買い、権利行使に応じて株式を交付する。
配当可能利益（株式資本から資本金と法定基準金を引いた額）の範囲内で、発行済み株式数の10％まで買える。
定時総会での決議が必要。

新株引受権（ワラント）方式

ワラントを発行し、役員や従業員に付与する。このワラントは譲渡できない。
ワラントの権利行使に応じて新たに株式を発行する。
総会で定款を変更する特別決議が必要。

例えば……

企業は1株の時価が500円のときに、一定期間内に600円で株式を購入できる権利を社員や取締役に与える。

↓

社員や取締役は1株600円で1万株を購入。

↓

株価が1000円になった時点で権利を行使し、自社株を受け取ると同時に市場で売却すると、手数料や税金を考慮しなければ、値上がり分の400万円の利益を手にすることになる。

↓

ただし、業績が向上せず、株の低迷が続けば、報酬は得られない。

6 「転換社債」と「ワラント債」

株式に転換できる社債と新株引受権がプラスされている社債のこと

■転換社債（CB）
convertible bond

発行企業の普通株式に転換できる権利を与えられている社債のことです。投資家は一定期間を過ぎれば株式に転換して売却することができるため、株価が上昇していれば値上がり益が得られます。もちろん社債として満期まで持ち続けることも可能ですし、株式に転換して株として保有することもできます。

転換社債は元本が保証されているため株式よりもリスクが低いといえます。また一般的に株式の配当よりも高い利子収入が得られるというメリットもあります。つまり転換社債は株式と社債の両方の性格を併せ持っており、投資家にとっては株式よりも有利で安定した商品といえるでしょう。

一方、発行企業にとっても、発行する際に定める利率（発行利率）が通常の社債よりも低いため、低金利で社債を発行し資金を調達できるという利点があります。社債は会社にとっては借金ですが、株式に転換された時点で借金を返す必要がなくなる上、資本金に組み入れられて資本金が充実するという点も大きなメリットといえます。

なお、転換社債を株式に転換する際、株式一株を得るために必要な転換社債の額面金額のことを「転換価格」と呼びます。また株式に転換可能な期間（転換請求期間）は、通常発行後半月～2か月後から償還日の前日までとされています。

■パリティ価格
parity

転換社債を株式に転換した場合の評価を「額面1

用語 転換社債の4つのメリット

社債として満期まで持ち続ける
（利息が収入となる）

転換社債のまま売却する
（値上がりしていればキャピタルゲインが！）

株式に転換してそのまま保有する
（配当金が手に入る）

株式に転換してそのまま売却する
（キャピタルゲインが得られる）

00円当たり何円」と表すもの。株式に転換するタイミングを計るための判断尺度となります。理論上の価格を表すために「理論価格」とも呼ばれます。

計算式は、

$$\frac{\text{株価}}{\text{転換価格}}\times 100=\text{パリティ価格（円）}$$

となります。

この計算式によって算出されたパリティ価格が転換社債の時価よりも高ければ、転換社債は割安ということになります。

■乖離率

転換社債の時価が、パリティ価格とどの程度離れて（乖離して）いるかを見るための比率、つまり時価とパリティ価格との差のことを指します。

転換社債の時価からパリティ価格を引いて出た数字をパリティ価格で割って百分比を出したもので、計算式は、

$$乖離率（\%）=\frac{転換社債の時価-パリティ価格}{パリティ価格}\times 100$$

となります。乖離率がプラスのときは転換社債のままで売却する方が有利で、逆に乖離率がマイナスとなった場合（逆乖離といいます）には株式に転換した方が有利になります。株式への転換が損になるか得になるかを表す重要な数字と言えるでしょう。

■新株引受権付社債／ワラント債

bond with stock purchase warrants

ワラント債の正式名称は、「新株引受権つき社債」で、「WB（ワラント・ボンド）」と略します。

この言葉からもわかるように、通常の社債に、株式を取得する権利がくっついているわけですね。

転換社債と非常に似ていますが、転換社債が株式に転換すると社債の部分は失ってしまうのに対し、ワラント債は社債の部分と株に転換できる部分は別物ですから、株式に転換しても社債の部分はそのまま残っているのです。

ワラントは証券取引所には上場されていず、店頭株のように、証券会社を通して売買されます。

■分離型／非分離型

ワラント債には、社債の部分と新株引受権の部分を一緒にして売買する「非分離型」と、社債の部分と新株引受権の部分を別々にして売買する「分離型」があります。

「分離型」の場合は、社債の部分と新株引受権の部分は、別の有価証券として処理されます。

つまり、売買には、

①ワラント債として売る
②社債の部分だけ売る
③ワラント（新株引受権）の部分だけ売る

と、3種類の方法が存在することになります。ただし、ワラントには権利を行使する期間、価格が決められています。

用語 転換社債とワラント債の違いは？

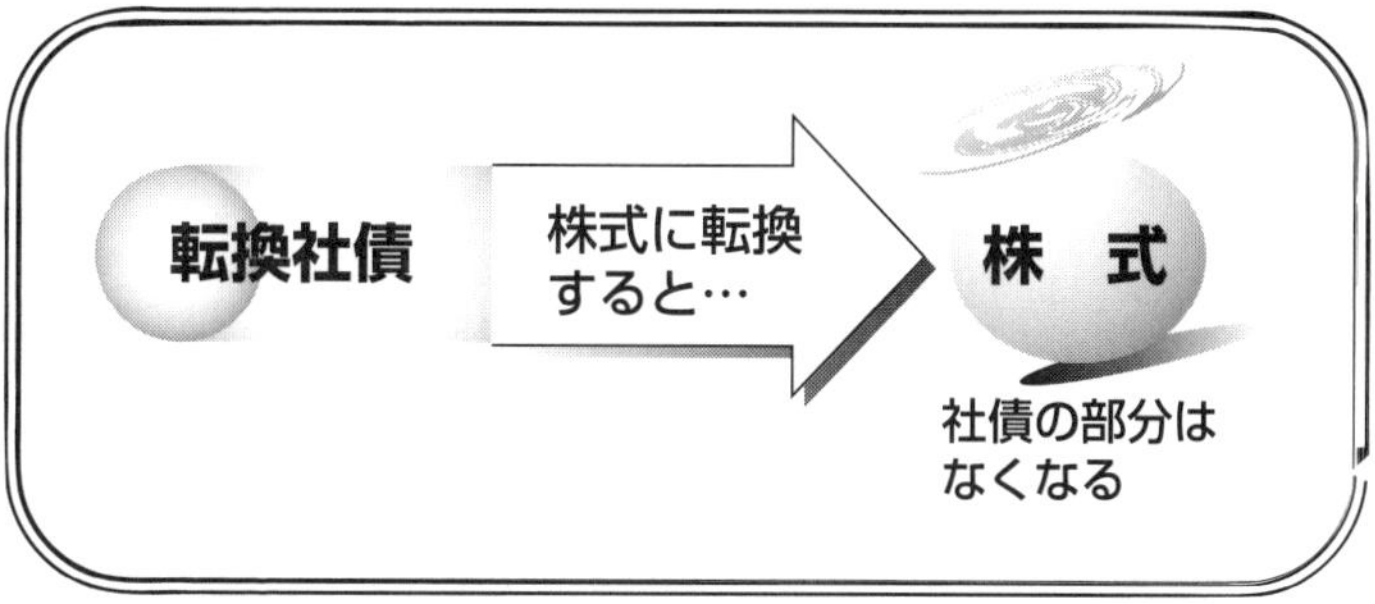
転換社債
株式に転換
すると…
株　式
社債の部分は
なくなる

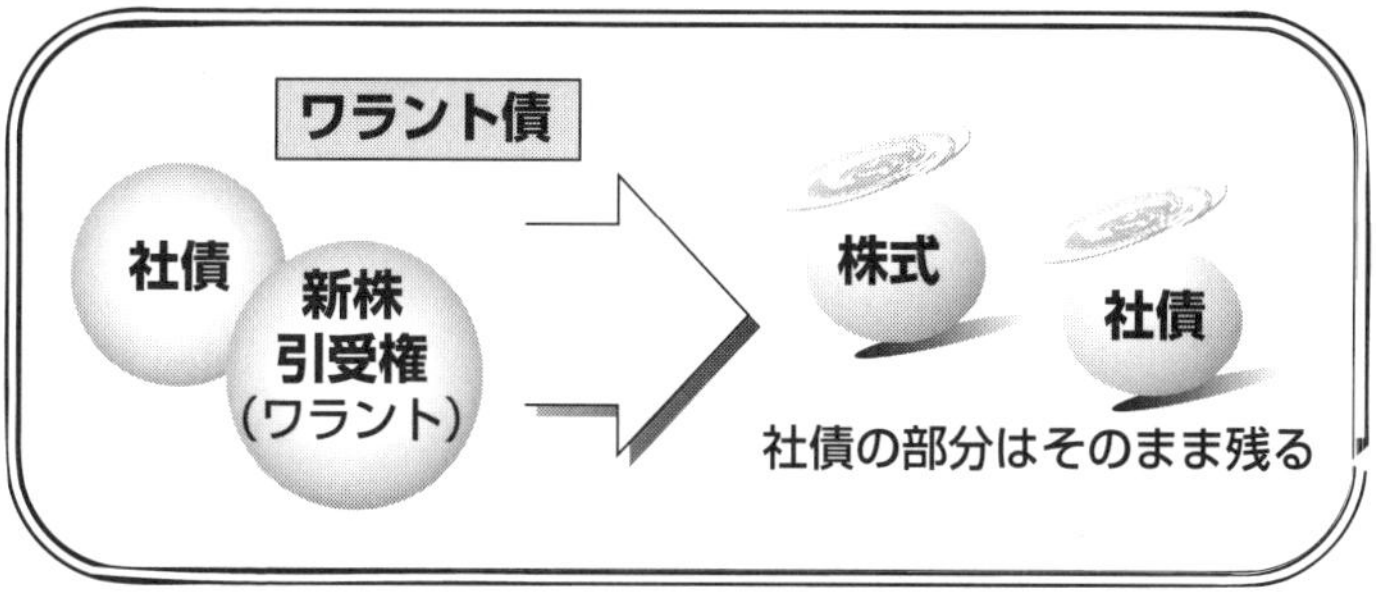
ワラント債
社債
新株
引受権
（ワラント）
株式
社債
社債の部分はそのまま残る

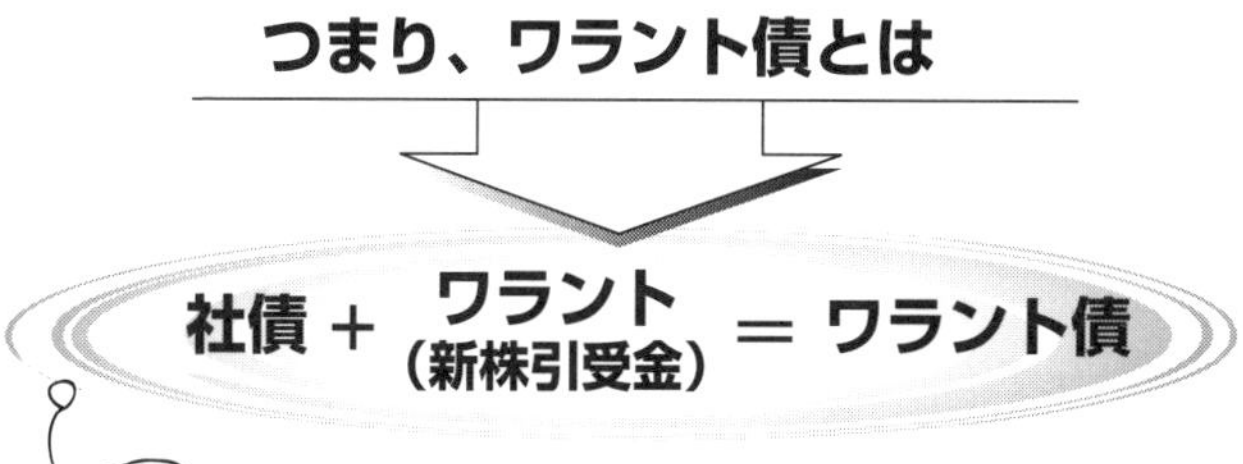
つまり、ワラント債とは
社債 ＋ ワラント
（新株引受金） ＝ ワラント債

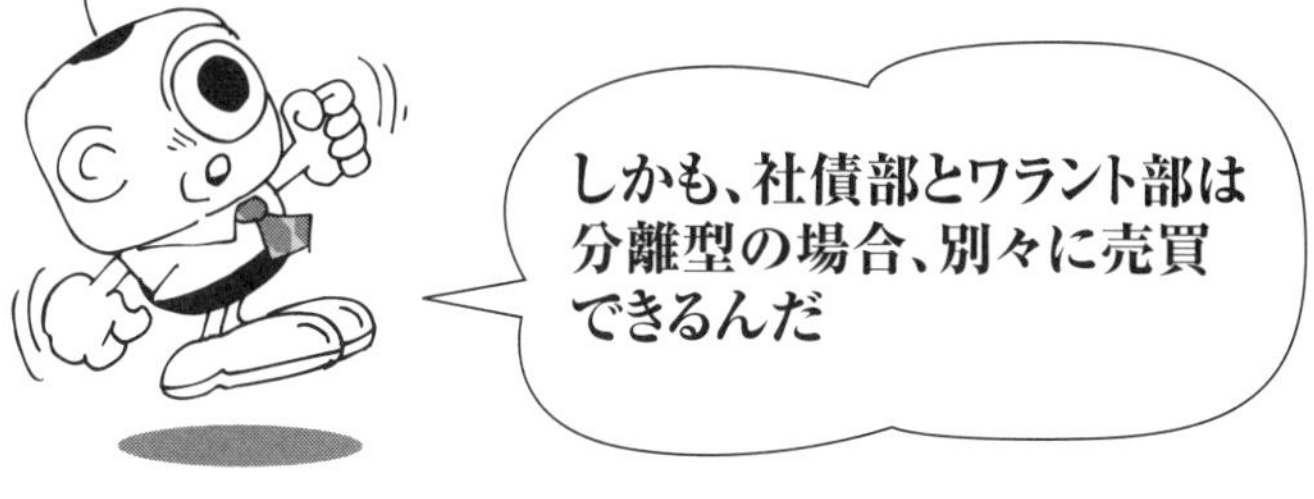
しかも、社債部とワラント部は
分離型の場合、別々に売買
できるんだ

7 少額でできる金融商品

少ない金額でリスクを分散しながら投資できる2つの方法

■株式累積投資制度（るいとう）

1993年にスタートした制度で、多数の投資家が共同で買い付けを行うものです。月々1万円から1000円単位で積立てる形で投資することができるため、個人投資家が少額の資金で投資ができるという特徴があります。

投資家は証券会社が選んだ投資対象銘柄の中から最大10銘柄まで選んで指定します。証券会社は同じ銘柄を指定した投資家の払い込み金を合わせて当該銘柄を購入、株式は証券会社の名義で証券保管振替機構に預託されます。払い込み金額に応じて投資家は持分を保有することとなり、持分が単位株に達したところで投資家に渡され名義変更を行うことになります。

投資額が毎月一定であるため、株式の買付けは株価が高いときには少なく、株価が低いときには多く行うことになります。このような買付け方法を「ドルコスト平均法」と呼び、長期にわたって買付けを行なうに従って1株当たりの買付け価格が安くなるため、結果的に有利な投資となります。

株式累積投資制度は個人投資家の市場への呼び込みを狙ったもので、投資家にとっては気軽に、しかも長期間継続して投資を行うことができるというメリットがあります。

■株式ミニ投資

通常の投資単位の10分の1で取引ができる制度のことです。

たとえば、通常の株式の場合、株価が500円なら500円×1000株で購入代金は50万円になります（売買手数料が別途必要）。これがミニ株なら売買単位の10分の1で投資できるわけですから、株価500円×100株（1000株の10分の1）で5万円で購入できることになります。
50万円を「単位株」で購入するよりも、いくつかの銘柄に分けて「ミニ株」投資する方が、リスクを分散できるのです。

用語　「ミニ株」と「るいとう」の特徴

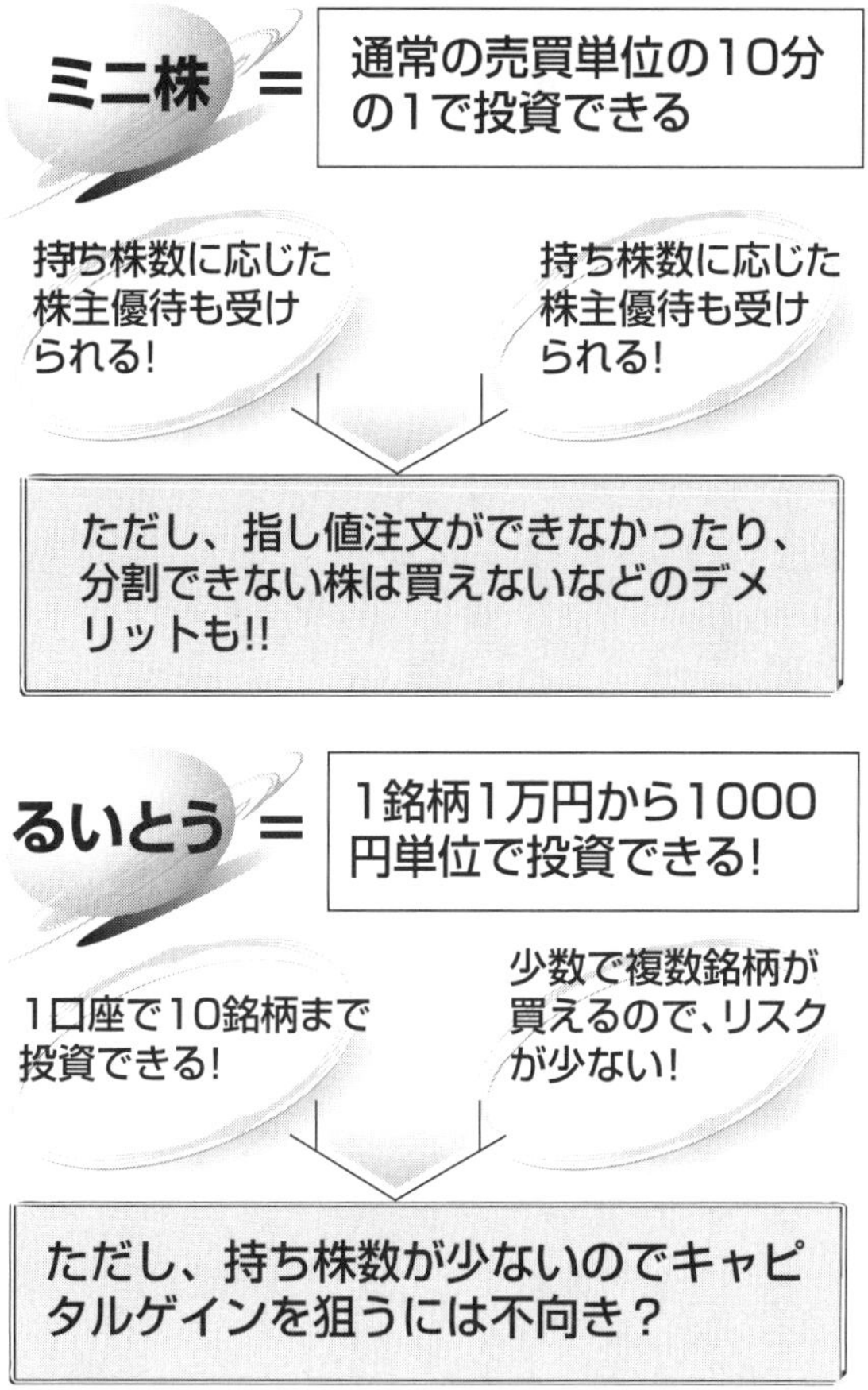
ミニ株 ＝
通常の売買単位の10分の1で投資できる
持ち株数に応じた株主優待も受けられる!
持ち株数に応じた株主優待も受けられる!
ただし、指し値注文ができなかったり、分割できない株は買えないなどのデメリットも!!
るいとう ＝
1銘柄1万円から1000円単位で投資できる!
1口座で10銘柄まで投資できる!
少数で複数銘柄が買えるので、リスクが少ない!
ただし、持ち株数が少ないのでキャピタルゲインを狙うには不向き？

どちらも、証券会社から権利の一部を借りて売買するという形式になるんだ

8 まだまだある金融取引

利益は大きいがリスクも大きい大口投資家向けの金融商品

■ヘッジファンド
hedge fund

アメリカで生まれた、金融機関や少数の大口投資家から出資を受けて運営される投資のための私的な機関。運用にあたる本人も出資するのが一般的です。デリバティブを多用して投機的な運用を行い、高い収益をあげることを目的としています。しかし運用実績の報告以外に規制がないため実態の把握が難しく取引の規模も大きいため、投資に失敗したり破綻した際には巨額の損失が出たり、市場そのものに混乱を与えかねないという懸念もあります。

90年代終盤にジョージ・ソロス氏が設立・運営したファンドは「アジア通貨危機の引き金となった」としてマレーシアのマハティール首相から名指しで非難され物議をかもしました。以後各国で規制強化の動きもありますが、必ずしも危険なものばかりとはいえません。

（デリバティブ➡P266参照）

■カントリーファンド
country fund

ある特定の国や地域の有価証券を中心に運営するクローズドエンド型の会社型投資信託のことで、外国人の取引に制限を設けている国の株にも投資できることが魅力となっています。

1991年から大阪証券取引所に、ロンドンまたはニューヨーク証券取引所に上場しているファンドに限って上場を認めており、タイやシンガポールなどのアジア諸国や東欧諸国のファンドが上場されています。

用語 カントリーファンドの種類

銘柄名	NAV(9/28現在※) [1US$=I119.40]	
	円	米ドル
アジアB&C	708	5.93
アジアHYB	1.407	11.79
アセアンS	551	4.62
コリア	1.318	11.04
シンガポール	697	5.84
スペイン	881	7.38
タイキャピタル	189	1.59
ジャーマニー	850	7.12
コリアエクイテ	341	2.86
MSアジア	955	8.00
Tドラゴン	952	7.98

※NAUとは、直近の一口当たりの純資産額のこと。
日付は、直近の会社発表分をニューヨーク外国為替相場のレートで換算した時点のもの。なお、円位未満は切り捨て。

（大阪証券取引所ホームページ ）

http;//www.ose.or.jp/main_if.htmlより作成。

カントリーファンドは特定の国や地域に投資することを目的に設立された投資信託なんだ。

【へ】

【ほ】

【ま】

【み】

【む】

【め】

【も】

【て】

【と】

【な】

【に】

【そ】

【た】

【ち】

【つ】

【す】

【せ】

【け】

【こ】

【さ】

【し】

【き】

【く】

数字・アルファベット&50音順索引

【数字・アルファベット】

【あ】

【い】

【監修者紹介】

ちばぎんグループ
ちばぎんアセットマネジメント株式会社

◎——千葉銀行のグループ企業。前身は1986年設立のちばぎん投資顧問で、現在のような形になったのは2000年７月に同じグループの中央証券・中央調査情報センターを実質的に吸収、統合してからと日は浅い。

◎——とはいえ、運用チームに調査チームが加わったことで鬼に金棒、攻守相俟って2000年度の運用パフォーマンスは一躍トップクラス。また、中央調査情報センター時代から築いた中央証券と営業地域で競合しない他の中堅証券７社への投資アドバイスにも定評がある。

手《て》にとるように株《かぶ》・証券用語《しょうけんようご》がわかる本《ほん》　〈検印廃止〉

2001年10月22日　第１刷発行
2003年10月15日　第３刷発行

監修者——ちばぎんアセットマネジメント
編著者——株式フォーラム21©
発行者——境　健一郎
発行所——株式会社かんき出版
東京都千代田区麹町4-1-4西脇ビル　〒102-0083
電話　営業部：03(3262)8011㈹　総務部：03(3262)8015㈹
　　　編集部：03(3262)8012㈹
FAX　03(3234)4421　振替　00100-2-62304
http://www.kanki-pub.co.jp/

印刷所——ベクトル印刷株式会社

乱丁・落丁本は小社にてお取り替えいたします。

ISBN4-7612-5960-4 C0034